阐释生成与历史阐释

李红岩 ◎著

中国社会科学出版社

图书在版编目（CIP）数据

阐释生成与历史阐释／李红岩著．—北京：中国社会科学出版社，2023.9

ISBN 978－7－5227－2571－0

Ⅰ．①阐…　Ⅱ．①李…　Ⅲ．①史学—研究②阐释学—研究　Ⅳ．①K03②B089.2

中国国家版本馆 CIP 数据核字（2023）第 166019 号

出 版 人　赵剑英
选题策划　赵剑英
责任编辑　安　芳
责任校对　张爱华
责任印制　李寡寡

出　　版　中国社会科学出版社
社　　址　北京鼓楼西大街甲 158 号
邮　　编　100720
网　　址　http://www.csspw.cn
发 行 部　010－84083685
门 市 部　010－84029450
经　　销　新华书店及其他书店

印刷装订　北京君升印刷有限公司
版　　次　2023 年 9 月第 1 版
印　　次　2023 年 9 月第 1 次印刷

开　　本　710×1000　1/16
印　　张　19.75
字　　数　305 千字
定　　价　108.00 元

序

张　江

红岩新作《阐释生成与历史阐释》即将付梓，嘱我作序。书中部分章节，在学术期刊发表之时，已有拜读，此次通读全书，仍觉论理通达，新见迭出，很多问题的提出与论证颇有同见。整部书稿视野宏阔，既有学术论文的严谨与精确，又有课堂讲学的亲切和从容，值得阐释学领域关注和重视。

我在不同的场合说过，阐释是人文社会科学领域带有“元理论”性质的概念，阐释学是一门古老而又独特的学科。阐释学的特别之处在于，它既是跨学科的，又是反学科的；尤其是，它富有创造性地把理解本身作为赖以立足的起始概念，并以此为中心把表达、解释、理解、翻译、应用等人类精神活动的诸种方式作为基本内容，成为基础学科中的基础，并且直接面对未被现代学科分化粗暴割裂的世界本身。

阐释学与语言学、心理学、法学、政治学、哲学、人类学都有密切而广泛的关系，但它与历史学之间的关系则最为深刻。不仅阐释活动的需求缘起于时间间距的扩大和历史情境的变迁，阐释学从其诞生之日起就与历史学结成天然的血缘关系。事实上，历史与存在之间的关系问题不仅是历史学的基本问题，也是阐释学的基本问题；历史性不仅是历史学的核心概念，也是引导阐释学不断走向深化的核心概念。“阐释学循环”由最初的“语词段落与文本整体之间的循环”，发展到“文本与历史语境之间的循环”，再进一步深化到“阐释者的理解与历史传统之间的循环”，阐释学由方法论、认识论走向存在论、本体论，并寻求向“实践智慧”的第三次转型，其根本的动力来自人们对于“历史性”概念的日益复杂且深入的理解。从根源上讲，历史学的思维性质是阐释性的，阐释是历史学的基本思维方式和价值实现的基本途径，因为“被理解了的世界才是现实的世界”（马克思语），被阐释了的历史才是能够真正与现实融通的历史。

关于阐释与历史、阐释学与历史学这种深刻联系，于沛先生有过深刻的判断。他说：“历史研究或历史认识，是阐释性研究或阐释性认识。历史学的学科特征，决定了‘历史阐释’是这一学科的基本存在形式。”“历史的认识和判断，是通过历史阐释实现的，没有阐释的历史学是不完整的。”此可谓一语中的。就此而言，历史认识的阐释问题就因此成为历史学研究必须首先面对的理论问题，成为哲学社会科学研究中最基本的理论问题。阐释的目的、路径、方法、功能、标准等，既是阐释学的基本问题，也是历史研究必须思考的潜在问题，但这些问题长期以来未能引起学界的足够重视，或者存而不论，或者避而不谈，更有甚者，人为扭曲。把历史阐释和历史阐释学研究提上日程、大力推进，应该说是历史学界和阐释学界的当务之急。我自己近年来在阐释学基础理论方面做了一些努力，先后提出“强制阐释论”“公共阐释论”等，虽然说这些理论发轫于我对文艺理论基本问题的思考，尤其是对当代西方文艺理论的反思，但我的用意并不限于文艺理论——事实上，这些理论的影响也不限于文艺理论界，哲学界、史学界、逻辑学界等都有不同程度、不同方式的反响和回应。如果说“强制阐释论”意图在于一种批判，抵抗人文社会科学领域的主观主义、相对主义倾向，那么“公共阐释论”则旨在立论，从正面阐发发现真理、认识真理、接近真理的可能途径。对于我而言，如果说我的阐释学研究在历史学领域有什么企图的话，那就是，我希望能够在历史实证主义和历史相对主义之间寻找一条既尊重历史事实、又富有思想创造的史学理论的新路径。但是，愿望不过是愿望，对于历史学而言，我毕竟是外行，业无专攻，力有不逮，虽企慕而终不能及。所以，读红岩此作尤感亲切，为历史阐释学领域这一重要的理论成果而倍感欣慰。

《阐释生成与历史阐释》可以说是国内历史阐释学领域一部具有开拓意义的重要著作。围绕“阐释生成”和“历史阐释”这两个关键词，它深入阐述了诸如“阐释”“诠释”“阐释循环”等阐释学基本概念，从文明起源与发展的跳跃性着眼对阐释行为的历史生成提出了富有见地的思考，从“观看”的意义和语言的起源出发重新思考感性直观和历史认识之间的关系，结合巫术与原始宗教从发生学的角度探讨“居间说话”的历史文化意义，立足汉字表意性特征思考阐释学的形式和历史学的形态，既承接以往思想史的既有脉络，又开拓当代学术研究的新面向，提出了一系列具有启发意义的创新观点，其学术上的理论价值和现实意义应予充分肯定。

对唯物史观的创造性应用，成为本书根本的价值观和方法论。“哲学家只是解释世界，问题在于改变世界”，镌刻在马克思墓碑上的这句最著名的格言，把马克思主义哲学同过去一切旧的哲学体系予以根本性的区别，凸显出马克思主义的实践性、革命性特征。本书第一章通过对“解释世界”与“改变世界”的辩证思考，揭示了历史客观性、人的主体性以及人的历史限定性之间的复杂关系，提出了理论研究和历史认识的价值立场与方法路径的问题，进而强调了阐释学学科的实践性特点。作者认为：“历史唯物主义是以唯物史观为核心的完整而严密的历史阐释理论体系”，“马克思主义的历史阐释理论，就根本观点来说，谓之唯物史观；就全部理论内容和理论范畴来说，谓之历史唯物主义”。以此为基本指导思想，作者指出，“阐释学的着力点，就在于去探讨感性的人的活动的主体方面、能动方面及其实践行为”。长期以来，不论是西方的还是国内的阐释学研究，都存在不同程度的把阐释学和阐释活动静态化、思辨化、经院化、不及物化的倾向，忽视了阐释活动、阐释学同现实生活、同历史实践之间的联系，历史阐释的相对主义、虚无主义，使历史背弃历史。本书通过对唯物史观的创造性应用，从学理上接通马克思主义唯物史观同阐释学理论的内在联系，为阐释学的实践性特征找到了坚实的理论基础，也凸显出阐释学作为基础学科所具有的特殊价值。作者认为，阐释学是研究与揭示思想或思维形式的学问，马克思恩格斯是从自然史与人类史相互融通的视角来阐释人类史的。这些观点应该得到重视。

本书研究方法上的一个重要特点，是关注理论研究的系统性思维和开放性视野之间的辩证统一。所谓系统，注重综合性、整体性、有序性。所谓开放，注重丰富性、多样性、异质性，及在此基础上的新的可能性。在理论研究中，系统性思维通向周全、严谨、自洽完备，这是由现实经验通往理论形态的必由之路。但是，系统性思维的问题也不可忽视，这就是潜在的同质化、保守势、封闭性。开放性视野的意义也就由此而具有特殊价值，它意味着丰富而非单调，多样而非单一，鲜活而非僵化，更多的可能性而非更多的封闭性。此书诸多观点严谨而不拘谨，周密而不封闭，寻求确定性而不拒绝可能性，体现出系统性思维和开放性视野之间的辩证统一。本书之所以能够如此，从方法论的角度说，是因为作者在理论研究上自觉追求观念结构分析同历史发生研究的相辅相成。这种追求贯穿全书，我们从各章节目录之间的关系上就能看出。尤其是，“阐释行为的生成”“绝地天通与中国原始宗教”“历史学的原生形态及其质文递变”“阐释的公共性与原初性”几章，共时性研究与发生学研究结合甚密，论从史出，史论互补，很好地体现了系统思维和开放性视野之间的辩证统一。在西方史学理论中，长期以来两种虚无主义的思潮甚嚣尘上，一种是以海登·怀特为代表的以历史书写研究代替历史研究的做法，一种是以卡尔·波普尔为代表的以“零碎修补学”代替总体意义上的历史学研究的做法。从一定意义上说，这些研究对于我们在理论和方法上反思和批判这两种思潮都有启发意义。

注重中华文化主体性的深入挖掘，力图建构中国特色、当代形态的历史阐释学，亦是本书一个显著特色。习近平总书记在文化传承发展座谈会上提出“文化主体性”的重大论断，深刻阐释“两个结合”特别是“第二个结合”的重大意义。巩固和发展文化主体性，努力建设中华民族现代文明，是当代中国哲学社会科学界新的文化使命。在阐释学界，“构建中国解释学”的呼声也是由来已久。中国阐释学，必须也必然既是当代形态的，也是中国特色的。不忘本来，吸收外来，面向未来，是不断铸就中华文化新辉煌的必由之路，当然也是中国阐释学发展的必由之路。求木之长者，必固其根本。忘其根本，强行嫁接，只能是丧失自我，自毁长城。作为一本致力于在中国特色、当代形态的历史阐释学构建中有所作为的理论著作，本书对中华文化经典、中国原始宗教、中国古代语文学的众多资源和成果进行了深入的分析和富有启发性的解读，这些资源和成果不是作为“以西释中”的素材，而是作为建构中国特色、当代形态的历史阐释学肥沃土壤和基本出发点，表现出作者巩固和发展文化主体性的自觉意识。最近几年，我们一直倡导构建中国当代阐释学，红岩此作在这方面的努力值得称赞，所取成果值得肯定。

红岩是国内著名的历史学专家，在史学理论、史学史领域用力颇深，在《历史研究》《近代史研究》《文史哲》《人民日报》《光明日报》等报刊发表论文200余篇，先后出版学术著作很多部，所著《新中国马克思主义史学思想》《中国近代史学史论》都在该领域具有长久影响。这部《阐释生成与历史阐释》既可以看作他在历史理论领域的进一步深耕，也可以看作是他对中国阐释学构建的新的开拓。

我和红岩相识多年，既有工作上的交道，又有学术上的交流。嘱我作序，实难以有违。本人关注国内阐释学发展多年，对历史阐释学之期待尤为殷切，遂不揣谫陋，书此数语，聊以为序。

目　　录

第一章

“解释世界”与“改变世界”

马克思说过一句名言，也就是镌刻在马克思墓碑上的那句话：“哲学家们只是用不同的方式**解释**世界，问题在于**改变**世界。”[①] 英文原文是：The Philosophers have only Interpreted the World in Various ways; The point However is to Change it. 德文原文是：Die Philosophen haben die Welt nur verschieden interpretiert, es kömmt drauf an, sie zu verändern. 其中“解释”与“改变”，原文是加黑强调的。对这句名言，需要从阐释学视角作更深入的解读。

一 “解释世界”是“改变世界”的先导

既然“问题在于改变世界”，那么，“解释世界”是否就不重要了呢？显然不是。恰恰相反。“改变世界”的前提是“解释世界”。如果对世界毫无了解与理解，从而不能作出科学解释，那么所谓“改变世界”就只能成为胡来！

有学者提出，“对于以改变世界为鹄的的哲学而言”，“解释世界”从属于“改变世界”；“解释世界虽非首位，但也是改变世界的必要环节，虽然只是从属性的环节，即在这里理论上的解释世界是从属于实际

① ［德］马克思：《关于费尔巴哈的提纲》，《马克思恩格斯选集》第一卷，人民出版社2012年版，第136页。

上的改变世界的”。[①] 这样的理解，内在地蕴含着理论实用主义的意涵，显然不够确切。

从目的而言，“解释世界”似乎只是一种实用工具，附属于“改变世界”的目的，但就“改变世界”的前提而言，“解释世界”实则是改变世界的前导或先导。

黑格尔曾经谈到思维的威力和权能，指出思维会在现实世界中成为一种力量，产生异常强大的影响，能够摧毁宗教，动摇政治，推翻政府。“传统的典章制度皆因思想的行使而失去了权威。国家的宪章成为思想的牺牲品，宗教受到了思想的打击；许多素来被认作天启的坚固的宗教观念也被思想摧毁了，在许多人心中，传统的宗教信仰根本动摇了。”[②]

在《路德维希·费尔巴哈与德国古典哲学的终结》等著作中，恩格斯指明，哲学革命可以成为政治革命的前导。这个论断，与黑格尔一样，突显了理论的先导性与实践引领性。从此意义而言，说“改变世界”从属于“解释世界”也未尝不可。因此，“解释世界”绝不仅仅是“从属性”的“必要环节”，而是理论与实践双重互动的结构性构件。

据说，“远在基督教纪元数千年之前，人们便有了这样一种观念：上帝是一种精神的‘存在’，他先思想世界而后创造世界，而语词则是他用来表达思想的手段和创造世界的工具”[③]。很显然，马克思主义也是首先“思想”“世界”，然后“解释世界”，再然后去改变世界，从而去“创造世界”。

马克思、恩格斯“用来表达思想的手段和创造世界的工具”，同样是“语词”。但是，马恩用“语词”这种最高的共同形式所表达的内容，既不同于“上帝”，也不同于其他“哲学家”。作为思想内容，马恩所“表达”的辩证唯物主义和历史唯物主义，既不同于唯心主义哲学家，也不同于旧式的唯物主义哲学家。在这一思想内容中，创造世界的工具

---

① 王南湜：《“剧场隐喻”中“旁观者”视角的重建——马克思的作为社会科学方法论辩证法生成之关键》，《东南学术》2021 年第 1 期。

② ［德］黑格尔：《小逻辑》，贺麟译，商务印书馆 1980 年版，第 68 页。

③ ［德］恩斯特·卡西尔：《语言与神话》，于晓等译，生活·读书·新知三联书店 1988 年版，第 71 页。

和表达思想的手段统一在一起，理论的说服力与实践的创造力统一在一起。

所以，马克思说：“理论一经掌握群众，也会变成物质力量。理论只要说服人［ad hominem］，就能掌握群众；而理论只要彻底，就能说服人［ad hominem］。所谓彻底，就是抓住事物的根本。而人的根本就是人本身。”①

这里，马克思不仅指明了理论的优先性与先导性，还说明了导致这种优先性与先导性的原因，也揭示了维护这种优先性与先导性的方法。

从阐释学视角看，这里特别需要注意马克思所采用的“说服”一词。因为，“说服”就是使对方“理解”，而“理解”是阐释学研究的核心。

在著作中，马克思一而再、再而三地强调了理论的优先性与先导性，强调了理论与实践的统一性。他说：“德国理论的彻底性，亦即它的实践能力的明证”。因此，他特别强调“理论的解放”，因为这种“解放”具有特殊的实践意义。而且，随着时代发展，要不断地推进“理论的解放”。“德国的革命的过去就是理论性的，这就是宗教改革。正像当时的革命是从僧侣的头脑开始一样，现在的革命则从哲学家的头脑开始。”②

理论上的革命既可以造成人类精神新的奴役，也可以造成人类思想新的启蒙，而其区隔点，就在于是否将人的根本还给人本身。

首先是认识世界，然后是改变世界，而认识是解释的前提。辩证唯物主义既从物质存在的第一性出发，又从不否定人类的主观能动性。

就后一方面而言，正如列宁所说：“人的意识不仅反映客观世界，并且创造客观世界。”③ 马克思所说的那些“哲学家们”，具有特定指向。他们的问题，不在于用不同方式解释了世界，而在于止步于解释，将解

① ［德］马克思：《〈黑格尔法哲学批判〉导言》，《马克思恩格斯选集》第一卷，人民出版社2012年版，第9—10页。

② ［德］马克思：《〈黑格尔法哲学批判〉导言》，《马克思恩格斯选集》第一卷，人民出版社2012年版，第10页。

③ ［苏］列宁：《哲学笔记》，《列宁专题文集·论辩证唯物主义和历史唯物主义》，人民出版社2009年版，第138页。

释与改变世界的实践活动分割开来。他们中的极端者甚至觉得，“只要背对着哲学，并且扭过头去对哲学嘟囔几句陈腐的气话，对哲学的否定就实现了”①。同时，就他们解释世界的方式而言，也无法承担改变世界的任务。当然，仅仅就“解释世界”而言，他们或多或少地都具有思想史以及启发世人的价值。恩格斯说：“对一切理论思维尽可以表示那么多的轻视，可是没有理论思维，的确无法使自然界中的两件事实联系起来，或者洞察二者之间的既有的联系。在这里，问题只在于思维正确或不正确，而轻视理论显然是自然主义地进行思维，因而是错误地进行思维的最可靠的道路。”② 对历史上的理论思维成果，无论其贡献大小，都应心存一分敬意。

马克思主义不仅具有解释世界的理论品格，还具有改变世界的实践品格。坐能言，要在起而能行。正是在这个意义上，列宁才说，马克思的哲学“把伟大的认识工具给了人类，特别是给了工人阶级”③。

在马克思主义理论体系中，理论与实践的关系，相互支撑、融合并统一于实践的概念之中。不是先有一个先验的目的，然后推导出实践理论，而是在对世界的研究中归纳、抽绎出理论，然后去指导实践。作为实践活动，改变世界的主体、动力、阶段、目标，都具有理论依据，都经过了充分而科学的“解释”流程。“解释世界”的理论不是从“改变世界”的想法中倒推出来，而是从历史和实践中生成出来，从而使得“改变世界”具有现实性。

实际上，为改变世界而生硬制造出一种解释理论，这种来自目的论、独断论的理论，即使具备“改变世界”的功能，也最终不会抓住人的根本，从而难以符合人类的价值目标。

马克思主义是不是一种实践哲学？理论界曾经发生争议。但是，人

① ［德］马克思：《〈黑格尔法哲学批判〉导言》，《马克思恩格斯选集》第一卷，人民出版社 2012 年版，第 8 页。

② ［德］恩格斯：《自然辩证法》，《马克思恩格斯文集》第九卷，人民出版社 2009 年版，第 452 页。

③ ［苏］列宁：《马克思主义的三个来源和三个组成部分》，《列宁专题文集·论马克思主义》，人民出版社 2009 年版，第 68 页。

们都承认，马克思主义确实具有鲜明的实践品格。这种鲜明的实践品格，并不表明马克思主义的思想与理论品格不鲜明、不突出。不过，由于马克思主义鲜明的实践品格，也由于理论界对这种实践品格的高度重视，在客观效果上，反而导致人们对马克思主义的思想品格、理论品格挖掘得不够深、开掘得不够广。

因此，在建构当代中国阐释学及历史阐释学的过程中，有必要将马克思主义的思想品格、理论品格深入而系统地开掘出来、展示出来。这样做，不是要否认、遮蔽、淡化马克思主义的实践品格。

在国外，“马克思主义阐释学”这一概念早已被人提出并使用。美国后现代主义马克思主义者詹姆逊（Frederic Jameson）就曾使用这一概念。他提出，“马克思主义阐释学比今天其他理论阐释模式要更具语义的优先权”①。这反映了他的理论立场。很明显，马克思主义阐释学要在开掘和展示马克思主义的思想品格与理论品格当中，为其实践品格提供深刻的理论说明。思想品格、理论品格与实践品格之间，相互支撑、呼应、融合，并在“实践”的统一概念之内得到整合。

马克思的名言是有历史语境的。它既然被标识在“关于费尔巴哈的提纲”之下，当然首先针对费尔巴哈，其次则针对以费尔巴哈为代表的整个旧唯物主义，反倒不是直接针对唯心主义。

一般认为，马克思的提纲“明确展示了新旧唯物主义之间一系列概念上的对立”，“代表了两种不同的思维方式”。这种不同在于提纲第一条就否定了笛卡尔以来知识论关于“主体”与“客体”这一对概念的理解，从而不再将人单纯从客体角度理解为单独的被动的动物，而是从主体角度将人理解为社会的实践活动的主体。② 这个理解和解释，我们认为是可取的。

因此，要弄明白马克思名言的语境背景及理论意义，不仅需要知道马克思说了什么，还需要知道旧唯物主义意味着什么。但是，我们不能

① ［美］詹明信：《晚期资本主义的文化逻辑》，张旭东编，生活·读书·新知三联书店 2013 年版，第 119 页。按：詹明信又译詹姆逊。

② ［英］彼得·奥斯本：《问题在于改变世界：马克思导读》，王小娥、谢昉译，中信出版社 2016 年版，第 33、35 页。

以此否定马克思这句名言的普遍和一般意义。

二 “解释世界”具有不同的“方式”

“解释世界”非常重要，那么，“解释世界”的“方式”呢？不仅同样重要，而且在某种意义下，更加重要。

“只是”中的“方式”

阐释学所研究的，就是作家们（包括思想家、学者）写下的那些话（文本）。但是，阐释学更需要研究作家们写那些话的方式（形式）。阐释学必须回答，那些被中国古人以“圣”字称之的作家，为什么“那样”讲话而不“这样”讲话？换言之，他们在书面上、文本里讲“那些”话的背后，蕴含着怎样的思想方法与思维形式？它的逻辑基础与逻辑样态是怎样的？为什么诗性的思维用隐喻讲话，而逻辑的思维却用列宁称之为人脑最高产物①的概念讲话？

诸如此类，阐释学必须像“揭秘”“解梦”“诊脉”“占卜”一样，让“神秘”变得清晰，让“黑暗”充满光明，让“浑浑噩噩”变得明明白白。

马克思所说“哲学家们只是用不同的方式解释世界”，人们过去往往把重点放在了“只是”上。那么，“只是”的核心内容与特征是什么呢？马克思对此是有解释的。那就是，哲学家们全都“只是”“满足于抽象形式的实践”。马克思说：“所谓哲学曾经是超实践的，这只是说哲学曾经漂浮在实践之上。”②“以前，哲学家们把一切谜底都放在自己的书桌里，愚昧的凡俗世界只需张开嘴等着绝对科学这只烤乳鸽掉进来就得了。”③

---

① ［苏］列宁：《哲学笔记》，《列宁专题文集·论辩证唯物主义和历史唯物主义》，人民出版社 2009 年版，第 135 页。

② ［德］马克思、恩格斯：《神圣家族，或对批判的批判所做的批判》，《马克思恩格斯文集》第一卷，人民出版社 2009 年版，第 265 页。

③ ［德］马克思：《致阿尔诺德·卢格》（1843 年 9 月），《马克思恩格斯全集》第四十七卷，人民出版社 2004 年版，第 64 页。

“哲学”为什么非要这样思考问题？莫非“哲学”缺心眼？对此，必须回到古希腊的思维特性中去寻找答案。不了解古希腊，就不会明白西方“哲学”的思维规矩，也就不会理解辩证唯物主义在思想史上的革命意义，当然也就无法在中西两种思想方法当中找到科学答案。对此，我们另有探讨，暂且放下。

马克思嘲讽式的批判，斯宾格勒后来也有过类似表达。斯宾格勒说：“在我看来，可用于检验一个思想家的价值的，是他对他自己的时代的伟大事实的眼光。”亦即“他的著作和直觉所表达的是否是他的时代的心灵”，因为“一个不能很好地抓住和操控事实性的哲学家绝不可能是第一流的哲学家”。他举例说，“前苏格拉底的哲学家大都是商人和政治家”，柏拉图有自己的政治观念，帕斯卡、笛卡尔、莱布尼茨“都是他们那个时代第一流的数学家和工程师”；中国的管子、孔子以及西方的毕达哥拉斯、巴门尼德、霍布斯等人是政治家、统治者、立法者等。由此，他提出“最新时代的所有哲学家都是应当受到严厉批判的”，因为“他们所缺少的正是现实生活中的真实依托。他们当中没有一个人采取过一项行动或提出过一个有力的观点，去有效地介入重大的政治问题、近代技术的发展、传播事业、经济问题，或其他重大的现实生活。他们之中，没有一个人重视数学、物理学、政治科学，甚至连康德那种程度的重视，都告阙如”①。应当说，斯宾格勒的主张，并非西方哲学的传统。因为，西方哲学的传统就在于“只是”解释世界。

但是，阐释学要求人们不能仅仅将重点放在“只是”上，更应放在“方式”上。点出“只是”固然重要，揭示“只是”的“方式”更加重要。因此，必须沿着“只是”的方向追问：都有哪些哲学家、采取了哪些“超实践”的“方式”去解释了世界？

对此，仅仅粗略地分为唯心主义和唯物主义两大阵营，指出他们要么用主观唯心主义的方式，要么用客观唯心主义的方式；要么用朴素唯物主义的方式，要么用机械唯物主义的方式解释了世界，已经不能满足

① ［德］奥斯瓦尔德·斯宾格勒：《西方的没落》第一卷，吴琼译，四川人民出版社2020年版，第115—116页。

时代需求。必须对所谓“超实践”进行细密的分梳与研究。特别是对不同民族的不同思维形式、不同文明特点进行深入研究，从而揭示人类解释世界的不同类型、不同路径与不同方法。

比如，为什么形式逻辑发达于古希腊，而辩证逻辑却发达于中国，因明逻辑发达于印度？为什么先秦时期在汉字中没有出现系词？为什么汉语的语音数量相对较少？为什么上古汉语以单音节词为主？为什么中国古代哲学家们不大采用系统化的著述方式？为什么中国古代语文学、代数学很发达，而语言学、几何学却相对不那么发达？诸如此类的问题对于中西方的阐释行为、阐释学形态，究竟造成了怎样的影响？凡此，都在所谓“方式”的考察范围之内。

这实际上也就告诉我们，阐释学必然是一门综合性的跨学科学问，是一门“杂家”之学。做这项研究的人，应该是通才，不应仅是专家。

对于这种专门针对“解释世界”的“方式”的研究，马克思、恩格斯是高度重视的。有人觉得，马恩终身致力于辩证唯物主义和历史唯物主义，因此对于历史上的思想与理论遗产，对于思想史、理论史乃至思想形式、理论形式的研究，不那么重视。不消说，这是误解。

诚然，正如恩格斯所说，由于着重于从基本经济事实中引出政治的、法的和其他意识形态的观念以及以这些观念为中介的行动，因此他们很难避免地“为了内容方面而忽略了形式方面”，“即这些观念等等是由什么样的方式和方法产生的”。①但是，这段话反而说明，马恩对“形式”，对“观念”“是由什么样的方式和方法产生的”高度重视。换言之，他们对于哲学家们究竟都用了哪些“超实践”的方式去解释世界，是高度重视的。

恩格斯批评18世纪的唯物主义，说它们“只限于证明一切思维和知识的内容都应当来源于感性的经验”，“只有现代的唯心主义的，同时也是辩证的哲学，特别是黑格尔，才又从形式方面研究了这个前提”。尽管黑格尔哲学采取了唯心主义的头足倒置的形式，但毕竟证明了同一些

① ［德］恩格斯：《致弗兰茨·梅林》，《马克思恩格斯文集》第十卷，人民出版社2009年版，第657页。

规律对于思维过程、自然过程、历史过程“都是适用的”。[①] 足见其对“形式”的重视。

因此，马恩曾试图对哲学家解释世界的不同方式以及这些方式所产生的原因，做精细的思想史研究。马克思计划撰写的《资本论》第四卷，就包含这方面的内容。可惜，由于生命的局限，这个愿望没有实现。同时，马克思也没有完全把《资本论》第二、三卷写出来，而这又与他将精力花费在文化人类学以及东方民族学研究方面有关。这方面的研究，显然与追溯人类认识论的根源、思想的起源等相关。恩格斯则在评析理论自然科学时，指出其很大的一项不足，就是“往往非常明显地显露出对哲学史缺乏认识”。他说：“认识人的思维的历史发展过程，认识不同时代所出现的关于外部世界的普遍联系的各种见解，对理论自然科学来说也是必要的。”[②]

在马恩的论著中，散见着许多与思维形式相关的论述。这些论述，对于探索建构当代中国阐释学，极具启发性。将马恩的相关思想梳理提炼出来，显然是建构当代中国阐释学与历史阐释学的一项必要工作。当代中国阐释学，需要将马克思主义阐释世界的理论意蕴揭示出来，将马克思主义经典作家的阐释学资源发掘、整理、展示出来，还要去认真研究非马克思主义的阐释学资源。

这样，就引出了对于阐释学属性的理解和认取问题。

我们认为，阐释学是研究与揭示思想或思维形式的一门学问。它针对的是“形式”与“方式”，而非“内容”或“义理”。换言之，它所对应的是康德所谓普遍逻辑。“它抽掉了知性知识的一切内容及其对象的差异性，并且只与思维的单纯形式打交道。”[③]

但是，与逻辑不同的是，它对“形式”或“方式”的研究与揭示，以“理解”和“意义”为中心而展开，研究与揭示“理解”的内在规

① ［德］恩格斯：《自然辩证法》，《马克思恩格斯文集》第九卷，人民出版社 2009 年版，第 539 页。

② ［德］恩格斯：《自然辩证法》，《马克思恩格斯文集》第九卷，人民出版社 2009 年版，第 436 页。

③ 《康德三大批判合集》上册，邓晓芒译，杨祖陶校，人民出版社 2009 年版，第 49 页。

律、外在表现以及运作机制。

具体到历史阐释学，则是研究与揭示历史阐释行为中的思想或思维形式。历史阐释学以怎样透过历史记载来理解历史进而阐发历史的意义为核心。

当然，“意义”这个词“很可能是整套语言里面，意义最难以寻获的一个词”[①]。正如卡西尔所说：“或许再没有什么问题比‘意义的意义’更令人困惑不解和众说纷纭的了。即使在今天，语言学家、心理学家以及哲学家们对这个问题也仍然是各执己见，相持不下。”[②] 而这，恰恰映现了阐释学的魅力。

马恩阐释历史的基本方式

“也许历史是马克思所极感兴趣的唯一事物。”[③] 马克思对历史的根本看法，被标识为唯物史观；由唯物史观而展开的理论系统，被标识为历史唯物主义。因此，历史唯物主义是以唯物史观为核心，同时具有理论分层结构的历史阐释理论体系。它的理论质点，构成唯物史观的根本出发点。其逻辑层次、理论层次、概念和范畴层次，构成体系架构。社会形态理论则是唯物史观在历史演进过程中的展开，五种社会形态理论又是社会形态理论中最具代表性的学说。马克思主义的历史阐释理论，就根本观点来说，谓之唯物史观；就全部理论内容和理论范畴来说，谓之历史唯物主义。

马克思主义作为阐释理论的基本结构，美国学者詹姆逊（Frederic Jameson）认为，其主导符码（master code）或超验所指（transcendental signified）是生成模式本身。从这个主导符码出发，建构出一个完整的共时结构，其中包含了各种各样的分主题。[④] 这种见解表明了“历时”与

---

① ［法］克洛德·列维－施特劳斯：《神话与意义》，杨德睿译，河南大学出版社 2016 年版，第 23 页。

② ［德］恩斯特·卡西尔：《符号形式的哲学》，赵海萍译，吉林出版集团股份有限公司 2018 年版，第 125 页。

③ ［英］R. G. 柯林武德：《历史的观念》，何兆武、张文杰译，中国社会科学出版社 1986 年版，第 141 页。

④ ［美］詹明信：《晚期资本主义的文化逻辑》，张旭东编，生活·读书·新知三联书店 2013 年版，第 120 页。

"共时"在马克思主义阐释理论中的关系，也就是"历史"与"逻辑"的关系，其中蕴含着历史主义与结构主义的相互支撑与转化关系。

将历史共时化，即生成模式。将结构历时化，即成为生成过程。因此，所谓"历史的"与"逻辑的"相统一，可视为马克思阐释历史的基本特色。

历史唯物主义所蕴含的历史阐释原则，一是"把经济的社会形态的发展理解为一种自然史的过程"①。这里不仅涉及历史的本质，而且关涉人类史与自然史的关系。人类史为什么可以被视为自然史？其中蕴含着对历史本质的认识，蕴含着认识论与方法论的基本原则。二是从生活资料的生产出发去建构历史阐释系统。换言之，历史阐释系统内含着一个具有本质规定性的质点。三是将历史的内容与叙述的逻辑统一起来，使得材料的生命在观念上反映出来时，呈现出来的"就好像是一个先验的结构"。正是这个"好像是"的"先验结构"，既揭示也建构了历史的秩序，使其具备了逻辑结构。四是以对世界的改变为目标。马克思说"问题在于改变世界"，正是对历史唯物主义最终目标所作的揭示。但是，我们切不可忘记那个"好像是"的"先验结构"，因为它说明马克思并没有彻底抛弃，也不可能彻底抛弃古希腊哲人所开创的哲学传统。

马克思说："被理解了的世界本身才是现实的世界。"② 所以，不被理解的世界，对人类没有现实性可言。阐释学破解理解的奥秘，让人与世界之间的现实性建立起来、呈现出来。历史阐释学破解历史理解的奥秘，建立起、呈现出人与人的过往行为之间的现实性，让历史对现实的人开放。阐释学作为关于理解的学问，历史阐释学作为关于历史理解的学问，在马克思主义经典作家那里具有其特有的思想资源。揭示唯物史观的阐释原则，梳理马克思恩格斯关于阐释行为诸多内部机制与运作特点的思想，是一项很有意义的工作。

比如马克思在批评旧唯物主义时，指出其主要缺点是："对对象、现

---

① ［德］马克思：《资本论第一版序言》，《马克思恩格斯文集》第五卷，人民出版社 2009 年版，第 10 页。

② ［德］马克思：《1857—1858 年经济学手稿摘选》，《马克思恩格斯文集》第八卷，人民出版社 2009 年版，第 25 页。

实、感性，只是从客体的或者直观的形式去理解，而不是把它们当做感性的人的活动，当做实践去理解，不是从主体方面去理解。因此，和唯物主义相反，唯心主义却把能动的方面抽象地发展了，当然，唯心主义是不知道现实的、感性的活动本身的。"[①] 这就是说，要科学地阐释世界，必须克服旧唯物主义的缺点，不可忽略主体作用，不可单纯地从"物"的角度去思考。这样的论述对于探索阐释活动的主体间性，是具有启发性的。需指出的是，阐释学的着力点，就在于去探讨感性的人的活动的主体方面、能动方面及其实践特性。

更广泛地看，马克思在《关于费尔巴哈的提纲》中所表明的这类断语，实则蕴含对西方整体知识转型的敏锐观察与指向。转型的核心，就在于从"无视人"到"研究人"。

马克思的提纲表明，经过 17 世纪、18 世纪的阻隔，"人"在西方认识领域又出现了。依照福柯的看法，"在十七和十八世纪，任何哲学，任何政治或道德的选择，任何种类的经验科学，任何对人体的观察，任何对感觉、想象或激情的分析，都从未碰见过像人这样的某物；因为人并不存在（生命、语言和劳动也一样不存在）"[②]。这正是马克思所揭示的旧唯物主义的毛病所在。马克思表明，他要与这种旧唯物主义划清界限。

再比如关于阐释对象与阐释主体的关系，马克思早年就认识到，"只有当对象对人来说成为人的对象或者说成为对象性的人的时候，才不致在自己的对象中丧失自身"。他指出："一切对象对他来说也就成为他自身的对象化，成为确证和实现他的个性的对象，成为他的对象，这就是说，对象成为他自身。"马克思认为："人不仅通过思维而且以全部感觉在对象世界中肯定自己。"因此，人的对象只能是人的一种本质力量的确证，人的对象"只能像我的本质力量作为一种主体能力自为地存在着那样才对我而存在"，所以任何一个对象对人的意义，"恰好都以我的感

① ［德］马克思：《关于费尔巴哈的提纲》，《马克思恩格斯选集》第一卷，人民出版社 2012 年版，第 133 页。

② ［法］米歇尔·福柯：《词与物：人文科学的考古学》，莫伟民译，上海三联书店 2021 年修订译本，第 348 页。

觉所及的程度为限”[①]。这样的论述，不仅对于人们思考独立主体的思维过程有意义，而且对于人们从唯物主义的视角去改造视界融合、对话逻辑、效果历史等命题，都是有意义的。具体到历史阐释学，则要解释历史怎样成为历史学家的对象，怎样成为历史学家确证和实现他自己的个性、本质力量以及怎样以他所及的程度为限的。

自然史与人类史的关系

总之，马克思、恩格斯在解释世界的时候，面对“自然”从来不忘“人”的视角，面对“人”则从来不忘“自然”的视角。“人”与“自然”、人类社会与自然界交融在一起。恩格斯深刻地论述，人类历史虽然有其特殊情况，但终归“完全像在自然领域里一样”，具有“一种同没有意识的自然界中占统治地位的状况完全相似的状况”，使得其进程“受内在的一般规律支配”。[②] 克拉考尔将这种观点概括为“人类的历史等同于自然的历史，一种被想象为能够进化的自然”[③]。这正是马克思所谓“把经济的社会形态的发展理解为一种自然史的过程”的根据和意蕴所在。列宁认为，《资本论》的基本思想，就在这句话中。[④]

人生一世，草木一秋。恩格斯的论述，让人很自然地联想到康德关于人类历史理性目标和自然目标关系的论述。康德提出，假如人类历史并没有一个人类自定的理性目标，那么，它就应该有某种自然的目标；“根据这种自然的目标被创造出来的人虽则其行程并没有自己的计划，但却可能有一部服从某种确定的自然计划的历史”[⑤]。这个“服从某种确定的自然计划”的人类史，可以将其理解为“自然史的过程”。

---

① ［德］马克思：《1844 年经济学哲学手稿》，《马克思恩格斯文集》第一卷，人民出版社 2009 年版，第 191 页。

② ［德］恩格斯：《路德维希·费尔巴哈和德国古典哲学的终结》，《马克思恩格斯文集》第四卷，人民出版社 2009 年版，第 301、302 页。

③ ［德］齐格弗里德·克拉考尔：《历史：终结之前的最终事》，杜玉生、卢华国译，上海人民出版社 2022 年版，第 59 页。

④ ［苏］列宁：《什么是“人民之友”以及他们如何攻击社会民主党人》，《列宁专题文集·论辩证唯物主义和历史唯物主义》，人民出版社 2009 年版，第 157 页。

⑤ ［德］康德：《世界公民观点之下的普遍历史观念》，《历史理性批判文集》，何兆武译，天津人民出版社 2014 年版，第 3 页。

黑格尔也曾说："各个民族作为精神形态从一个方面看也是自然存在物，因此也是按照自然的方式［表现］的。"①

列宁说，历史唯物主义具有"自然科学的精确性"，它使得"各种矛盾的趋向的综合"成为"可以准确测定的"。② 列宁还认为，唯物主义"忠于一切自然科学学说"，指出马克思把哲学唯物主义"对自然的认识推广到对人类社会的认识"。③ 列宁说，马克思运用了一个很重要的方法，就是应用了"重复性"这个一般科学标准，而这个标准在主观主义者看来是不能应用到社会学上来的。因此，"社会现象中的重复性和常规性"，就被马克思捕捉到了，由此而形成社会形态这个基本概念。④ 列宁认为，马克思理论建构的意义就如同达尔文建构了进化论一样，第一次把社会学放在了科学的基础之上，从而能把"有关事实"整理得井然有序。

显然，至少在理论意义上，列宁将历史唯物主义与自然科学等量齐观，将其视为研究社会的自然科学。他不仅在价值上将历史唯物主义与自然科学等同起来，还依据自然科学的属性去定性唯物主义。对列宁的观点，需要结合恩格斯的另一个论断来强化理解。恩格斯说："对自然界的一切真实的认识，都是对永恒的东西、对无限的东西的认识，因而本质上是绝对的。"⑤

斯宾格勒曾基于学术史视角，将"历史"与"自然"的对立作为方法论予以评论。在这种方法论看来，只有将"历史"与"自然"对立起来，"才有可能把握历史的本质"。一旦把历史看作自然（物理学家的客观意义的自然），那么，就可以把因果原则、定律原则和体系原则（僵

① ［德］黑格尔：《世界史哲学讲演录：1822—1823》，《黑格尔全集》第二十七卷，第Ⅰ分册，刘立群等译，商务印书馆 2014 年版，第 41 页。

② ［苏］列宁：《卡尔·马克思》，《列宁专题文集·论马克思主义》，人民出版社 2009 年版，第 14 页。

③ ［苏］列宁：《马克思主义的三个来源和三个组成部分》，《列宁专题文集·论马克思主义》，人民出版社 2009 年版，第 68 页。

④ ［苏］列宁：《什么是"人民之友"以及他们如何攻击社会民主党人?》，《列宁专题文集·论辩证唯物主义和历史唯物主义》，人民出版社 2009 年版，第 161 页。

⑤ ［德］恩格斯：《自然辩证法》，《马克思恩格斯文集》第九卷，人民出版社 2009 年版，第 499 页。

死的存在的结构)，“运用于事变的图象中”。“人们以为人类文化的存在就像电或重力的存在一样，以为可以用分析后者同样的方法来分析人类文化。”① 斯宾格勒当然不赞同这样的方法论，但对于理解列宁的意思是有帮助的。

马克思、恩格斯、列宁的论述表明，在人与自然关系这个根本问题上，马克思主义的阐释原则就是当论及自然界时，时时不忘人的视角；当论及人类社会时，时时不忘自然的视角。正如学者所认为的：“在马克思哲学中，人与自然的关系不是抽象的人与脱离人的抽象的自然的关系，而是社会化的人与人化的自然的关系。换言之，人被社会化、自然被人化。”②

所以，人绝非单纯被动地“反映”自然，自然也绝非能够直接决定人的认识。雅斯贝斯说：“我们人，既是自然界，又是历史。”③ 所谓“既是”“又是”，亦即“同时是”。所以，单纯强调自然与人类的区隔，单纯强调自然对人的决定作用以及人的受动性，不去或者比较少地考虑二者的融通，显然还停留在马克思所批判的旧唯物主义的范围内，还没有进入辩证唯物主义的领域。

恩格斯说“人类社会同自然界一样也有自己的发展史和自己的科学。”④ 涂尔干说：“社会王国也是自然王国，只是因为它显得更加复杂，所以才能够与其他领域区分开来。”⑤ 显然，人类社会与自然界的二元划分，对人类思想具有内在的拘束性。

历史学属于人文社会科学。从阐释学角度看，属于精神学科。历史学与自然科学的关系，向来深受关注。新康德主义兴起后，将自然科学

---

① ［德］奥斯瓦尔德·斯宾格勒：《西方的没落》第一卷，吴琼译，四川人民出版社 2020 年版，第 123—124 页。

② 刘放桐：《关于马克思主义哲学理论形态问题的几点思考》，叶金宝、罗苹主编：《诠释与澄明：马克思哲学的当代理解》，商务印书馆 2010 年版，第 27 页。

③ ［德］雅斯贝斯：《论历史的意义》，张文杰编：《历史的话语：现代西方历史哲学译文集》，中国人民大学出版社 2012 年版，第 52 页。

④ ［德］恩格斯：《路德维希·费尔巴哈和德国古典哲学的终结》，《马克思恩格斯选集》第四卷，人民出版社 2012 年版，第 237 页。

⑤ ［法］涂尔干：《宗教生活的基本形式》，渠敬东、汲喆译，《涂尔干文集》第四卷，商务印书馆 2020 年版，第 23 页。

与历史学科区分开来，成为思想潮流，似乎已成定论。在我国，梁启超曾说，“自然科学的事项常为反复的、完成的，历史事项反是，常为一度的、不完成的。自然科学常常在必然的法则支配之下，缫演再缫演，同样条件必产同样结果，且其形质皆属于可以还原。其研究对象之原子、分子或生殖质，皆属完成的，改定的。历史不然”，所以他认为“自然科学可以有万人公认之纯客观的因果律，而历史盖难言之矣”①。这种思想，属于典型的新康德主义言论，其源头可直追古希腊。但是，人与自然的关系、精神学科与自然科学的关系问题，并未得到解决——也不可能得到解决。当然，必须承认，人们对于问题复杂性的认识还是深化了。

实则，一方面，历史的客观性并不因为它包含人类主体的主观活动、是人类的创造而改变；另一方面，人类的创造同样是历史的客观性内容。马克思和恩格斯明确强调，自然史和人类史“这两方面是不可分割的；只要有人存在，自然史和人类史就彼此相互制约”②。尽管“人类史是我们自己创造的，而自然史不是我们自己创造的”③。但自然史终归离不开人类所发明的自然科学对自然的认识与把握，自然史必然要透过人类认识自然的历史表现出来，表现为自然科学发展进步的历史。这也就是说，对于自然的认识，不一定完全基于对象的存在，还可能从此在、从历史性中去形成。自然科学的发展，建构了作为对象的自然的自然性。

马克思指出：“在人类历史中即在人类社会的形成过程中生成的自然界，是人的现实的自然界。”④ 恩格斯曾批评：“自然科学和哲学一样，直到今天还全然忽视人的活动对人的思维的影响；它们在一方面只知道自然界，在另一方面又只知道思想。但是，人的思维的最本质的和最切近的基础，正是人所引起的自然界的变化，而不仅仅是自然界本身；人

---

① 梁启超：《中国历史研究法》，汤志钧、汤仁泽编：《梁启超全集》第十一集，中国人民大学出版社 2018 年版，第 347 页。

② ［德］马克思、恩格斯：《德意志意识形态》，《马克思恩格斯选集》第一卷，人民出版社 2012 年版，第 146 页。

③ ［德］马克思：《资本论》第一卷，《马克思恩格斯文集》第五卷，人民出版社 2009 年版，第 429 页。按：这是马克思引用的维柯的话。

④ ［德］马克思：《1844 年经济学哲学手稿》，《马克思恩格斯文集》第一卷，人民出版社 2009 年版，第 193 页。

在怎样的程度上学会改变自然界，人的智力就在怎样的程度上发展起来。”① 恩格斯强调，不能仅仅强调自然界作用于人，还要注意人反作用于自然界，改变自然界。雅斯贝斯说：“自然的历史，就其本身来说，是没有意识的。它仅仅是一种现象罢了。它不知道它自身；关于它，只有人才知道。”② 海德格尔说：“自然通过人的表象（Vor-stellen）而被带到人面前来。”③ 如此看来，无妨这样断言：自然界的事情，其实就是人的事情。

当自然界成为“人的现实的自然界”，自然史也就成为人类史的内容。自然界的客观辩证法、人与自然的关系、人在自然中的位置、人对自然的作用，也就成为人类精神活动的第一推动力。

恩格斯说，辩证法的规律就是“从自然界的历史和人类社会的历史中抽象出来的。辩证法的规律无非是历史发展的这两个方面和思维本身的最一般的规律。”④ 一方面，自然科学的重大突破会成为撬动人类思想革命性变革的杠杆；另一方面，正确的人类思想，特别是高明的哲学思想，可以修正自然科学的谬误，成为人类正确认识、把握自然，从而促进自然科学革命的先导。不懂上述道理，就会流于旧唯物主义机械僵化的二元划分。

因此，下述论断是值得称赞的，即“历史学家在他的工作的任何一点上，都不是为了自然本身的缘故而关心自然，而仅仅是把自然作为是人类活动的一个背景来关心它。如果他谈到了自然事件，那是因为那些事件影响了他正在描述其经验的那些男人们和女人们的生活。假如它们没有这样的影响，它就不会提到它们的”⑤。

---

① ［德］恩格斯：《自然辩证法》，《马克思恩格斯文集》第九卷，人民出版社 2009 年版，第 483 页。

② ［德］雅斯贝斯：《论历史的意义》，张文杰编：《历史的话语：现代西方历史哲学译文集》，中国人民大学出版社 2012 年版，第 52 页。

③ ［德］海德格尔：《海德格尔文集 · 林中路》，孙周兴译，商务印书馆 2015 年版，第 324 页。

④ ［德］恩格斯：《自然辩证法》，《马克思恩格斯选集》第三卷，人民出版社 2012 年版，第 901 页。

⑤ ［英］沃尔什：《历史哲学导论》，何兆武、张文杰译，北京大学出版社 2008 年版，第 22 页。

总之，马克思主义经典作家对于自然史与人类史的划分，没有去除历史是人类历史的本质规定，而是加深了人们对于人类历史的认识。

三 结语

历史就是历史学家的世界。历史学家必须首先理解历史，然后才能去解释他的历史的世界。然而，没有任何历史学家能够直接面对或接触历史。那么，他们怎么可能去理解与解释历史呢？他们采用了哪些不同的方式去解释历史呢？这些方式是天然合理的，抑或树立并遵循了某些基本原则？这些原则是怎么来的？能否经得起严格的认识论检验？他是否应该遵循这些原则？他基于这些原则去“解释”历史，是否可以证明为正当？凡此，都是历史阐释学需要回答的基本问题。

需要指出的是，马克思、恩格斯的历史阐释模式出自19世纪，因此与19世纪西欧特别是德国的整体学术风气密不可分。换言之，考察马克思、恩格斯的历史阐释思想，不能脱离他们所处的那个时代的学术环境。事实表明，那是一个大师辈出、群星璀璨的时代。身处这样的学术环境与氛围当中，马克思、恩格斯不可能不与之发生互动关系。有学者提出，马恩的历史观“与他们那个时代的历史思想，并没有本质上的不同，即笃信一种被规律性支配的客观历史”①。这种观点无视马恩历史观的唯物史观性质，因此是错误的，但是，它指出马恩历史观与19世纪主流历史阐释模式之间的一致性，则是正确的。

---

① ［英］丹尼尔·沃尔夫总主编：《牛津历史著作史》第四卷，岳秀坤等译，上海三联书店2021年版，第62页。

第二章

阐释·诠释·解释·说明

马克思所谓“解释世界”的“解释”，德文原文用的是动词 interpretieren，而不是其他的德文词。英文翻译为动词 interpreted，也就是 interpret 的过去分词，其名词形式是 interpretation，与德文的写法一致。

有学者指出，interpretieren 这个动词常见于音乐演奏，是指演奏者解读乐谱；马克思使用这个词而不是更具哲学意味的 verstehen，因为这个词更容易理解。[①] 伽达默尔说，interpretation 这个词既被用于科学的解释，同时也被应用于艺术的再现（Reproduktion），例如音乐或戏剧演出。[②] 这就是说，一般被翻译为“阐释”的另一个德文词 Auslegung，并不被用于艺术的再现领域，因为它的意思更为一般化。

由此可见，对于修词极为考究、使用概念极为精确的马克思来说，采用这个字词，而不采用那个字词，显然是有考虑的。这不是小事，与“阐释行为”的“内部结构”直接相关，所以需要做一些讨论。

将 interpretation 翻译为汉语的“解释”，而非“阐释”或“诠释”，是确切的。脱离具体语境，在非语境的纯语义意义上，这个词对应汉语的“诠释”。之所以译为“解释”而非“诠释”，是因为在特定语境作用下，它所指向的是“诠释”下面的一个类型，即“解释”。换言之，马

---

① ［英］彼得·奥斯本：《问题在于改变世界：马克思导读》，王小娥、谢昉译，中信出版社 2016 年版，第 25 页。

② ［德］伽达默尔：《真理与方法：哲学诠释学的基本特征》，洪汉鼎译，上海译文出版社 2004 年版，第 515 页。

克思的意思是说，哲学家们都是用“解释”的方式去“诠释”世界，就仿佛演奏家们诠释音乐的意义。

这里涉及“阐释学”（Hermeneutik）的概念译名及其内部概念的层次结构。关于“阐释学”，目前有阐释学、诠释学、解释学、释义学、解经学等不同译法或叫法。它们指向的是同一个“学”。既然是“学”，就必然包含层级性的概念系统。这个概念系统，笔者认为主要由四个概念组成，即阐释、诠释、解释、说明。四个概念的外延，依次收缩。在谈到现象学与阐释学的关系时，保罗·利科认为这些概念是现象学的阐释学前提。① 基于这种认识，笔者认为有必要对这四个概念逐一加以审查。

一　关于“阐释”

“阐释”（Auslegung）在于标明、呈现某种整体态势。具体说，就是开放性、延展性、多样性的态势，相当于海德格尔所谓此在的“开觉”或“打开”状态，是一种 Ganzseinkönnen 状态，即不饱和的整体性非封闭展开状态。或者说，它更像是海德格尔所揭示的哲学本质：“一种思的开放。”②

在德文中，与 Auslegung 这个名词相应的动词是 auslegen，具有陈列、摆出、展示、铺设、布设、规划、布局、放出来等意思，显然与上述所言一致。

《春秋繁露·精华》所谓“《诗》无达诂，《易》无达占，《春秋》无达辞”。核心意思就是标明开放性。其中“达”包含“向”的意思，向一种可能性存在，“向能够存在的被展开的可能性投开”。③ 因此，“阐

---

① ［法］保罗·利科：《诠释学与人文科学》，洪汉鼎译，中国人民大学出版社 2021 年版，第 85 页。

② ［德］海德格尔：《海德格尔文集·形而上学导论》，王庆节译，商务印书馆 2017 年版，第 13 页。

③ ［法］保罗·利科：《记忆，历史，遗忘》，李彦岑、陈颖译，华东师范大学出版社 2018 年版，第 485 页。

释”意味着在谈话开始或进行当中不首先制定与遵守一套约束性模式，意味着对基础认识论的反对。

上述意思，恰好浓缩在汉语的“阐”字当中。这是张江先生的一个发现。[①] 在汉字中，“阐”的本义是“开”；“开”的本义是“张”；“张”的意思是“施弓弦”。“施弓弦”的特点是已经察觉对象，但并未表明具体是哪一个对象。无论对象是一种行为，抑或是一个确定的物体，“阐”都意味着这个对象处在一种开放的可迎受他者的状态当中。因此，在汉语世界，“阐”总是与“义”捆绑，连成词组，古籍如《春秋阐义》，即属此类。

海德格尔《存在与时间》的总趋向，一言以蔽之，即“阐”。正如卡普托所说，这本书“唯一根本的东西”就是它“创造的开放性，而不是解决”。[②] 这正是罗蒂心目中阐释学的立场，亦即阐释学只表达一种希望，“由认识论撤除所留下的文化空间将不再被填充”[③]。“不再被填充”就是所谓“创造的开放性，而不是解决”。“解决”则意味着“达诂”“达占”“达辞”。当然，《存在与时间》所创造的开放性，并非没有具体所指。它所创造的开放性，实际上是生存论意义上此在的开放性，也就是人的开放性。

那么，“阐释”与“理解”是什么关系？从“理解”的视角是否可以显现“阐释”的上述基本特性？对此，海德格尔是有相关论述的。他说：

> 理解的成型是在阐释（Auslegung）中得以完成的。我们看到：开觉状态之形诸存在就构成了理解；而阐释是开觉状态之形诸存在的实现方式。阐释是所有认知的基本形态。
>
> 阐释本身并未在原本的意义上有所开显（erschließt），因为理解

① 张江：《“阐”“诠”辨》，《哲学研究》2017 年第 12 期。

② ［美］约翰·卡普托：《激进诠释学：重复、解构与诠释学筹划》，李建盛译，北京大学出版社 2021 年版，第 7 页。

③ ［美］理查德·罗蒂：《哲学和自然之镜》，李幼蒸译，商务印书馆 2011 年版，第 335 页。

> 或此在本身所经营的就是这种原本的开显。而阐释所操办的，从来都只是被开显者的彰显，这种彰显就构成了理解的一种内在的可能性的成型过程。阐释的最为切近的日常样式具有昭示（Appräsentation）的作用形态，确切地说这是一种关于意蕴的昭示，也就是对向来可通达的指引关联所作出的一种突显。
>
> 阐释将照面中的世上物的有待被看“作什么”（als Was），即有待被理解“作什么”带向彰显。作为理解之成型，所有阐释的源本的形态就是以其“作什么”为据的关于某物的称述（Ansprechen）、把某物看作某物的称述，这就是说，将那在源本的和引导性的称述中得到昭示的东西再通过讲说加以昭显。……通过对某物的“何所为”（Wozu）和“为何之故”（Worumwillen）加以彰显，不可理解状态得到了去除，意蕴的意义仿佛成为清晰可见的，此意义形成了语词。①

这些话并不特别拗口。它表示，作为对开放性、延展性、多样性状态的呈现，阐释本身并未在原本的意义上有所开显，因为这种开显需要理解去经营，“阐释所操办的，从来都只是对被开显者的彰显”。所以，阐释意味着“昭示”“突显”“昭显”“称述”，意味着“指引关联”，意味着去除不可理解的状态，意味着将意蕴的意义引向仿佛清晰可见，意味着可以用一个语词去凝缩这些意思，等等。“阐”字的形成，意味着它的语词意义与它所意谓的实事得到了区分，意味着这个词的意义结构很复杂而“就其不同的阐释可能性而言更为变化多端”。海德格尔的这些论述，毋宁说正是对汉语“阐”字的诠释。

这种诠释，从理论层次上讲，表明“阐释”处于最为居先的位置。请注意这句话：“阐释是所有认知的基本形态。”这就表明了这个词作为概念的一般性与统摄性。但是，“阐释”的居先位置，从本质上说，是由“阐释”的“先”结构所决定的。保罗·利科在介绍海格德尔的相关

① ［德］海德格尔：《海德格尔文集·时间概念史导论》，欧东明译，商务印书馆 2014 年版，第 406—407 页。原译文将 Auslegung 译为解释。

思想时，特别强调了阐释相对于阐释对象的居先性。他说：

> 解释（interpretation）对理解的依赖性说明了阐释（explication）为什么总是先行于反思并在最高主体构造任何客体之前就出现。这种先在性在阐释层次上是由“预期结构”来表现的，预期结构阻止阐释不依赖前提而对先给予的存在进行把握；阐释在先有（Vor-habe）、先见（Vor-sicht）、先把握（Vor-Griff）、先见解（Vor-Meinung）的模式中先行于它的对象。[①]

这种理解与汉语“阐”字所蕴含的意思，完全相符。“阐者，开也”，显然具有打开阐释的“先”结构的意思。

这里所谓“先……”，即《庄子·天下》引惠施所谓“今日适越而昔来”。钱基博解释说，“今日适越，昨日何由至哉？思适越时，心已先到；犹之是非先成乎心也”。“旅人之适越，在今日也；而云‘昔来’者，心先驰也。”[②] 这可以说是对海德格尔所谓“先结构”的绝妙搭接。所谓“是非先成乎心”，所谓“心先驰”，正是所谓“前见”“先见”。当然，这并非唯一的解释。比如李约瑟说：“这个辩辞竟然像是爱因斯坦相对论教科书中的一段。确切地显示出承认不同的地区有不同的‘时间尺度’。”[③] 这种相对性的解释，与所谓“心先驰”的“前结构”显然并不矛盾。

二　关于“诠释”

巧得很，“诠释”之“诠”，与德文的 interpretation 一词非常贴合。

如果说阐释将照面中的世上物的有待被看“作什么”（als Was），即

① ［法］保罗·利科：《诠释学与人文科学》，洪汉鼎译，中国人民大学出版社 2021 年版，第 72 页。

② 钱基博：《子部论稿》，傅宏星校订，华中师范大学出版社 2014 年版，第 257 页。

③ ［英］李约瑟：《中华科学文明史》，江晓原主持，上海交通大学科学史系译，上海人民出版社 2014 年版，第 97 页。

有待被理解“作什么”带向彰显，那么，“诠释”就不再是“带向”，而是固化或固定。具体说，就是将“有待被看”的“有待”去掉，在确定、收敛、统一中将“看”的行为实施出来，同时在“看”中确定“作什么（als Was）”。

在汉语中，“诠”的本义是“具”；“具”的本义是“共置”，具有海德格尔所谓“给出”“端呈”的意思。[①] 只有“给出”“端呈”“共置”，才能“看”，也才能看出对面是什么（als Was）。因此，如果说“阐”之德在于“圆而神”，那么，“诠”之德就在于“方以智”。在带向彰显的开放状态中进行确定，确定照面中的世上物“作什么”（als Was），就是“诠”。

海德格尔关于“置放”的讨论，有助于深化对“诠”这个概念的理解。在解读巴门尼德的过程中，海德格尔很详细地讨论了“置放”的意义。他以图书出版为例，指出“书出版了，意思就是，它现在呈放出来，它在此了，它作为在场者现在可以与我们有关了”。他接着说：“置放，即言说、置放，关涉到呈放的东西。置放就是让呈放。当我们关于某物说些什么时，我们让它作为这样那样的东西呈放出来，同时也即让它显现出来。使……达到先行显露和让……呈放，这就是希腊人所思的‘言说、置放’和‘逻各斯’的本质。”其结构是“需用：置放、让呈现”[②]。这些言辞，让笔者感觉好像是在解释汉语的“诠”字。

“诠释”的西语词源，美国学者佩顿（William E. Paden）说，interpretation 这个词来自拉丁语 interpres，意为“介于双方之间的代理人，谈判者、掮客、解释者”。前缀 inter-是“介于……之间”的意思，但 pres 的含义有点争议。有人把它与 pretium 相联系，即“价值、价格”；也有人把它与梵文的词根 prath-相联系，意即“向海外传播”。[③]

---

① 参见［德］海德格尔《海德格尔文集·面向思的事情》，陈小文、孙周兴译，商务印书馆 2014 年版，第 24 页。

② ［德］海德格尔：《海德格尔文集·什么叫思想？》，孙周兴译，商务印书馆 2017 年版，第 233—234 页。

③ ［美］W. E. 佩顿：《阐释神圣：多视角的宗教研究》，许泽民译，贵州人民出版社 2006 年版，第 19 页。

伽达默尔说，interpres“指的是居中说话者，首先指的就是口译者的原始功能，口译者处于操不同语言的讲话者之间，通过他的居中讲话把操不同语言的讲话人联系起来。正如在这种情况下是克服外语的障碍，当在操同一种语言时出现理解障碍也需要进行克服，在这种情况下是通过回溯，亦即把它作为潜在的文本而达到陈述的同一性[①]。”总之，它突显的是“居中”或“居间”串联说话的意思。由于这种属性，故 interpretation 应属于伽达默尔所谓再现性的阐释。

海德格尔也简单讨论过 inter 这个拉丁词的语义，以之说明“世界”与“物”贯通时的“中间”状况，指出只有在“中间”中，二者才成为一体，因此才构成亲密关系，但“亲密”并非“融合”，因为在亲密关系中“有分离起作用”，“在区—分中成其本质”。[②]

上述讨论表明，“诠”对于意义的固化、固定或确定，是由于居中者的言语行为，使得围绕或面对共置物、端呈物的各方达成共识，比如依据价值而达成价格谈判上的一致，讲不同语言的人达成同一性的理解，在分别中达成亲密关系，等等。所以，固化、固定、确定不是通过强制，而是通过居间说话的协调活动而完成的。

值得注意的是，维柯指出，“诠释”一词与“父亲”“工作”具有关联性。这实际上是把“诠释”行为所具有的神圣作用与一般意义揭示出来了。他说，“爸爸”这个词来自惊叹声，然后又派生出多种意思。他说：“patrara（父亲）一词的原义是‘制作’或‘工作’，这是天神的特权。patrara 这个词的原义也用在《圣经》中，《创世纪》里说，‘到了第七天’神停止了‘他在做的工作’。从工作（opere）这个词一定派生出动词 impetrare，仿佛就是代 impatrare，占卜术是用 interpatratio（解释），即解释占卜中天神的谕旨。”[③]

维柯这段话具有很强的启发性。在西方，神就是父亲，父亲就是工

---

① ［德］伽达默尔：《文本和解释》，洪汉鼎主编：《伽达默尔著作集》第二卷，商务印书馆 2021 年版，第 444—445 页。

② ［德］海德格尔：《海德格尔文集·在通向语言的途中》，孙周兴译，商务印书馆 2015 年版，第 16 页。

③ ［意］维柯：《新科学》，朱光潜译，人民文学出版社 1986 年版，第 209 页。

作者，工作是指神的或为神的工作，而这种工作需要或带来诠释。在这里，汉语译者朱光潜先生将 interpatratio 标为解释，我们则无妨将其看作诠释。总之，从维柯的论述可知，诠释是一份非常神圣的工作。

与东方不同，父亲在这里并不单纯地表示血缘关系，更标识血缘与信仰的统一，即“神父”的意思。血缘与神性、神性与血缘相贯通，而血缘最终服从神性。而在中国，血缘则与宗法相贯通，神圣性最终来自宗法性，即所谓“祖宗”。“神父”与“祖宗”分别标明两种不同的神圣性，一将血缘归于神性，一将血缘归于宗法，由此而成为中西精神血脉、文化基因不同的一大关键。

关于中西文化基因在宗法性上的差异，黑格尔说：“希腊没有出现任何宗法的家族关系”，“他们之间的联系不是建立在家族关系的基础上的”，“希腊人不是由若干个部落合并而成，而是由诸多部落和民族混合而成的”。而“中国的国家原则完全建立在宗法关系的基础之上。这种关系决定了一切”①。我们将会发现，这种区别极大地造成了中西之间思维方式、阐释行为及阐释范式的不同。

三　关于“解释”

在“诠释”中，“作什么（als Was）”被整体性地“共置”“给出”“端呈”出来，但是，事情并未就此结束。接下去，依照海德格尔的提示，还需要“再通过讲说加以昭显”，需要把“何所为”（Wozu）和“为何之故”（Worumwillen）彰显出来，从而达到“意蕴的意义仿佛成为清晰可见的”这一效果。如此一来，“解释”（Erklären，Erklärung）便登场了。

“解释”的作用，在于将“共置”或“端呈”之物的内部结构展示出来，“通过讲说加以昭显”。具体说，就是看看“端呈”之物的里面是什么样的，以达到“清晰可见”的效果。

---

① ［德］黑格尔：《世界史哲学讲演录：1822—1823》，《黑格尔全集》第二十七卷，第Ⅰ分册，刘立群等译，商务印书馆 2014 年版，第 122、285 页。

德罗伊森说，有三种科学方法，一种是哲学、神学的玄思方法，即 erkennen（认识）；一种是历史方法，即 verstehen（理解）；另一种是物理的方法，即 Erklären。[①] 请注意他对 Erklären 这个词的用法，完全偏重在词义的“物理”性上。

在汉语中，“解”字的物理性同样非常鲜明。“解”的本义是“判”，也就是用刀去解剖、分解。因此，“解”首先意味着一个物理性对象的存在。由针对这个物理性对象的行为，引出“解”的结构特点，即对确定对象的分析，将整体要素化、对结构明晰化，对“诠”的“再讲说”。[②]

由于将整体要素化，因此在“解”中分离出“整体”与“部分”的关系。由于这个问题的出现，因而又辐射出胡塞尔关于具体部分和抽象部分、独立部分和从属部分的区隔辨析一类问题。对此，我们暂且打住。

显然，“解”最突出的行为特征是“分析”。解释就是采取分析方法去讲解。黑格尔说过，分析方法是经验主义最常使用的方法。这个方法的特征，黑格尔描述道：“分解过程的主旨，即在于分解并拆散那些集中在一起的规定，除了我们主观的分解活动外，不增加任何成分。但分析乃是从知觉的直接性进展到思想的过程，只要把这被分析的对象所包含的联合在一起的一些规定分辨明白了，这些规定便具有普遍性的形式了，但经验主义在分析对象时，便陷于错觉：它自以为它是让对象呈现其本来面目，不增减改变任何成分，但事实上，却将对象具体的内容转变成为抽象的了。”[③] 这段话非常漂亮地揭示了汉字“解”的意蕴。

所以，“解释”的功能是进一步地趋近于澄清，故可视为澄清性阐释。海德格尔说：“澄清解释即是对不领会的东西有所领会地加以揭示，故而一切澄清解释都植根在此在的原本的领会中。”[④] 显然，“解释”并不像经验主义者所理解的那样简单，但是，它“有所领会地加以揭示”

---

① ［德］德罗伊森：《历史知识理论》，胡昌智译，北京大学出版社 2006 年版，第 12 页。

② 这段论述参考了张江的论文。张江：《“阐”“诠”辨》，《哲学研究》2017 年第 12 期；《“解”“释”辨》，《社会科学战线》2019 年第 1 期。

③ ［德］黑格尔：《小逻辑》，贺麟译，商务印书馆 1980 年版，第 113 页。

④ ［德］海德格尔：《存在与时间》中文修订第二版，陈嘉映、王庆节译，商务印书馆 2016 年版，第 458 页。

的基本意涵是清晰确定的。

从语言多义性角度看，“解释就在于辨别出说话者在普通词汇的多义性基础之上建构什么样的具有相对单一的信息。用多义性的语词产生出某种相对单义性的话语，并在接收信息时识别这种单义性的意向：这就是解释的首要而最基本的任务”①。从多义性走向单义性，就是走向确定性，也就是“对不领会的东西有所领会地加以揭示”。

汉语中“庖丁解牛”的故事，很形象地揭示了上述基本意涵。庖丁解牛之所以称之为“解牛”而非“诠牛”或“阐牛”，即在于突显其分析的本质。当单义性话语被建构出来时，解牛过程完成。

因此，“解释”以“解构”为行为的起点与过程。但是，它们并非一回事，而各是释义过程的相关项。“解释”是目的，“解构”则是手段与过程。“解构”意味着拆开（undoing）与拆除（ab-bauen），以达到“解释”必然需要的释放效果，达到以“解”为“释”的目的，但其本身并不含有释义功能，其释义功效是“解释”赋予的。“解释”与“解构”虽然都以“解”为前提，但前者落脚于“解”的目的或结果——释，后者落脚于“解”的对象、手段及过程。解构是拆解结构，解释是认识结构。解构提供构件，解释提供说明。处在“解构”与“解释”之间的，是“分析”。

就历史学而言，“解释”首先意味着对史料的分析，即展示史料如何“讲得通”。因此，它具有阐明或澄清的指向。其次，它意味着对历史现象组成要素及各种原因的揭示。在各种解释中，最好的解释就是将要素分解得最为充分、呈现得最为详备的解释。

四 关于“说明”

“说明”（Anleitung；Exposition）在于对经过确定、解构、分析、显明之后的对象的功能及其要素之间的关系予以言说与揭示。比如一架被

---

① ［法］保罗·利科：《诠释学与人文科学》，洪汉鼎译，中国人民大学出版社2021年版，第5页。

拆解的飞机，拆解者一一指明其不同部件、组件或零件是做什么用的，它们之间的关系是怎样的。

康德在解释拉丁文 expositio 时，说他将其“理解为将一个概念里所属的东西作出清晰的（哪怕并不是详尽的）介绍”①。因此，“说明”并不派生出或复合出与它对等的概念，而是在“介绍”的范围与规定下运作，所针对的是“概念里所属的东西”。就整体而言，“说明”没有增加任何东西，但就认识的深入性与上手性而言，它又是扩展的。很显然，相对于“阐释”与“诠释”“解释”，“说明”其实回答了“为什么”的问题。

有学者提出，“解释”是进入“事物内部的理解和诠释”，“重点在阐明那个事物存在的理由，它的重点是在 reason，就是理由”。“解释”“要先有一个消极性的‘瓦解’过程，再达到一个新的‘开显’的过程，并且落实下来，用另外新的语言把它表达出来，那个牵涉一个积极性的‘建构’。”而说明（explanation）“重点是一个外在的、扩张性的因果说明”，“重点在 causation”（原因）。总之，“说明”是比较外在性的，解释是比较内在性的。②

这个观点是可取的。它肯定了“解释”必然具有的“瓦解”即分解过程，这与笔者的分析一致。分解的目的和结果是“开显”，因而是积极的。这与笔者的分析也一致。同时，“解释”意味着进入“事物内部”，这又与笔者的分析一致。不同在于，笔者将“说明”指向“要素”的介绍，这里指向“原因”的揭示。但是，这种不同也不矛盾，因为对“要素”的“介绍”，也就是对“原因”的显明。原因在哪里？就在要素的功能及其相互关系当中。

因为“说明”具有介绍要素的性状，所以从 20 世纪 40 年代到 70 年代，受逻辑实证主义影响，许多人认为，历史学实际上是在“说明”的意义上工作。“说明”就是对“为什么”的回答。

很明显，我们通常所见到的主流历史学，都是说明性的。这种主流

---

① 《康德三大批判合集》上册，邓晓芒译，杨祖陶校，人民出版社 2009 年版，第 25 页。

② 林安梧：《人文学方法论：诠释的存有学探源》，上海人民出版社 2016 年版，第 99 页。

历史学通过描述史实来追问本质，认为历史的本质是第一位的，描述与叙事都服从于历史的本质。到20世纪90年代，这种突出史学“说明”属性的见解整体性式微。随着“新文化史”的兴起与流行，“描述”（description）与阐释的功能得到突显，但“说明”的取向与主张并没有消失。①

换言之，就阐释的整体性而言，历史学已经不再局限在“说明”的层面，而是向着解释、诠释、阐释的层面不断扩展。这也正是历史阐释学所要表明的一个基本道理。

五 关系与意义

阐释、诠释、解释、说明是依次递进的关系，所以上层概念不一定运行至下层概念，而下层概念却必定蕴含上层概念。“阐释”可以不涉及诠释、解释、说明，但后三者却均以自己的方式和范围在“阐释”。当人们说明某种苹果的口味时，其实蕴含了对水果的一般性阐释，但人们对水果进行一般性阐释时，虽然包含苹果，却可以不涉及苹果。

哲学家解释世界，就是用解释的方法阐释世界。哲学家解释世界，都希望确证世界的确定性。因此，就目标而言，他们其实都是在“诠”，亦即建构一种完备、完足的确定性理论体系。

只有体系，才是确定性的固化形态。所以，恩格斯说，“哲学体系是一定要以某种绝对真理来完成的”②。海德格尔说：“唯当认知是绝对认知，才能够以合乎认知的方式来发现和塑造这样一种体系。在德意志观念论中‘体系’被明确把握为绝对认知的要求。体系本身就明确地成了绝对的要求，并由此不折不扣地成了哲学的主导词语。”③

① ［美］阿兰·梅吉尔：《历史知识与历史谬误：当代史学实践导论》，黄红霞、赵晗译，北京大学出版社2019年版，第110页。

② ［德］恩格斯：《路德维希·费尔巴哈和德国古典哲学的终结》，《马克思恩格斯文集》第四卷，人民出版社2009年版，第271页。关于“体系”概念的讨论，参见［德］海德格尔《海德格尔文集·谢林：论人类自由的本质》，王丁、李阳译，商务印书馆2018年版，第52—54页。

③ ［德］海德格尔：《海德格尔文集·谢林：论人类自由的本质》，王丁、李阳译，商务印书馆2018年版，第69—70页。

因此，马克思说哲学家们用不同方式解释世界，可以理解为哲学家们用不同的方式去建构体系，也就是以“诠”为目标。这是观念论的基本特点。

有德汉词典将“interpretieren”一词直接翻译为“诠”。可谓确当。进入具体语境，将其翻译为“解释”，也顺理成章。但是，应该明白，它的本义是“诠释”。至于有学者将这个词翻译为阐释、说明，则是出于个人理解，当然也不能认定为错误。对此，在义理思辨澄明之后，只须心知其意、得意忘言。

乔姆斯基说：“现代意义上的科学是人类取得的一项极为有限的成就，也就是在最近几个世纪前、在世界一个很小的范围内获得了发展。并且大多数所谓的科学甚至还并不清楚科学究竟有着怎样的运行规律。所以，建立最佳解释的能力很可能是某种从未被使用过的人类能力，比如数学能力。”[①] 对于阐释学来讲，这句话同样适用。要“建立最佳解释”，概念与范畴的细微辨析不可缺少。我们须认识到自身的局限，但我们有追求。

阐释、诠释、解释、说明四个概念的关系，可以通过庖丁解牛这一经典案例加以说明。从庖丁解牛的故事看，“阐释”在于遭遇一群动物——海德格尔所谓照面中的世上物，“诠释”在于从中确定一头牛，“解释”在于分解牛，“说明”在于对分解后的牛的心肝肺等要素一一予以介绍。

单就庖丁解牛的“解”而言，又可以细分为阐、诠、解三个环节。第一个环节“所见无非牛者”，是为族庖阶段，为“阐”；第二个环节“未尝见全牛”，是为良庖阶段，为“诠”；第三个环节“以神遇，而不以目视，官知止而神欲行”，是为道庖阶段，为“解”。这三个阶段，“正是一个完整的正、反、合的辩证发展过程”。[②] 所谓“阐释循环”，应扩大到辩证发展的认识论高度上去加以理解。

---

① ［美］乔姆斯基：《语言的科学：詹姆斯·麦克吉尔弗雷访谈录》，曹道根、胡朋志译，商务印书馆 2015 年版，第 136 页。

② 参见庞朴《解牛之解》，见所著《一分为三：中国传统思想考释》，海天出版社 1995 年版，第 192、216 页。

由“阐释”到“说明”，在西方思想上体现为不懈追求数学化的过程。柏拉图学园的入口处写着：“不精通几何学，不精通数学知识者莫入。”笛卡尔“想做的不就是为哲学之真理谋求数学的特性，并将人性从怀疑论和不清晰状态中抢夺出来吗？莱布尼茨流传下来的话是：没有数学，人们就无法深入形而上学之根本。”① 在以笛卡尔为标识的哲学主潮中，“什么东西就其存在方式来说满足数学认识可得以通达的存在，什么东西就在本真的意义下存在。这种存在者就是那种始终是其所是的东西”②。

所以，康德说：“数学给了我们一个光辉的范例，表明我们离了经验在先天知识中可以走出多远。”③ 恩格斯说：“只是在数学中，即在一种研究思想之物（不管它们是不是现实的摹本）的抽象科学中，才有抽象的同一性及其与差异的对立，而且甚至在这里也不断地被扬弃。”④ 斯宾格勒认为，数学是最严密的科学、真正的艺术、最高级的形而上学，“逻辑一直就是一种数学，反之亦然”⑤。尼采甚至讽刺说：“数字乃是我们轻便地摆弄世界的大手段。只要我们能数数，也即能感知一种恒定性，那么我们就能这样理解。”⑥ 反衬出数学思维的主导地位。总之，“在西方，明确的、真正的体系构造是作为追求数学性理性体系的意志而开始的”⑦。“数学性思想”与哲学体系之间，存在着内在的同构性。这与东方的传统差别极大，也极大地映衬出历史唯物主义在西方思想史上的“造反”意义。

---

① ［德］海德格尔：《海德格尔文集·形而上学的基本概念：世界—有限性—孤独者》，赵卫国译，商务印书馆 2017 年版，第 25 页。

② ［德］海德格尔：《存在与时间》中文修订第二版，陈嘉映、王庆节译，商务印书馆 2016 年版，第 140 页。

③ 《康德三大批判合集》上册，邓晓芒译，杨祖陶校，人民出版社 2009 年版，第 5 页。

④ ［德］恩格斯：《自然辩证法》，《马克思恩格斯文集》第九卷，人民出版社 2009 年版，第 476 页。

⑤ ［德］奥斯瓦尔德·斯宾格勒：《西方的没落》第一卷，吴琼译，四川人民出版社 2020 年版，第 131 页。

⑥ ［德］尼采：《权力意志》，孙周兴译，上海人民出版社 2016 年版，第 9 页。

⑦ ［德］海德格尔：《海德格尔文集·谢林：论人类自由的本质》，王丁、李阳译，商务印书馆 2018 年版，第 65 页。

直至现象学等现代哲学兴起，这种数学化的演进线路方招致全盘反思。“二十世纪以来对宇宙的更好理解，即是视宇宙为自然的有机体来修正牛顿的机械的宇宙观。”[1] 对此，海德格尔写道：

> 将数学树为一切科学的典范，这合理吗？或者说这种基本关系由此岂不是头足倒置的吗？数学是最不严格的科学，因为它最容易通达。精神科学所假定的科学实存（Existenz）比数学家所能达到的要多得多。人们不应把科学当作命题或论证关系的体系，而应当作本身带有阐述分析的实际性的此在（faktisches Dasein）。这种将数学指定为科学典范的做法是非现象学的，而科学严格性的意义要从所探讨的那种对象方式及其适合的通达方式中产生出来。[2]

海德格尔认为必须放弃把哲学看作绝对真理、绝对知识、绝对科学和确定性的目标，数学知识也不能被设定为哲学知识的典范，因为上述理念最内在地损害了哲学的本质。他说：“数学认识并不比语文学—历史学的认识更为严格。数学认识只具有‘精确性’之特征，而这种‘精确性’并不就是严格性。向历史学提出精确性的要求，就会与精神科学的特殊严格性之观念相抵牾。”[3] 在人类知识系统中，海德格尔最维护的是诗学。显然，他希望从“诠”回到“阐”。

在中国，“象数”“术数”之学始终与中国哲学相伴，已经具有比较完整的数学哲学形态，但是，几何学在我国一向不发达，数学始终没有成为独立的言说形式，更没有成为中国哲学的终极表达诉求。现代西方哲学对数学化表达与追求的质疑、批判，不可一厢情愿地理解为是向东方传统的靠拢。

---

① ［英］李约瑟：《中华科学文明史》，江晓原主持，上海交通大学科学史系译，上海人民出版社 2014 年版，第 126 页。

② ［德］海德格尔：《海德格尔文集·存在论（实际性的解释学）》，何卫平译，商务印书馆 2016 年版，第 88 页。

③ ［德］海德格尔：《海德格尔文集·路标》，孙周兴译，商务印书馆 2014 年版，第 121 页。

从“阐释”与“诠释”的逻辑基础来说，阐释的逻辑基础是非标准逻辑，是建立在真值的多值性、多维性、缺损性基础之上的。真值从二值到多值再到连续值变化，空间维数从一维到二维再到多维变化，推理需要的信息从完全已知到不完全已知、从固定不变到不断变化，推理过程从封闭到开放、从线性到非线性、从协调到次协调和超协调变化。而诠释的逻辑基础是标准逻辑，是建立在封闭全信息的确定性假设基础之上的。它把认识对象简化为一个封闭的、全部信息已知的、确定不变的、非此即彼的二值世界。它无任何形式的矛盾、不确定性，是永恒不变的，因而是以数学定理证明的形式来呈现的。①

六　从赫耳墨斯到阐释学

总而言之，阐释、诠释、解释、说明，这四个概念整合为一个有机整体，形成一个专门的学问领域，西方人给它起个名字，叫作 Hermeneutik。这个西方人起的名字，钱锺书先生将其翻译为“阐释学”。台湾的汪荣祖教授认为，这一译法“胜于常译之‘诠释’”②。

前面所引佩顿教授介绍说，这个词源于希腊动词 hermeneuein。他指出，“hermeneutics 这个希腊词的词根在词源学上与希腊神话中的神赫耳墨斯（Hermes）有联系”。Hermes 被罗马人称为 Mercury。他是一个信使，或曰传话者。对此，中国学者非常熟悉。赫西俄德（Hesiod）《神谱》说：“阿特拉斯之女迈亚在宙斯的圣床上，孕育了光荣的赫耳墨斯，永生者的信使。”③

柏拉图《普罗泰戈拉篇》则是这样说的：

> 宙斯担心整个人类会因彼此为害而毁灭，于是派赫耳墨斯来到人间，把尊敬和正义带给人类，以此建立我们城市的秩序，创造出

① 参见罗敏霞、何华灿《泛逻辑学语构理论》，科学出版社 2010 年版，第一章“绪论与预备知识”。

② 汪荣祖：《槐聚心史——钱锺书的自我及其微世界》，中华书局 2020 年版，第 232 页。

③ ［古希腊］赫西俄德：《神谱》，吴雅凌译，华夏出版有限公司 2022 年版，第 152 页。

> 一条友谊和团结的纽带。
>
> 赫耳墨斯问宙斯应当以什么样的方式在人们中间馈赠这些礼物，“我是否应该像过去分配技艺那样馈赠这些礼物，也就是说，只送给少数人，让一个人成为训练有素的医生，而让他去为许多人服务？我在分配正义和尊敬同胞的时候也应当用这种方式，还是应当把正义和尊敬同胞分配给所有人？”
>
> 宙斯说：“分给所有人，让他们每人都有一份。如果只有少数人分享道德，就像分享技艺那样，那么城市就决不能存在。此外，你必须替我立下一条法律，如果有人不能获得这两种美德，那么应当把他处死，因为这种人是国家的祸害。”①

佩顿指出，赫耳墨斯除了具有“众神音讯的传递者”即信使的身外之外，还是“疆界的跨越者、辩才之神、某些大众占筮形式的主持者”②。

这样一来，赫耳墨斯便成了一个隐喻的集合体。他的每一个身份，都是一个隐喻，都代表着某种职能。同时，身份的多重性，显示着阐释行为的复杂性及关联的广泛性。它不仅隐喻“信使”这个阐释学的基本面向，还暗示阐释学的内在要求以及符号学、修词学、文化人类学等方面的意义。

当然，赫耳墨斯还是众所周知的骗子、说谎者、希腊文的创造者。因此，他隐喻着“理解”与“语言”的重要性。他曾经欺骗阿波罗神，所以，他不是一个诚实的传话者。当然，这位“众神音讯的传递者”，还会受迷惑。“在荷马的描绘中，神令赫耳墨斯这位观赏者的感官（嗅觉、听觉、视觉）受迷惑，灵魂因凝视此地之美而迷醉。”③ 所以，不能没有赫耳墨斯，但赫耳墨斯不仅是麻烦组织者，本身就是一个麻烦。怎样应对这个麻烦，就是阐释学需要回答的问题。

---

① 《柏拉图全集》第一卷，王晓朝译，人民出版社 2002 年版，第 443 页。

② ［美］W. E. 佩顿：《阐释神圣：多视角的宗教研究》，许泽民译，贵州人民出版社 2006 年版，第 19 页。

③ ［法］皮埃尔·阿多：《古代哲学研究》，赵灿译，华东师范大学出版社 2016 年版，第 286 页。

关于赫耳墨斯的多重身份，柏拉图早有提示，但其基础与出发点是语言。《克拉底鲁篇》借苏格拉底之口说：“我应当想象赫耳墨斯这个名字必定与语言有关，表示他是一个解释者，或者信使、贼、骗子、讨价还价者，所有诸如此类的事情都与语言有极大的关系。”① 因此，阐释学研究必须深入到语言当中去。无论传话，抑或阐释，都只能在语言中进行。

七 “阐释”概念的统摄性

上面所言种种，包含一个逻辑顺序，即从抽象上升到具体，亦即皮亚杰《发生认识论》所谓反身抽象，或如马克思所说“叙述的方法”。

从阐释、诠释到解释、说明，是概念不断下降、落地的过程，是概念的演进。如果我们将这个逻辑顺序倒转过来，单纯从阐释学实际发展的历史循序来考察，则会形成另一个先后顺序，即发生学意义上的秩序，或如马克思所说“研究的方法”。也就是说，从说明、解释到诠释、阐释，又是一个从具体到抽象的概念上升、扩展过程。

洪汉鼎先生对西文的“阐释”一词作了专门探究，提出“阐释”既不同于“说明”，又与一般“解释”相区别，Auslegung 应该翻译为阐释而非其他。这一见解，显然是正确的。

洪先生又依据杜登（Duden）大辞典提出，Interpretation 是一个“种”的总体性概念，而 Auslegung 与 Erklärung 均是它的“下属”概念、下属类型。对此，笔者认为还可再议。

杜登辞典的义项解释，乃是 Interpretation 一词的单纯词义，而非阐释学的学科概念。单就词义而言，阐释、诠释、解释、说明之内部，均可细分为这四个部分。以“说明”为例，其运转过程，即可析出阐释、诠释、解释、说明四层结构。因此，认为“说明”统领着“阐释”，也未尝不可。但是，一旦从词义跳到学科系统上来，从阐释学的全体大用出发，就会发现真正的“种”概念，应该是“阐释”。这一点，从洪先

① 《柏拉图全集》第二卷，王晓朝译，人民出版社 2003 年版，第 91 页。

生的具体论述中，同样可以得到印证。

比如，洪先生提出，Interpretation 的特征“只是把已经明确说出的东西加以说明”。这就表明这个概念是有前提的，也就是所谓“已经明确说出的东西”。而 Auslegung 的特征，洪先生说是“通过解释主体的努力和发掘，把解释对象未能明显表示出来的东西揭示出来”。换言之，这个概念的前提是“未能明显表示出来的东西”。“未能明显表示出来的东西”当然居于“已经明确说出的东西”的前面。因此，我们认为，Auslegung 居于 Interpretation 的前面，其总体性特征较之 Interpretation 也更加突出。

在 Auslegung 一词的使用上，狄尔泰曾强调它在人文精神科学领域的常用性。在阐释学视域下，狄尔泰将“理解”设定为人文学科或精神学科的主要关切、关键概念，从而“用一系列特有术语对之加以阐释，尽管这些术语基于一种心理学化的生命哲学。”①

海德格尔也非常重视这个词，说它代表一种“更为深刻”的阐释活动，“强调揭示性的和阐发性的更深一层意思”，是一种深入的揭示活动，是一条“主导观念自身以其光芒四射的力量显露出来”的道路。所谓“更为深刻”或“更深一层”，显然不是指外延更为狭窄，而是指更为广泛，不然就谈不上比 Interpretation 意思彻底，更富于“揭示性和阐发性”，更谈不上“光芒四射”了。

从狄尔泰与海德格尔对这个词的定位而言，Auslegung 显然较之于 Interpretation 更具有统领性或统摄性。

我们不妨再看一下海德格尔关于阐释一词的用法。洪汉鼎先生曾引用王庆节先生的一段话：“在德文中，Interpretation 与 Auslegung 是两个同义词，一般都理解为‘解释’。海德格尔在《存在与时间》中区别使用这两个概念，前者，或者是在一般宽泛解释的意义上，或者是在比较具体的说明解析的意义上讲，而后者则更多的是在海德格尔所讲的存在真理的去蔽、阐明、展开的意义上说。”王庆节表示，他在翻译中将前者译为“解释”，后者译为“阐释”，“但读者也应注意到，由于这对概念

① ［德］齐格弗里德·克拉考尔：《历史：终结之前的最终事》，杜玉生、卢华国译，上海人民出版社 2022 年版，第 69 页。

的区别在本书中并非紧要，所以海德格尔似乎也没有在严格的意义上使用两者”①。

这个解释，非常重要，笔者深表赞同。但是，这个解释非但不支持洪先生的论点，还与洪先生相背。

至于 Erklärung（洪先生译为“说明”），洪先生说它的特征是常用于自然科学，因而“以描述性为特征”，注重“客观性和描写性”，“平实中庸”，“比较客观”，其取向显然更与专注于精神活动、发誓要驱离自然科学本体论的哲学阐释学的取向不同。② 对此，笔者以为研究者无妨依照自己的理解去抉择去取。

总之，一旦立足于阐释学的学术属性，就会发现最具有统摄性的概念，是阐释。由于 Interpretation（洪先生译为“解释”）这个词更多地应用于音乐演奏、艺术再现，因此更难说比阐释一词的涵盖性广。

八　概念结构的下降与上升

如果上述分析顺理成章，那么，顺着阐释、诠释、解释、说明的顺序，显然是一个概念下降或展开的过程。在下降或展开过程中，“抽象的规定在思维行程中导致具体的再现”，思维掌握具体并“把它当作一个精神上的具体再现出来”，因此它“决不是具体本身的产生过程”。而在概念上升或归纳的过程中，“完整的表象蒸发为抽象的规定”，“在分析中达到越来越简单的概念；从表象中的具体达到越来越稀薄的抽象”。③

总之，“思维既把相互联系的要素联合为一个统一体，同样也把意识的对象分解为它们的要素。没有分析就没有综合”。思维“只能把这样一些意识的要素综合为一个统一体，在这些意识的要素中或者在它们的

① ［德］海德格尔：《海德格尔文集·康德与形而上学疑难》，王庆节译，商务印书馆2018年版，第218页。

② 洪汉鼎：《论哲学诠释学的阐释概念》，《中国社会科学》2021年第7期。

③ ［德］马克思：《〈政治经济学批判〉导言》，《马克思恩格斯选集》第二卷，人民出版社2012年版，第700、701页。

现实原型中，这个统一体以前就已经存在了”[①]。

依照上述论述，人们可以顺着下降或展开的过程进行考察，也可以顺着上升或归纳的过程进行思考。下降与展开意味着“把意识的对象分解为它们的要素”，上升与归纳意味着“把相互联系的要素联合为一个统一体”。但是，每一个“要素”其实都蕴含着“统一体”。这与思维全息理论所揭示的道理是一样的。

因此，从“阐释”到“说明”，是下降或展开；从“说明”到“阐释”，是上升或归纳。就下降或展开而言，“阐释”是一个统一体。就上升或归纳而言，后面三个概念原本就蕴含着这个统一体。搞清这个道理，才会厘清逻辑秩序，避免混乱。

保罗·利科曾说，诠释（interprétation）是解释（explication）的一个构成要素，诠释是解释的“主观”对应项。诠释的第一要务是澄清（clarification）。[②] 对这样的讲法，须联系具体语境，看其是在怎样的范围与规定内立论的。总而言之，每一个概念都有其结构和功能，阐释学所涉及的基本概念也不例外。对此，应该加以辨析。

依照上升或归纳的过程，将其置于发生学的演进路径上，会发现：说明、解释、诠释、阐释，恰好标明了阐释学发生、发展、演进的四种形态。那就是：“说明”标识神话与巫师阐释学，意在说明创世学说与神的意旨；“解释”标识语文与文字阐释学，意在解释文字与文本的意义；“诠释”标识神学与法学阐释学，意在确证信仰的唯一性与法条的权威性；“阐释”标识一般与哲学阐释学，意在揭示阐释的通用规则与阐释的存在论意义。由此，“历史的”与“逻辑的”达到统一。

---

① ［德］恩格斯：《反杜林论》，《马克思恩格斯文集》第九卷，人民出版社2009年版，第45页。

② ［法］保罗·利科：《记忆，历史，遗忘》，李彦岑、陈颖译，华东师范大学出版社2018年版，第463页。

第三章

Hermeneutik 的汉语译名

前面的讨论，已涉及阐释学名称问题。由于这个问题很重要，故需要集中讨论。

众所周知，阐释学是一个外来术语与概念，是 Hermeneutik 这个西文词的汉译名称。目前，将 Auslegung 译为“阐释”，学界意见越来越趋于一致，但 Hermeneutik 是否应译为“阐释学”，意见还不统一。

一 “学科”的涵义

首先是“学”字。人们对这个字的第一反应，就是将它等同于“学科”。一提到学科，人们又很容易向非常专业化、界限特别分明、领域格外狭窄的意思上去联想。其实，从词源看，“学科”的本义并不“美妙”。

沃勒斯坦引用《牛津英语词典》指出，这个词的本义“与学生或徒弟有关，是‘学说’的对立面，是博士或教授的财富，因而在词的历史中，‘学说’与抽象的理论有关，‘学科’与实践或实习有关”①。准此以言，我们实在不宜将“学”理解为学科，而应理解为“学说”。至少对阐释学而言，理应如此。

但是，“学科”这个词已经通用化。离开这个词，某种情况下我们

① ［美］沃勒斯坦：《否思社会科学：19 世纪范式的局限》，刘琦岩、叶萌芽译，生活·读书·新知三联书店 2008 年版，第 280 页。

甚至难以表达。因此，在明了沃勒斯坦用意的前提下，不妨依然使用这个词，只是须记住切勿死句参禅、死在句下。

在汉语中，“学”有“效”“觉”“悟”“习”等意思。一种解释认为，“学”就是“觉悟未知”。这就与“学说”一词相关了。可以这样说，阐释学就是觉悟未知的学说、学问或学科。就词义而言，Auslegung 是指一种行为，Hermeneutik 则指一门学问。

作为觉悟未知的学说、学问或学科，阐释学很难说属于哪门学科，但哪门学科都离不开它（包括自然科学）。对此，同样需要得意忘言，特别是下面这些话的精义。

笛卡尔：“全部科学合在一起就是人类的智慧，这种智慧尽管能用于各种不同的学科，但始终是一个整体，不会因此被分化成不同的东西，正如太阳不会由于照耀在不同的事物上就会被分化成不同的东西一样。”①

海德格尔：“在我的全部哲学工作中，我完全撇开了诸哲学科目的传统形态以及对之的传统划分，因为我相信，着眼于这些东西会走向最大的灾难，即我们再也回不到哲学内在的疑难索问中去。无论柏拉图还是亚里士多德，对于哲学的这样一种划分都一无所知。这样的一种划分曾经是经院的事情，也就是说，是某种已丧失了发问之内在疑难索问的哲学的事情。于是，需要努力去打破这些学科。”②

卡尔纳普：“不能把对象分为各种不同的互不相关的领域，而是只有一个对象领域，因而也只有一种科学。”③

钱锺书：“人文科学的各个对象彼此系连，交互映发，不但跨越国界，衔接时代，而且贯穿着不同的学科。由于人类生命和智力的严峻局限，我们为方便起见，只能把研究领域圈得愈来愈窄，把专门学科分得

---

① ［德］恩斯特·卡西尔：《人论》，甘阳译，上海译文出版社 1985 年版，第 223 页；［德］恩斯特·卡西尔：《符号形式的哲学》，赵海萍译，吉林出版集团股份有限公司 2018 年版，第 196 页。

② ［德］海德格尔：《海德格尔文集·康德与形而上学疑难》，王庆节译，商务印书馆 2018 年版，第 315 页。

③ ［美］卡尔纳普：《世界的逻辑构造》，陈启伟译，商务印书馆 2022 年版，第 25 页。

愈来愈细，此外没有办法。所以，成为某一门学问的专家，虽在主观上是得意的事，而在客观上是不得已的事。”[①]

钱锺书所讲的道理，克拉考尔称之为“脑力经济学”，即“如果一个人集中精力致力于人类事务的某一领域，他对其他领域很可能只是被动接受；某一领域的生产力意味着其他领域的松散无力；实际上，没有人能在各条战线、所有领域保持同等的活力与热忱。作为政治思想家的爱因斯坦比起物理学家的爱因斯坦要逊色得多。也就是说，内在生活存在一个‘惰性区域’，其中批判屈服于不加评判的接受，积极探索让位于自由放任（laissez faire）”[②]。

当然，阐释学确实具有自身的主题，即“意义”。具有突出的主线，即“理解”。保罗·利科说，阐释学就是与文本阐释相关联的“理解活动的理论”。[③] 它与思想史、哲学史、学术史、艺术史等的联系非常紧密。围绕它进行探究的学者，大都集中在哲学、美学、文艺理论、史学理论、思想史、艺术史领域。因此，所谓“学”，最接近德文 Geisteswissenschaft（精神科学）这个词，可将其理解为“精神领域有条理的认知活动及知识类型”。

对于“学”字，正如对“文化”“文明”概念，无妨采取得意忘言、心知其意的态度。《春秋繁露·竹林》：“见其指者，不任其辞；不任其辞，然后可与适道矣。”

二 “阐释学”的词义变化

Hermeneutik 这个词的词源及意义，相关书籍多有介绍，虽侧重不同，但鲜有歧义。早在三十几岁时，海德格尔就对这个词作了词源学意义上的简单考察。《存在论（实际性的解释学）》是他 1923 年夏季学期

---

① 钱锺书：《七缀集》，上海古籍出版社 1985 年版，第 113 页。

② ［德］齐格弗里德·克拉考尔：《历史：终结之前的最终事》，杜玉生、卢华国译，上海人民出版社 2022 年版，第 41—42 页。

③ ［法］保罗·利科：《从文本到行动》，夏小燕译，华东师范大学出版社 2015 年版，第 76 页。

所作的讲座，其中第一部分的第一章标明为“解释学”，下含“传统的解释学概念”与“作为实际性自身解释的解释学”两小节。在前一节，他将柏拉图、亚里士多德、奥古斯丁、施莱尔马赫直到狄尔泰涉及这个词的使用情况及涵义，统称为传统概念，为向下一节过渡做好铺垫，然后在下一节集中阐述他的阐释学理念，亦即提出阐释学的存在论与生存论意义。

他说，阐释学研究的主题“乃是每一本己的此在”，是阐释性地追问关于此在的“存在特征”，旨在使此在自己“彻底觉醒”。又说，阐释学“并不是要获得知识（Kenntnisnahme），而是要达到一种生存状态的认识（existenzielle Erkennen），即一种存在（ein Sein）”。因此，阐释学还不是哲学，“而是某种先行预备性的东西”，亦即将“一个被遗忘了的对象置于当代哲学家的面前，以‘引起重视’（geneigten Beachtung）”。这就是阐释学最本己的性质。所以，它不意味着“尽快结束”，“而是要尽可能长久地经受”①。显然，海德格尔正在通过对狄尔泰的占有和激进化，从而将“阐释学”纳入存在哲学整体当中去。这样一来，阐释学的性质就从根本上改变了。

海德格尔说，他在 1923 年夏季初次使用 Hermeneutik 和 hermeneutisch 这两个词语，并在《存在与时间》导论的第七节 C 段作了说明。他是因为研究神学而熟悉 Hermeneutik 这个名称，后来在狄尔泰的著作中“重又发现”了这个名称。他说：“我对这个词的使用并不是随意的，而是同时适合于澄清我在现象学上的尝试的意图的。”《存在与时间》在很广的意义上使用这个词，既不是指关于阐释技艺的学说或方法论，也不意指阐释本身，而是表示首先根据阐释学因素来规定阐释的本质。他又说，被用作“现象学”的形容词的“阐释学”，是指阐释本身。此后，他就不再使用 Hermeneutik 这个词，目的不是为了否定现象学的意义，而是“为了让我的思想保持在无名之中”②。所谓“无名之中”，亦即敞开

---

① ［德］海德格尔：《海德格尔文集·存在论（实际性的解释学）》，何卫平译，商务印书馆 2016 年版，第 21、24、26 页。

② ［德］海德格尔：《海德格尔文集·在通向语言的途中》，孙周兴译，商务印书馆 2015 年版，第 94—97、116 页。

状态，不被名称所固化，向各种各样的可能性开放。

在词源方面，美国人帕尔默谈到一点，应予注意。他说，古希腊词 hermeneuein 似乎指口头阐释，即修词学；它在古希腊时代包含三层意思："去说（如在口头解释中）、去翻译（如在翻译一门语言时）、去阐明（使一件事情变清楚）。"①

正如伽达默尔所说，Hermeneutik 是一个"具有古老传统"的术语，它在任何涵义上都"先于"西方近代发展起来的方法论科学的观念。随着时间和年代推衍，这个老术语的涵义逐渐变化。18 世纪末和 19 世纪初，该词开始进入西方人的日常用语。一直到 20 世纪，随着胡塞尔等人推动的现象学运动的深入渗透，经过以海德格尔为代表的存在主义哲学的推波助澜，古老的阐释学被提升到哲学阐释学高度，Hermeneutik 这个词也就完成了其哲学涵义。从此开始，所谓 Hermeneutik，不再意指对经典文本的注释或解释，而是具有了"理解是此在本身的存在方式"的意义。不过，意思虽变，但词还是老词。旧瓶装新酒，伽达默尔等思想家依然使用这个老术语。

为什么不另造新词呢？伽达默尔说，由于他使用这个老术语，"已引起某些误会"。尽管有误会，但伽达默尔却无意另立新词。他的理由是："我在我的语境中所使用的概念都通过它们的使用而重新得到定义。"②

这就是说，因为装新酒，所以在饮用时应关注酒，而不是瓶子。借恩格斯的话说，即这个词的意义不能"按照来源来决定"，只能"按照它的实际使用的历史发展来决定"。③ 显然，这是一种语用学视角，强调

---

① ［美］理查德·E. 帕尔默：《解释学能给修辞学带来什么》，［美］沃尔特·约斯特、［美］迈克尔·J. 海德编：《当代修辞学与解释学读本》，黄旺译，商务印书馆 2018 年版，第 143 页。

② ［德］伽达默尔：《哲学解释学》，夏镇平、宋建平译，上海译文出版社 2004 年版，第 21、23 页；［德］伽达默尔：《真理与方法：哲学诠释学的基本特征》，洪汉鼎译，上海译文出版社 2004 年版，导言，第 17 页；第二版序言，第 2、4 页；第 650 页。参看第 217、226、726—732 页。

③ ［德］恩格斯：《路德维希·费尔巴哈和德国古典哲学的终结》，《马克思恩格斯文集》第四卷，人民出版社 2009 年版，第 288 页。

的是概念在具体语用环境中的实际使用情况。

所以，尽管 Hermeneutik 是个老词，但没有妨碍伽达默尔对它的使用。有学者提出，老概念不能用在新事物上，这种观点至少不符合他们所推崇的伽达默尔的实情。

至于 Hermeneutik 在起源和演变过程中的具体涵义，伽达默尔谈道，它原指某种技艺高超的实践，是一种技艺（Techne）的构词法（Wortbildung），是宣告、口译、阐明和解释的艺术，是理解的艺术。“凡在某物的意义并非开放和明显时，就需要这种艺术。”后来，在这个词中增加了纯认识以及方法论的涵义。在神学上，它表示正确解释《圣经》的技艺。①

三　“阐释学”与学术史的关系

伽达默尔强调阐释学“原指某种技艺高超的实践”，由此就提醒我们注意，这种“技艺高超的实践”在不同历史时期显然具有前后形态差异。因此，对历史上所呈现的不同内容和形式，都应予以考察。换言之，考察阐释学的历史，离不开人类学、神话学、社会学、历史学、语文学、原始宗教学等学科的介入，离不开对神话、巫术、巫师、占卜、祭祀、原始宗教乃至经师、人师等的考察。

不消说，神话、巫术、占卜、祭祀、原始宗教等，均属于某个历史阶段的“技艺高超的实践”，都在阐释学的范畴之内。阐释学不是万能的，因此对上述行为的考察不可能与专家完全一样，更多的是“寄生”于学术史的梳理当中。

实际上，无论海德格尔、伽达默尔、保罗·利科，还是克罗齐、柯林武德、卡西尔、海登·怀特等人，都从未疏离学术史，而是紧密地结合。即使他们当中个别人有意尽量避谈学术史，也没有脱离学术史。

① ［德］伽达默尔：《古典诠释学和哲学诠释学》，洪汉鼎主编：《伽达默尔著作集》第二卷，商务印书馆 2021 年版，第 117 页。

海德格尔就有意识地避谈学术史。正如保罗·利科所说，海德格尔借助于对学术问题的超越“避免了与人文科学之间的任何争论”，而“伽达默尔在谈论自己的思想之前先做了一番漫长的历史回顾，这一回顾表明，诠释学哲学必须通过概述浪漫主义哲学反对启蒙思想的斗争、狄尔泰反对实证主义的斗争和海德格尔反对新康德主义的斗争才能开始”①。也就是说，“历史回顾”不仅对于学术史梳理是必要的，而且对于建构哲学阐释学本身也是不可或缺的。

海德格尔之所以尽量避谈学术史，有他的哲学考量，那就是避免学术问题遮蔽对存在本体问题的突显，不仅是为了避免争论。当然，欲“避”而难免“避无可避”。所以，在海德格尔笔下，“争论”（例如与卡西尔）的内容并不鲜见。不过就总体而言，他专注于存在问题，生怕有一丝偏离。即使涉及学术史，也绝不偏离为存在服务的目的。所以，《时间概念史导论》虽标明为“史”，却几乎看不到“史”的成分。只是在谈及狄尔泰与胡塞尔关系等几处地方，不免流露出个人情感与史学气味。这种排除历史、作者、个人的做法，既具有认识上的原因，也具有历史渊源。亚里士多德在其作品中，就对个人事务几乎只字不提，而这是伊奥尼亚的科学传统。② 海德格尔一直保持着只谈思想、不谈或少谈作者的风格。

伽达默尔与利科则对相关学术史作过专门考察，由此而跨入某个具体学科。伽达默尔说，他的阐释学研究出发领域是艺术科学及语文学—历史科学领域，他试图与狄尔泰对德国浪漫主义所作的哲学上的继续发展相联系。③ 这映现了伽达默尔与海德格尔的不同。当然，由于他们的兴趣与理论建构并不在某个具体学科上，难免遮蔽其专业学术领域的造诣。同时，也表明他们的探讨毕竟与专业学者（比如历史学家）不一

① ［法］保罗·利科：《诠释学与人文科学》，洪汉鼎译，中国人民大学出版社 2021 年版，第 23 页。

② ［意］卡罗·纳塔利：《亚里士多德：生平和学园》，王芷若译，北京大学出版社 2021 年版，第 24、156 页。

③ ［德］伽达默尔：《修辞学、诠释学和意识形态批判》，洪汉鼎主编：《伽达默尔著作集》第二卷，商务印书馆 2021 年版，第 294、314 页。

样。不过，他们对学术史具有兴趣，是确定无疑的。

学科分类日益细密，专家思维左右了人们头脑。在这种氛围下，多才多艺的“通人”往往显得无“科”可归。

任何理论研究，都必须与学术史相结合，“与古为新”。章学诚《文史通义·书教下》说：“夫经为解晦，当求无解之初；史为例拘，当求无例之始。”① 颇合乎阐释现象学的旨趣。伽达默尔是古典语文学家。他说：“我只是在历史—语文学学科中才有某些资格参与这一问题的研究工作。”“离开了实践就将是纯粹的虚无。”② 哈贝马斯批评伽达默尔“还固守研究经典文献的语文学家的经验”。③ 恰恰说明了其与古为新而非臆想创新的特点。

海德格尔虽然尽力避免沾染学术史，却主张回到古希腊哲学的始源。《存在与时间》的出发点，就是柏拉图、亚里士多德的存在论，但不是向后延伸，而是向上追溯。在海德格尔看来，这个问题在古希腊哲学之后，就无人问津了。所以，他要从那里再出发，“以存在问题为线索，把古代存在论传下来的内容解构成一些源始经验”，“指出存在论概念的渊源，通过探索展示它们的‘出生证’”。④ 因此，关于存在问题的答案，不在于“新”或“不新”。他说：“这个答案的积极的东西倒在于这个答案足够古老，这样才使我们能学着去理解‘古人’已经准备好了的种种可能性。”⑤ 伽达默尔则说：“我觉得，从希腊的开端处去研究诠释学和文字之间的本质联系乃是很有吸引力的事情。”⑥

或许可以这样说，海德格尔并非“避谈”学术史，只是不从学术史

---

① 仓修良编注：《文史通义新编新注》，商务印书馆 2017 年版，第 38 页。

② ［德］伽达默尔：《在现象学和辩证法之间》，洪汉鼎主编：《伽达默尔著作集》第二卷，商务印书馆 2021 年版，第 4、31 页。伽达默尔指的是哲学阐释学研究。

③ ［德］尤尔根·哈贝马斯：《交往行为理论》（第一卷），曹卫东译，上海人民出版社 2018 年版，第 171 页。

④ ［德］海德格尔：《存在与时间》中文修订第二版，陈嘉映、王庆节译，商务印书馆 2016 年版，第 33 页。

⑤ ［德］海德格尔：《存在与时间》中文修订第二版，陈嘉映、王庆节译，商务印书馆 2016 年版，第 29 页。

⑥ ［德］伽达默尔：《诠释学与历史主义》，洪汉鼎主编：《伽达默尔著作集》第二卷，商务印书馆 2021 年版，第 536 页。

视角谈学术史，而是依据存在论的宗旨以及哲学的本体关怀谈论学术史。所以，他谈学术史，只是在讲哲学。在他笔下，学术史并没有独立的学科意义。而伽达默尔在考察 Hermeneutik 的观念与概念史时，却更多具有独立的学术史意义。

四 钱锺书论“阐释循环”

前文已经指出，钱锺书将 Hermeneutik 译为“阐释学”。汪荣祖认为这一译法“胜于常译之‘诠释’”①。笔者还注意到，海德格尔的翻译和研究家孙周兴先生，已经把 Hermeneutik 译为阐释学，而把 Interpretation 译为诠释。②

钱锺书是在讨论乾嘉考据学的治学方法时涉及这一问题的。他说：“乾嘉‘朴学’教人，必知字之诂，而后识句之意。识句之意，而后通全篇之义，进而窥全书之旨。”这是问题的一个面向，是最粗浅的面向。从反向的面向考察，“复须解全篇之义乃至全书之指（‘志’），庶得以定某句之意（‘词’）；解全句之意，庶得以定某字之诂（‘文’）；或并须晓会作者立言之宗尚、当时流行之文风，以及修词异宜之著述体裁，方概知全篇或全书之指归。积小以明大，而又举大以贯小；推末以至本，而又探本以穷末；交互往复，庶几乎义解圆足而免于偏枯，所谓‘阐释之循环’者是矣。《鬼谷子·反应》篇不云乎：‘以反求覆’，正如自省可以忖人，而观人亦资自知；鉴古足佐明今，而察今亦裨识古。鸟之两翼，剪之双刃，缺一孤行，未见其可”③。这里，钱锺书将 der hermeneutische Zirkel 翻译为“阐释之循环”。

然后，他在注释中引证了狄尔泰“Die Entstehung der Hermeneutik”

---

① 汪荣祖：《槐聚心史——钱锺书的自我及其微世界》，中华书局 2020 年版，第 232 页。

② 孙周兴：《实际生命的阐释学处境：关于海德格尔的“那托普”报告》，《浙江社会科学》2022 年第 6 期。文章开篇提到他翻译的海德格尔《对亚里士多德的现象学诠释（阐释学处境的显示）》，译名为：Phänomenologische Interpretationen zu Aristoteles（Anzeige der hermeneutischen Situation）。

③ 钱锺书：《管锥编》第一册，中华书局 1986 年版，第 171 页。

（阐释学缘起）中的一段话："Aus den einzelnen Worten und deren Verbindungen soll das Ganze eines Werkes verstanden warden，und doch setzt das volle Verständnis des einzelnen schon das des Ganzen voraus."（从单个字词及其相关性出发理解整个作品，但对单个字词的充分理解又以整体理解为前提）。又引用意大利存在主义思想家路易斯·帕雷森（Luigi Pareyson，1918—1991）《美学：形成性理论》（*Estetica*：*Teoria della Formatività*）中的一段话："La parte è contenuta dal tutto solo in quanto a sua volta lo contiene，e il tutto è formato dale parti solo in quanto le ha esso stesso reclamate e ordinate."（整体包含部分，部分反过来又左右整体）

钱锺书引用这些话，具有三个效果：一是直接对"阐释循环"的涵义作出揭示，二是对中西方观念进行映照，三是对乾嘉汉学的治学方法进行评论。由此他得出结论，不可"只据句型，未由辨察；所赖以区断者，上下文以至全篇、全书之指归也。"必须通晓其思路文风，不可仅睹片言只语，便下结论。[①] 王安石说"考其辞之终始，其文虽同，不害其意异也。"孟子说"不以文害词，不以词害志"。《庄子》中说"语之所贵者，意也，意有所随。"所以学者不可"以'一字一之'"，应"不以一物专一字"，"不以一说蔽一字"；"字义同而不害词意异，字义异而复不害词意同"。[②] 在这些相互勾连的引证和讨论中，钱锺书将 hermeneutische 对应为汉语的"阐释"。

在论述过程中，钱锺书还对戴震的观点进行了评论。他说："戴震《东原集》卷九《与是仲明论学书》：'经之至者，道也；所以明道者，其词也；所以成词者，字也。由字以通其词，由词以通其道，必有渐。'又卷一〇《〈古经解钩沉〉序》：'经之至者，道也。所以明道者，其词也。所以成词者，未有能外小学文字者也。由文字以通乎语言，由语言以通乎古圣贤之心志，譬之适堂坛之必循其阶而不躐等。'……然《东原集》卷一〇《〈毛诗补传〉序》：'余私谓《诗》之词不可知矣，得其志则可以通乎其词。作《诗》者之志愈不可知矣，断以思无邪之一言，

① 钱锺书：《管锥编》第一册，中华书局 1986 年版，第 169 页。

② 钱锺书：《管锥编》第一册，中华书局 1986 年版，第 170 页。

则可以通乎其志。’是《诗》破‘古经’之例，不得由‘文字语言’求‘通’其‘志’，如所谓‘循阶’以升堂入室；须别据《论语》一言，以‘蔽’全书之‘志’，反而求‘文字语言’之可‘通’，毋乃类梁上君子之一跃而下乎！一卷之中，前篇谓解‘文’通‘志’，后篇谓得‘志’通‘文’，各堕边际，方凿圆枘。顾戴氏能分见两边，特以未通观一体，遂致自语相违。”① 语言尖刻，但也适见“阐释循环”的“互证”之理。

这些引语让笔者想起德罗伊森的一段话：“个别的（das Einzelne）只能在整体（das Ganze）中被理解，而整体也只能借着个别的事物来理解。”② 伽达默尔说，这是德罗伊森对于“施莱尔马赫公式”的应用。③ 贺麟则说：“读一篇文字，由一字一句以表明全篇的主旨，就是由部分观全体之法。由全篇文字的主旨，以解释一字一句应有的含义，便是由全体观部分之法。”④ 显然具有西方的相关背景。将这种文本阐释循环扩大至生存论，会发现人们对于生命的理解，其实也在“个别”与“整体”的循环阐释当中。

从中国哲学来说，原本遍布循环思想，集中体现于一个“反（返）”字之中。《公羊》学踵事增华，将循环论思想由天道推至人道。《春秋繁露·三代改制质文》讲“天统之义”，提出“三正”之说，认为“王者有不易者，有再而复者，有三而复者，有四而复者，有五而复者，有九而复者”。《十指》说《春秋》有“十指”，其一为“承周文而反之质”。《重政》：“惟圣人能属万物于一，而系之元也，终不及本所从来而承之，不能遂其功。”强调“终”与“本”、“一”与“万物”的循环贯通，亦即提纲挈领、连贯如一、首尾相应。从天道循环到阐释循环，乃是自然之道的落实。

在这种思想中明显可抽绎出两层关系。一是整体与部分的相互对应关系，二是整体与部分共属于或者共同构成有机体的关系。从天到人，

---

① 钱锺书：《管锥编》第一册，中华书局 1986 年版，第 171—172 页。

② ［德］德罗伊森：《历史知识理论》，胡昌智译，北京大学出版社 2006 年版，第 11 页。

③ ［德］伽达默尔：《真理与方法：哲学诠释学的基本特征》，洪汉鼎译，上海译文出版社 2004 年版，第 282 页。

④ 贺麟：《读书方法与思想方法》，贺麟：《文化与人生》，上海人民出版社 2019 年版，第 180 页。

既是一个整体，也是整体与部分，还是一个有机体。弗雷德里克·詹姆逊（Fredrie Jameson）说："部分和整体的关系反映了较老的一个模式，即有机体模式的逻辑。"[①] 是为知言。

在西方，关于整体与部分循环关系的思想，可以追溯到古希腊的修词学，被称为修词学阐释学的基本原则。而修词学在古希腊差不多涵盖了今天的所有人文学科（历史学在其里面）。古代之后，这种思想则包含在路德教派的《圣经》自解原则当中。路德教派认为《圣经》可以自己阐释自己，因此必须依照字面去理解《圣经》。这样一来，便引出了局部及个别字面意义与文本整体意义的关系问题。对此，他们提出："本文的一切个别细节都应当从上下文，即从前后关系以及从整体所目向的统一意义即从目的去加以理解。"他们将此视为"本文解释的一般原则"。[②]

在 20 世纪，阐释循环被整体论哲学所吸收，成为其阐明认识问题的重要主张。对此，罗蒂写道："整体论的论证路线认为，我们将永不可能避免'解释学的循环'，这就是，除非我们知道全体事物如何运作，我们就不可能了解一个生疏的文化、实践、理论、语言或其他现象的各部分，而同时我们只有对其各个部分有所了解，才可能理解整体如何运作。这种解释概念表明，获得理解与其说像追随论证，不如说像熟悉某个人的过程。"[③]

五 张江的"阐诠学"概念

我国学者中，除汪荣祖外，张隆溪也赞成钱锺书的译法。[④] 张江则基于他对 Hermeneutik 在西文语境中运用情况的理解，经过对汉字"阐""诠""解"等字的语义溯源，提出只有用"阐释学"来对译 Hermeneu-

① ［美］弗雷德里克·詹姆逊：《语言的牢笼》，钱佼汝、朱刚译，中国人民大学出版社 2018 年版，第 20 页。

② ［德］伽达默尔：《真理与方法：哲学诠释学的基本特征》，洪汉鼎译，上海译文出版社 2004 年版，第 228 页。

③ ［美］理查德·罗蒂：《哲学和自然之镜》，李幼蒸译，商务印书馆 2011 年版，第 339 页。

④ 张隆溪：《阐释的普遍性》，《哲学研究》2018 年第 3 期。

tik，才能最大限度地缩小西文语境与汉语语境的距离。实则，他更倾向于采用“阐诠学”这一概念。因为这个概念照顾到了“阐”的开放性与“诠”的确定性，将阐释学的两个基本趋向都涵盖在里面了。只是由于“阐诠学”这个概念显得生疏，才只是在其文章末尾点了一下，并未最终采用。总之，他不赞成以汉语的“诠释学”或“解释学”来对应西文的 Hermeneutik。笔者认为，张江的观点是可取的。

首先，正如商榷意见所认为的那样，张江将 Hermeneutik 对应为汉语的阐释学，实际上超出了这个古语原有的限制。但是，前文已言，伽达默尔就是在超出这个古语限制的语用学意义上使用这个概念的。对此，伽达默尔已经阐明理由。这里，不妨谈谈笔者的看法。

黑格尔在解释何谓推翻一个哲学时曾说，所谓“推翻”，意思“只是指超出了那一哲学的限制，并将那一哲学的特定原则降为较完备的体系中的一个环节罢了。所以，哲学史的主要内容并不是涉及过去，而是涉及永恒及真正现在的东西。……哲学史总有责任去确切指出哲学内容的历史开展与纯逻辑理念的辩证开展一方面如何一致，另一方面又如何有出入。”[①] 笔者认为，讲“超出”，应该在黑格尔这段话的意义上来讲。将古老的 Hermeneutik 一词翻译为阐释学，不是“推翻”这个词，但确实超出了这个词原有的限制。在黑格尔看来，这不仅是允许的，还是必然的、必须的。

伽达默尔说，阐释学的出发点是修桥，是“在过去中重新发现最好的东西”[②]。因此，只有把 Hermeneutik “降为较完备的体系中的一个环节”，消除其自身的“限制”，才能“在过去中重新发现最好的东西”，以建构“真正现在的东西”。如果不超出限制，就无法“在过去中重新发现最好的东西”。

这里涉及思想建构与传统资源的关系问题。海德格尔说过，以为白手起家凭空就可创造一种哲学，无非是异想天开。哲学创造离不开向传

① ［德］黑格尔：《小逻辑》，贺麟译，商务印书馆 1980 年版，第 191 页。

② ［德］伽达默尔：《哲学解释学》，夏镇平、宋建平译，上海译文出版社 2004 年版，第 27 页。

统哲学溯源和寻找联系，现象学课题研究的新视野就源于传统上已然熟知的东西，但“对传统加以接纳，并不是必然就要成为一种传统主义，并非必然就是对成见的接受。对一种传统式问题的真切的重演恰好使问题的外观上的传统式特征消失不见，并从成见面前撤身而回”。所以现象学虽源于传统，却经过了变易。[①] 他还说：“古代思想的逻各斯根本上还没有过时，它在世界历史古老的显现中，以及在世界历史最现代的显现中均呈现当下之态。”[②] 他甚至提出，要“创造性地理解传统”。[③] 就此而言，在阐释学中吸收运用训诂学、词源学等古文字学方法及成果，实属天经地义；关键在于批判审视、与古为新。

当然，海德格尔并没有维护“古代思想的逻各斯”的意思。相反，他严厉批判这些东西。“批判”是“创造性地理解传统”的一种方式。

六 伽达默尔论“再现”

让我们再考察一下伽达默尔使用 Interpretation 这个词的情况。张江认为，这个词应对应为汉语的“诠释”；在具体语境下，也可对应汉语的“解释”。但是，就字典上脱离具体语境的意义来说，这个词更确切的译法应是“诠释”。通过考察伽达默尔对这个词的使用，可以映照出他对 Auslegung 一词的使用情况，从而确定是否可以将 Auslegung 对译为汉语的“阐释”。

伽达默尔说，Interpretation 这个概念，不仅用于学术，而且应用于艺术再现，例如音乐或戏剧演出。[④] “再现”一词，伽达默尔原文使用的是 Reproduktion。在德文中，这个词有复制、影印、复印、翻印、翻

---

① ［德］海德格尔：《海德格尔文集·时间概念史导论》，欧东明译，商务印书馆 2014 年版，第 211 页。

② ［德］海德格尔：《海德格尔文集·不莱梅和弗莱堡演讲》，孙周兴、张灯译，商务印书馆 2018 年版，第 126 页。

③ ［德］海德格尔：《海德格尔文集·形而上学导论》，王庆节译，商务印书馆 2017 年版，第46 页。

④ ［德］伽达默尔：《真理与方法：哲学诠释学的基本特征》，洪汉鼎译，上海译文出版社 2004 年版，第 515 页。

版、复述等涵义。所以，将它对应汉语的“再现”应该再确切不过了。借助张江的论文可知，这些相近或一致的意思，最适合对应的汉字，就是“诠”。

反过来说，伽达默尔讲艺术再现的时候，没有使用 Wiedergabe 这个词。① 为什么？因为 Wiedergabe 这个词最直接的意思是“接着给”或“继续给”。稍作引申，则有描述、表演、演奏的意思。显然，它超出了“再现”的范围。因此，将这个词对应为汉语的“表现”，再确切不过了。

照理，同一切认识对象一样，“艺术”无法“再现”任何东西。即使摄影，也是一种创新，属于“表现”而非“再现”。但是，一部作品与对这部作品的“演出”不是一回事。贝多芬的某部作品“表现”了什么是一回事，某个乐队在对这部作品的演奏中是否“再现”了作品所要“表现”的意义，是另一回事。所以，伽达默尔等人都把音乐或戏剧演出称作“再现的艺术”，不叫“表现的艺术”。关于这种艺术的性质，伽达默尔强调两点。其一是对原作的依附性，亦即这种艺术不可能是原作之外的第二种独立作品；其二是再现的创新性。再现具有创新性。它的创新性，就在于让原作“真正达到它的表现”，亦即在新的直接性中唤起原作与转换原作。

伽达默尔的论述，在上述两点之间辩证地展开。比如他说，“再现的意义内容并不限于由作者有意识地赋予的意义所产生的东西”，但“再现根本不是随心所欲的任意发挥，正如科学承担的解释一样”。② 这是对上述两点的兼顾。又说：再现“是以声音和音调等感性材料达到一种新的实现”，“再现将真正的作品表现出来，正如戏剧在舞台上的表演以及音乐在演奏中的表现”。这是讲再现的创新性。还说：“再现所涉及的并不是一种完全自由的创造，而是正如 Aufführung 这个词很好地表达的那样是一种演出，通过这种演出对某件固定作品的理解就达到

① ［德］伽达默尔：《真理与方法：哲学诠释学的基本特征》，洪汉鼎译，上海译文出版社 2004 年版，第 669 页。这里用的是 Wiedergabe。

② ［德］伽达默尔：《古典诠释学和哲学诠释学》，洪汉鼎主编：《伽达默尔著作集》第二卷，商务印书馆 2021 年版，第 135 页。

一种新的实现。”[①] 这又是对依附性与创新性的兼顾。

但是，无论怎样，再现的前提是存在可再现的东西，比如乐谱或剧本。这种东西同样是由符号或文字所固定下来的文本。从符号或文字的自我实现来说，它们“也只有在这种再现中才得以兑现”[②]。这里所说的“兑现”，刚好与“诠释”对应。

狄尔泰在讨论“再现”这个概念的时候，使用的就是戏剧的例子：“幕升起来，理查德出现，随着他的言语、表情和姿势，一个积极的想象力能够再现一个经历，一个完全超出其自身实在世界种种可能性的经历。《如君所愿》这出戏中的特大森林，就使我们身临一个可以再现任何一种无拘无束行为的精神境界。”[③] 显然，戏剧的功能在于将观众带入其所营造的场景与情景中去，从而完成狄尔泰所谓精神收获。

“演出”作为一个概念，至少包含三重要素：作品、演出者、观众。“作品”与“演出者”的关系，在于“每一次演出都是以对所与作品的某种解释为基础”，同时“每一次演出都创造了和确立了新的现实”。换言之，演出就是对作品所作的诠释。但是，不同演奏者对作品所作的不同诠释，人们总是可以“区分和断定合适性的程度”。换言之，演出者不是具有独立创造性的艺术家，而是“进行再创造的艺术家”[④]，是诠释者。

从受众角度看，在艺术审美过程中，观众将自身投射到戏剧中，从而达到与审美对象的融合。所以，艺术对某种主题的再现，衡量它是否成功的标准，全看这种艺术满足受众期待的程度。演出的再现过程是对受众审美心理目标的兑现过程，是对受众审美确定性期待的契合过程。受众的期待目标虽然隐含在内心，很难言说清楚，很难清晰地给出定义

---

① ［德］伽达默尔：《在现象学和辩证法之间》，洪汉鼎主编：《伽达默尔著作集》第二卷，商务印书馆 2021 年版，第 23 页。

② ［德］伽达默尔：《真理与方法：哲学诠释学的基本特征》，洪汉鼎译，上海译文出版社 2004 年版，第 515 页。

③ ［德］威廉·狄尔泰：《对他人及其生活表现的理解》，张文杰编：《历史的话语：现代西方历史哲学译文集》，中国人民大学出版社 2012 年版，第 11 页。

④ ［德］伽达默尔：《作为理论和实践双重任务的诠释学》，洪汉鼎主编：《理解与解释——诠释学经典文选》，东方出版社 2001 年版，第 506 页。

或划出边界，但它是存在的，而且是确定的。因此，受众确定的心理期待，是再现受众的确定的审美体验，满足心理需要。

费尔巴哈说："当音调吸引住你的时候，其实究竟是什么东西吸引住你呢？你在音调中究竟听到些什么呢？除了你自己的新的声音以外，还会是什么呢？"[①] 所以，从满足的角度看，越是优秀的艺术越是走向闭合，而不是开放。但是，它是对每一个个体的闭合，却非对大众的闭合。

因此，所谓一千个观众会有一千个哈姆雷特，这个命题所表明的其实是受众群体与受众个体在审美结果上所呈现的开放与闭合的辩证统一关系。其一，尽管会有一千个哈姆雷特，却只能是哈姆雷特，不能是其他人。其二，作为受众个体，他的哈姆雷特只有一个，只属于他自己，因此是闭合的。作为受众群体，由于每个受众个体心目中的哈姆雷特都是闭合的，因此哈姆雷特反而是多元的，即开放的。无数"闭合"的哈姆雷特汇入"群体"，即构成无数哈姆雷特。"一千个"或"N 万个"的问题，由此产生。如果对受众个体来说，哈姆雷特不是闭合的，反而不会产生"一千个"的问题。谜底就在于清晰区隔"个体"审美与"群体"审美的关系。

总之，从接受角度看，艺术再现对于受众个体来说是走向闭合；对于受众群体来说，是走向开放；前者属于个体性的"诠"，后者属于公共性的"阐"。

伽达默尔以再现（Reproduktion）与诠释（Interpretation）相对应，却不用超出再现界限、具有"表现"成分的 Wiedergabe 这个词去对应"再现"，是立足于受众个体审美而言的。但是，无论他的用意怎样，既然他这样处理和使用这两个词，就表明在他的使用语境中，Interpretation 是以确定性为目标的"诠释"，不是以开放性为目标的"阐释"。

当然，前文已言，"再现"不可能是对象的原样复原，只能是一种满足心理期待的过程，戏剧或其他艺术只是充当了媒介或载体角色。"再现"在任何情况下都离不开"创造"——艺术作品是创造的，观众的感受或理解也是创造的。所以，即使受众个体的闭合性审美，也经历

① ［德］费尔巴哈：《基督教的本质》，荣震华译，商务印书馆 1984 年版，第 38 页。

了再创造（即理解、阐释）过程。但是，不要忘记，这里的“创造”毕竟如狄尔泰所说“是按照如原始事件同一方向去创造”。艺术作品既为审美者所创造，审美者也在确定性对象的约束下去审美和理解。

因此，观众的审美体验过程，就如同史学家解析史料一样，是在对象的制约下向某种一致性或确定性靠拢。

为什么要作这种锱铢必较的讨论？梁启超早有解答。他说：“一个字表示一个概念，字的解释弄不清楚，概念自然是错误、混杂或囫囵。概念错误、混杂、囫囵，所衍生出来的思想当然也同一毛病，所以‘辩名当物’是整理思想第一步工夫。”[①] 在阐释学的相关讨论中，有些学者并未弄明此理。

笔者以为，阐释学与符号学一样，是一门形式科学。借巴尔特的话讲，“它研究意义，而不管意义的内容”。在阐释学研究中，要避免巴尔特所说的那种情况，即“把形式看作半形式半实体的含混之物，并赋予形式一种形式的实体”[②]。无论这种实体是“德性”抑或是“生态”，我们认为都属于对阐释学属性的背离，其结果只能是以“含混之物”离场。

---

① 梁启超：《戴东原哲学》，汤志钧、汤仁泽编：《梁启超全集》第十二集，中国人民大学出版社 2018 年版，第 203 页。

② ［法］罗兰·巴尔特：《作为符号学系统的神话》，《神话修辞术》，屠友祥译，上海人民出版社 2016 年版，第 143 页。

第四章

阐释行为的生成

阐释学以阐释行为的存在为前提。阐释行为何时以何种方式生成，是阐释学研究的基础问题。笔者认为，阐释行为的生成暗码蕴含在《周易·系辞》一段著名的论述当中："古者包牺氏之王天下也，仰则观象于天，俯则观法于地，观鸟兽之文与地之宜，近取诸身，远取诸物，于是始作八卦，以通神明之德，以类万物之情。"[①] 将这段论述的深层蕴含揭示出来，阐释行为生成的真相或会显影。

一 关于"古者包牺氏之王天下"

涂尔干说，要理解概念的起源和功能，"必须把它们与其赖以生存的社会条件联系起来"[②]。他所谓"社会条件"，可与海德格尔所谓"阐释学处境"联系起来，从社会学与阐释学叠加的视域予以理解。

作为一个现象学术语，海德格尔称"处境"是"多面向的统一体"，是"开端"的首要条件。[③] 从阐释学处境讲，语言学家认为："一般说来，在经济、文化发达的民族的语言中，意义更抽象的词就多一些，反之，在各方面比较落后的民族的语言中，词义的概括程度往往要差一些。

---

① 《周易·系辞下传》。周振甫：《周易译注》，中华书局1991年版，第257页。

② ［法］涂尔干：《宗教生活的基本形式》，渠敬东、汲喆译，《涂尔干文集》第四卷，商务印书馆2020年版，第594页。

③ ［德］海德格尔：《海德格尔文集·宗教生活现象学》，欧东明、张振华译，商务印书馆2018年版，第93页。

在殷代的甲骨卜辞里，词的概括程度就比较低。例如那里有‘犬’‘鹿’‘象’‘牛’‘虎’‘隹’‘鸡’‘凤’等许多动物的名称，却没有‘动物’之类的总称。”[①] 另有学者也说，在卜辞中“没有发现一个抽象的词，更没有一个关于道德智慧的术语”[②]。这种情况，从《尔雅》可见其遗存。

所以，一方面，要从社会条件或所谓阐释学处境出发去考察概念；另一方面，要从词语概念出发去反观社会条件或阐释学处境。阐释行为与社会条件的关系是双向的。从二者的相互关系出发，观念史研究才会更为圆融。

《系辞》指称的“古者包牺氏之王天下”，标明的即是“处境”，具有历史与观念的双重符号意义。所谓“古者”，其大体年代应定位在新石器时代晚期，指示着概念起源的始源性。

“王”的最初意义，在中国古人的观念中比较宽泛。依照《说文》，凡“天下所归往”者，皆属于“王”。可见“王”的最初涵义实指最有威望与吸引力之人，即酋邦的首领。这应代表《系辞》作者在发生学意义上对“王”的理解。许慎又引《春秋繁露》：“古之造文者，三画而连其中谓之王。三者，天地人也。而参通之者，王也。”还引孔子：“一贯三为王。”[③] 这表明《系辞》作者对“王”的价值与意义认取，表明“王”具有“连类”的能力，已添加阐释意涵。

在《系辞》这段具有历史感的文字中，伏羲与“王天下”对应，在历史性的标明中隐藏着古人的观念秩序。《史记·五帝本纪》之“五帝”均属于“王”。“帝”是“王”死后的追称，即《曲礼》所谓“措之庙、立之主曰帝”[④]。因此，不可将“王”与“帝”决然区别开来。“帝”是观念世界的“王”。“王”是“帝”在现实世界的候选人。“死”则是从

---

① 高名凯、石安石：《语言学概论》，中华书局1987年版，第216页。

② 侯外庐、赵纪彬、杜国庠：《中国思想通史》第一卷，人民出版社2011年版，第22页。

③ （汉）许慎撰，（清）段玉裁注：《说文解字注》，许惟贤整理，凤凰出版社2015年版，第14页，释“王”。

④ 俞正燮：《癸巳类稿·春秋元年春王正月解》，《俞正燮全集》第1册，于石、马君骅、诸伟奇校点，黄山书社2014年版，第66页。

现实世界通往精神世界的入口。“王”字所透露的信息，表明现实人类已经进入王权与文明阶段，同时已经创制出成体系的精神世界。在《系辞》中，它既是历史性的，但主要是观念性的，其核心是“转型”。

《淮南子·俶真训》：“及世之衰也，至伏羲氏，其道昧昧芒芒然。吟德怀和，被施颇烈，而知乃始昧昧晽晽，皆欲离其童蒙之心，而觉视于天地之间，是故其德烦而不能一。”在道家看来，伏羲时代意味着世道转变的开始，因此处在新旧交杂的混合性当中。新要素的鲜明表现，就是智巧萌生了，人们开始背离其原始淳朴的本性，试图追问天地之道，但还处在懵懵懂懂、似懂非懂之中。文中的“觉”“视”二字，与“知（智）”“始”对应，与“观”字契合，极富阐释学意蕴。

抛却这段话的道家立场，其对王权与文明阶段初期状况的描述，可谓精准。因此，“王”字的观念意义，反映着历史的质变。一方面，“参通”预示着原始文化的大整合、大总结、大结算，标识着观念的巨大变化；另一方面，它暗示上古文化向整体性、一体化亦即天人相应方向的转型。

二　文明起源与发展的跳跃性

狭义或严格的文明时代以出现文字为标识。因此，考察文明起源必须探究文字缘起。对于狭义或严格的文明起源，观察者普遍有一种惊异与差异感。因为考古与传世文献显示，在五六千年前，人类仿佛“一夜之间”便“毫无根据”地“跳跃”到了文明时代，即有文字的时代。如同很久以前人类语言的发生一样，几乎察觉不到征兆。

恩格斯说：“历史常常是跳跃式地和曲折地前进的。”[①] 现有研究表明，在猿类人动物进化成类人动物（南方古猿）过程中，曾发生基因突变。基因突变的原因，一是由于星际空间对地球的各种辐射；二是由于食物结构（特别是肉食）的改变。大约七万年前，人类祖先险些灭绝。全球人类最少时只有两千多人。其后，则经历了震惊世界的“更新世人

---

① ［德］恩格斯：《卡尔·马克思〈政治经济学批判〉第一分册》，《马克思恩格斯文集》第二卷，人民出版社 2009 年版，第 603 页。

口爆炸之谜”，促使人类祖先“发生了脱胎换骨的改变”。[①] 成为人之后，许多世界级大师都注意到，远古人类会发生跳跃式变化。

比如语言的发生，就非常突然。人类学家施特劳斯说，在“没有语言”与“出现语言”之间，“分别是如此清楚，寻找中介的过渡形式完全徒劳无功。”[②] 语言学家约瑟夫·房德里耶斯说：“语言的研究告诉我们，语言并不是沿着直线按照逻辑的顺序发展的。”[③] 在《种族与历史》中，施特劳斯的一段话引起波米安和利科特别关注：

> 史前知识和考古学知识的发展往往是将各种文明形态展示在空间当中，而我们却倾向于认为这些文明形态是在时间中分段展开的。这意味着两件事：首先，“进步”（如果这个术语仍然适用于来指称一种实在，这种实在完全不同于人们首先将这个术语应用于其上的那种实在）既不是必然的，也不是连续的；其次，它的发展是通过各种跳跃（saut）、跃进，或像生物学家所说的突变。这些跳跃和跃进不在于总是在同一个方向上走出更远，它们不断变换方向，其方式有点像国际象棋当中的马，它总是前进那么几步，但永远不在同一个方向上。进步的人性并不像是一个在攀登梯子的人，通过他的每一步运动，他就在他原先踏过的梯格上又增加了一格；不如说，它像是一个玩游戏的人，他把他的运气分配在若干个骰子上，每次当他扔出这些骰子，看它们散落在地毯上，他就能得到各种不同点数。在一次投骰子中赢了的，常可能在另一次投骰子中失去，而且历史仅仅在有些时候才是累积的，这就是说，为了要形成一个有利的组合，点数才会被加起来。[④]

---

① 邹宁宇：《人类迁徙史》，河海大学出版社 2009 年版，第 4—5、14—15 页。

② ［法］克劳德·列维－施特劳斯：《我们都是食人族》，廖惠瑛译，上海人民出版社 2016 年版，第 210 页。

③ ［法］约瑟夫·房德里耶斯：《语言》，岑麒祥、叶蜚声译，商务印书馆 2012 年版，第 19 页。

④ ［法］保罗·利科：《记忆，历史，遗忘》，李彦岑、陈颖译，华东师范大学出版社 2018 年版，第 206 页；［法］克劳德·列维－斯特劳斯：《种族与历史·种族与文化》，于秀英译，中国人民大学出版社 2006 年版，第 27 页。

这段极富启发性的论述确实有其考古学依据。美国人戴蒙德所著《第三种黑猩猩》一书的第二章即题为“跳跃式演化”。他写道：“直到四万年前，西欧仍住着尼安德特人，他们是原始人，对艺术与进步没什么概念。然后急遽而突兀的变化发生了，解剖学意义上的现代人在欧洲出现，艺术、乐器、灯具、贸易与进步随之而来，在很短的时间内，尼安德特人就消失了。”“发生于欧洲的这场跳跃式演化也许是前几万年近东与非洲发生的类似事件的结果。”“从跳跃式演化的那一刻起，我们就变成人了。那一刻之后，不出几万年，我们便驯化动物、发展农业与冶金技术，并发明了文字。”①

尼安德特人属于早期智人，因发现于德国的尼安德特（谷地）而得名。“很多人类学者认为西欧尼安德特人最后是灭绝了。”还有人说尼安德特人“被代替了”。有中国学者则提出，全部尼安德特人“居然一个不留，死绝光光，这也是不可想象的事”②。但如果从“跳跃”角度思考，或许并非不可想象。

“跳跃性”很容易令人想起时间的结构，即时间不是一条单纯的线，而是无数光锥体颗粒的连接。这些光锥如同中国象棋中的马，按“日”字的对角跳跃。③ 两种跳跃之间是否具有某种关联，我们不得而知。

同样，科学的发展也具有跳跃性。科学史领域的通称“诸科学革命”（Scientiffic Revolutions）一词，即“表示科学发现一般会以阵发性的方式进行，按照这种观点，科学是跨越式发展的，而不是一点点增加。诸科学革命被认为是以某种频率发生甚至是规律性的，并无独特性可言”④。

关于“跳跃式演化”，斯宾格勒同样非常敏感地注意到了。尽管他并没有使用“跳跃”这个词语，却发现在他所谓“原始文化”与“高级

① ［美］贾雷德·戴蒙德：《第三种黑猩猩》，王道还译，中信出版社 2022 年版，第 28 页。参看第 47—51 页关于克罗马农人的介绍。

② 林志纯：《日知文集》第二卷，高等教育出版社 2012 年版，第 78 页。

③ ［意］卡洛·罗韦利：《时间的秩序》，杨光译，湖南科学技术出版社 2019 年版，第 37 页。

④ ［荷］H. 弗洛里斯·科恩：《科学革命的编史学研究》，张卜天译，商务印书馆 2022 年版，第 37 页。

文化”之间，存在一条鲜明的界线。“在界线的这一面，我们看到人是一种完全成形的类型，对习俗、神话、机智、装饰和技术都很熟悉，并赋有一种直到今天在物质性的方面仍没有改变的身体结构。”由于界线，“人类生存的整个意义突然变得不同了”。

他说，埃及和巴比伦文化就是在原始文化中突然出现的。他认为，“高级文化的类型在人类历史领域突然出现，这是一种偶然，其意义现在还无法探究。当然，很有可能，这是在地球史的领域发生的某种突然事件，它使一种新的不同形式成为现象的生存”①。

另外值得注意的是，在关于文字起源的神话传说中，“跳跃”的特征极为突出而鲜明。“从苏美尔神话到丹尼尔·迪福的神话，他们有一个共同点：认为文字是在一夜之间就发展成熟的。他们之中没有任何一个人认为文字是从简单的信息交流系统发展到复杂的交流系统的。现成的字母是从上天那里传下来的，这种观点一直延续到十八世纪。”② 神话中对“突变”的强调，不会是偶然的。对此，需要加以追问。

其实，纵观整个从猿到人的历史，具有“跳跃”属性的历史之谜并不鲜见。海德格尔说：“在思想与科学之间没有桥梁，而只有跳跃。”③以中国史为例，即使春秋时期老、孔之学的出现，都不免令人生出“跳跃”的惊诧感。姜亮夫先生说：“到了孔、老时代来，突然放了一个空前的异采而为中国学术总基。这在表面上看来，总觉得突梧（兀）得很！要寻他们的前半的脉络是寻不到的。”④

值得一提的是，海德格尔多次论及“跳跃”。在讨论思想问题时，他说：“唯有跳跃才能把我们带入思想的地方之中”。“跳跃突兀地把

---

① ［德］奥斯瓦尔德·斯宾格勒：《西方的没落》第二卷，吴琼译，四川人民出版社 2020 年版，第 33—34、37 页。

② ［美］丹尼丝·施曼特－贝瑟拉：《文字起源》，王乐洋译，商务印书馆 2021 年版，第 7 页。

③ ［德］海德格尔：《海德格尔文集·什么叫思想?》，孙周兴译，商务印书馆 2017 年版，第 11 页。

④ 姜亮夫：《中国学术原衍阐微》，姜昆武选编：《姜亮夫文录》，云南人民出版社 1999 年版，第 128 页。

我们带向那个处所，那里万物皆异而令我们诧异。突兀、突如其来，就是突然从天而降或者拔地而起。它规定着鸿沟之边缘。尽管我们在这样一种跳跃中没有跌倒，但我们在跳跃中达到的东西却使我们震一惊。”①

海德格尔《存在论稿》有八个标题，第四个即为“跳跃”。这本书实际是在整体性地思考人类命运，有些像马克思的社会形态理论，提出了一条贯穿从人类开端到人类未来的基本线索与步骤，在貌似神秘主义与艰深晦涩的语言遮盖下，描绘了一个人类未来的“乌托邦”。他认为，人类未来的时代，将是一个“根据存有之真理来建造存在者之本质形态的时代”。这个未来时代的开端与旧有时代的开端，具有相互传送的关系并进而会发生“跳跃”。一个惊恐、畏惧、被抑制的人，最后被逼到悬崖边，最大的可能就是奋力一跳。这种跳跃意味着人类会以“反者道之动”的方式，达到“天人合一”的境界，海德格尔将其称之为“存有者整体”进入存有之真理状态。这种真理状态，又类似于马克思所谓“全面发展的人”的状态。

“跳跃”思想启发我们，寻找甲骨文的母体，可以换一种非线性演进的思维方式。“跳跃”在语言方面的表现，与斯大林的一个重要论点并不矛盾。斯大林说：“语言从旧的质到新的质的转变不是经过爆发，不是经过消灭现存的语言和创造新的语言，而是经过新质的要素的逐渐积累，也就是经过旧质要素的逐渐衰亡来实现的。”② 他所针对的是语言，并非文字，而且是针对语言自身的“发展”，而非发生。

总之，对于文明的“突然”发生，至今尚无法在全要素意义上建立起因果联系。因此，只能推测说，人类能够进入文明时代，实在于旧石器时代三百多万年漫长的量变过程（助跑）将文明的种子孕育成熟了（跃入）。

---

① ［德］海德格尔：《海德格尔文集·什么叫思想?》，孙周兴译，商务印书馆 2017 年版，第 19—20 页。

② ［苏］斯大林：《马克思主义和语言学问题》，李立三等译，人民出版社 1964 年版，第 24 页。

三　神话的史学素地隐喻

三百多万年的缓慢进程，用《春秋纬》的话说，即“自开辟至于获麟，凡三百二十七万六千岁，分为十纪，凡世七万六百年”[①]。为表达久远而划出清晰具体的时间段落，是世界各地神话普遍存在的观念宣示，其特点在于显示出距离今人的年代愈近，时间段落愈短，亦即所谓“近化着的切近”（die nahernde Nähe）、“到达、曾在和当前相互近化”，[②] 从而在计时中呈现出演化过程加速行进这一元史学概念意涵。

同时，他们表示着人类对于秩序结构的渴望。正如卡西尔所说：“在神话中，我们看到了想要弄清事物和事件的年代顺序，并提出关于诸神和凡人们的宇宙学和系谱学的最初尝试。”[③]

保罗·利科说：“加速度是时间节律的元史学概念，它将改善同间距的缩小联系了起来；它使速度概念具有了历史的色彩；它使我们可以同时谈论意义相反的下述概念：延迟，提前，停滞不前，倒退。”[④]

加速行进意味着从量变到质变，亦即“跳跃”。这种暗示集中在一个人格神身上，就是伏羲；伏羲由此而被赋予文明创始者的象征性与符号性地位及意义。[⑤] 其更具体的文化内涵，则应到神话中去探寻。

正如哈贝马斯所说，“神话当中加工并保存了有关自然世界、社会世界的大量详尽的信息。也就是说，神话当中存储着丰富的地理知识、天文知识、气象知识、动植物知识、经济知识和技术知识，以及关于错综

---

① 按刘起釪先生说，十纪“除摭拾些旧有者外，多出杜撰”，“全是汉代方士们所编造的古史无稽妄说”。刘起釪：《古史续辨》，中国社会科学出版社 1991 年版，第 42 页。换言之，它具有观念史意义。

② ［德］海德格尔：《海德格尔文集 · 面向思的事情》，陈小文、孙周兴译，商务印书馆 2014 年版，第 23 页。

③ ［德］恩斯特 · 卡西尔：《符号形式的哲学》，赵海萍译，吉林出版集团股份有限公司 2018 年版，第 192 页。

④ ［法］保罗 · 利科：《记忆，历史，遗忘》，李彦岑、陈颖译，华东师范大学出版社 2018 年版，第 407 页。

⑤ 或曰：“我国古史里的伏羲便是《创世纪》里的亚当，女娲便是亚当妻夏娃。”苏雪林：《天问正简：〈屈赋新探〉之二》，武汉大学出版社 2007 年版，第 136 页。

复杂的血亲关系、祭祀、宗教活动、战争等知识”①。

早在达尔文《物种起源》出版前十三年，马克思、恩格斯就提出：“一当人开始生产自己的生活资料，即迈出由他们的肉体组织所决定的这一步的时候，人本身就开始把自己和动物区别开来。”② 1876 年，恩格斯撰写了《劳动在从猿到人的转变中的作用》，提出人类从动物状态中脱离出来的根本原因是劳动，人和动物的本质区别就是劳动。③ 1884 年，恩格斯撰写了《家庭、私有制和国家的起源》④，对人类社会早期发展阶段的历史给出一个系统性的逻辑秩序架构。马克思、恩格斯所揭示的从人与动物相分离到国家起源的基本线路，虽然在某些环节与细节上已经得到修正，但基本线索依然是成立的。⑤ 研究文明起源与上古史，应该在马恩所揭示的线索基础之上，添加语言学、神话学等精神学科的解读维度。

对上古人类的精神世界，马恩无疑非常重视。这与他们对生活资料生产这一基础维度的强调并不矛盾。马克思说：“古代各民族是在想象中、在神话中经历了自己的史前时期。”⑥ 突出强调了“想象”与“神话”在史前时期的重要性与普适性。巴尔特说：“神话是历史选择的言说方式。”⑦ 这种“言说方式”，对“古代各民族”，都是“普适”的。

① ［德］尤尔根·哈贝马斯：《交往行为理论》第一卷，曹卫东译，上海人民出版社 2018 年版，第 68 页。

② ［德］马克思、恩格斯：《德意志意识形态》，《马克思恩格斯文集》第一卷，人民出版社 2009 年版，第 519 页。

③ 完成于 1876 年 5—6 月，发表于 1896 年。见《马克思恩格斯文集》第九卷，人民出版社 2009 年版，第 550—563 页。

④ 撰写于 1884 年 3 月底至 5 月底，首次出版于 1884 年 10 月初。1891 年底出版修订版。见《马克思恩格斯文集》第四卷，人民出版社 2009 年版，第 13—198 页。

⑤ 达尔文之后，进化学发生很大变化。一般认为，随着 20 世纪进化理论、人类学、民族学、考古学的新发展与新变化，从达尔文的生物进化论到摩尔根的原始社会理论，已经被颠覆。实则，早在 1891 年版，恩格斯就已经表明，摩尔根的一些假说已经被动摇，甚至站不住脚了。恩格斯是在已知资料所容许的限度内，认为摩尔根所建立的原始历史系统的基本要点仍然有效。恩格斯的立场是科学的。

⑥ ［德］马克思：《〈黑格尔法哲学批判〉导言》，《马克思恩格斯选集》第一卷，人民出版社 2012 年版，第 7 页。

⑦ 参见［法］罗兰·巴尔特《神话是一种言说方式》，《神话修辞术》，屠友祥译，上海人民出版社 2016 年版，第 140 页。

之所以“普适”，就在于它是“历史选择”。因此，对观念史来说，破解上古想象性运思及神话的深层暗码，具有考古资料不可代替的价值。实则，离开神话传说或文献资料，考古遗存并不能自行言说。

当然，诚如涂尔干所说，“神话所构成的问题极为艰深，对此，我们只有针对神话本身，并且采取适合于神话的特殊方式才能处理神话问题”①。所谓“适合于神话的特殊方式”，在不同流派那里，会有不同的理解。但是，维柯的阐释已成经典。因此，不妨看一看维柯是怎样处理神话问题的。

维柯从神话中提炼、梳理进而建构了新的神谱，即神的世系，从而将观念结构转化为时间序列。维柯说：“从天帝约夫开始，我们的哲学批判将提供一种自然的神谱或诸天神的世系，随着这种神谱在异教世界创建者们心目中自然地形成，这些创建者生来就是些神学诗人。所谓头等部落有十二神，这十二神的形象是由这些部落根据需要和效用的时机逐渐想象出来的。十二神分占十二个短时期，我们把神话故事的产生也分成这十二个时期。这样就对这种自然的神谱提供一种关于诗性历史的理性的时历。”②

这段话既表达了方法，也标明了观念，具有将逻辑序列与历史序列贴合在一起的意涵。其中的关键词如“神学诗人”“诗性历史”均需注意。“神学诗人”并不是单纯的诗人，而是“异教世界创建者”。“诗性历史”也并非诗歌的历史，而是以诗性为本质的历史。在诗性历史中，神话与诗歌是近亲。神话是意象与象征，诗歌是语言和表达。诗人的心灵在本质上是神话时代的心灵。③

神学诗人的中国代表，是屈原；作品则是《天问》。将《天问》与赫西俄德的《神谱》比较，其神话宇宙论的本质如出一辙。“谁创造了万物？他如何创造他们的？”两部作品对此的回答，均在于“提出某种

---

① ［法］涂尔干：《宗教生活的基本形式》，渠敬东、汲喆译，《涂尔干文集》第四卷，商务印书馆2020年版，第140页。

② ［意］维柯：《新科学》，朱光潜译，人民文学出版社1986年版，第172页。

③ ［德］恩斯特·卡西尔：《符号形式的哲学》，赵海萍译，吉林出版集团股份有限公司2018年版，第82页。

不能被思想所解释清楚的东西作为最初的存在，并且借助取自于经验的某种类比让其余东西由此肇始。”策勒指出：“在不同民族的宇宙演化论中所有这些类比都被运用于世界的起源和诸神的起源。”①

就神话作品的思维形式而言，诚如黑格尔所说：“古人在创造神话的时代，就生活在诗的气氛里，所以他们不用抽象思考的方式而用凭想象创造形象的方式，把他们的最内在最深刻的内心生活变成认识的对象，他们还没有把抽象的普遍观念和具体的形象分割开来。”② 就“自然的神谱”与“理性的时历”的关系而言，历史阐释学的责任就在于将前者转化为后者。

我们知道，中国远古神话在战国后期到秦汉之际，也排成了世系，即神谱与时历。③ 正如吕思勉先生所说：“本诸社会之等差，悬拟神灵之组织，而神亦判其尊卑，分其职守焉。我国宗教之演进，大略如此。”④一般说来，神之最尊者，亦为时间之最早者，反之亦然。如此一来，“结构”便转化成为“时历”。但是，正因如此，“神”也就成了时间性的东西，一种无法超越时间的特殊存在者。它所标识的时段虽然神圣，但也是过往的，无法留驻。神的神圣性，只是体现为时间的遥远性及其精神在人类记忆中的持续性。

四　工具对人类精神的标识性

在现实世界，“时历”主要通过物质遗存的形态变化来呈现，物质遗存也因此而成为人类意识成长进度、程度与广度的标尺。在各种物质遗存中，工具的标识性极其突出，其重要效用就是“显示”。

海德格尔将工具称作“在操劳活动中照面的存在者”，其意义在于

---

① ［德］爱德华·策勒：《古希腊哲学史》第一卷上册，聂敏里等译，人民出版社 2020 年版，第 56 页。

② ［德］黑格尔：《美学》第二卷，朱光潜译，商务印书馆 1979 年版，第 18 页。

③ 参看刘起釪先生所作《山海经》中群神古帝世系表，以及整理的《世本·帝系》《大戴礼记·帝系》所载古帝王世系表。刘起釪：《古史续辨》，中国社会科学出版社 1991 年版，第 20—21、33 页。

④ 吕思勉：《先秦学术概论》，中国大百科全书出版社 1985 年版，第 6 页。

可用以及用得顺手。“在被使用的用具中，‘自然’通过使用被共同揭示着，这是处在自然产品的光照中的‘自然’。”① 同时，工具蕴含着人与世界的关系。在工具使用中，人类深化了对自然与世界的认识。所以，恩格斯说，工具“意味着人所特有的活动，意味着人对自然界的反作用，意味着生产。”② “石器的出现，意味着人类开始了不同于其他物种的演进历程：动物把自己的器官变成工具，而人类则为自己发明所需要的工具；动物通过进化适应自然，而人类则依靠创造改变自然。”③ 这与海德格尔的见解是相通的。

因此，从打制到磨制石器以及磨制石器方法与种类的增多，具有时历标识意义，也必然反映先民的技术水平，尤其是分类与功能思想。④

周有光说：“科学学有一条规律：比较增进知识，分类形成系统。”⑤ 卡尔纳普说，有三大类科学概念，即分类、比较与定量。分类就是“将一客体放入一定的类中”⑥。涂尔干说：“分类是一种各个部分都依据等级进行安排的体系。”这两种说法并不矛盾，只是着眼点不同。

分类行为是怎么来的？涂尔干说是源于事物的相似性与相反性。“相似的形象彼此吸引，而相反的形象彼此排斥。正是以这些相互吸引或相互排斥的感觉为基础，他们才把相应的事物划归到了这儿或那儿。”所以，“由事物所引起的对于相似性和差异性的某种直觉，在这种分类的形成过程中扮演了重要角色。”确立从属关系和并列关系，是所有分类的目的。

---

① ［德］海德格尔：《存在与时间》中文修订第二版，陈嘉映、王庆节译，商务印书馆2016年版，第101、104页。

② ［德］恩格斯：《自然辩证法》，《马克思恩格斯文集》第九卷，人民出版社2009年版，第421页。

③ 张开逊：《回望人类发明之路》，北京出版社2007年版，第2页。

④ 对于打制石器的方法，考古学家普遍采用了“技术”这一术语。参看高星、裴树文关于“扬子技术”的论述。见所著《三峡远古人类的足迹：三峡库区旧石器时代考古的发现和研究》，巴蜀书社2010年版，第167—168页。

⑤ 周有光：《什么是比较文字学》，《周有光语言学论文集》，商务印书馆2004年版，第259页。

⑥ ［美］R. 卡尔纳普：《科学哲学导论》，张华夏、李平译，中国社会科学出版社2020年版，第53页。

但是，直觉本身并不直接构成类别观念。“类别观念是人构想出来的思维工具”，“是一种逻辑符号”。“类别是让人觉得形式相似、内容也有点相近的那些事物的外在框架。”框架“是一种限定的形式，具有固定的轮廓”。借助于类别，“可以有区别地思考那些相似的事物或者可以类比的事物”。所以，“类别不是一种理念，而是明确界定的一群事物，在它们之间存在着类似于亲属关系的内在联系。”①

显然，分类既与人类本能直接相关，更与事物的自然性状相关。分类能力来自长期“锤炼”。原始分类不仅“与最初的科学分类一脉相通”，而且具备科学分类的“所有本质特征”，“还具有纯粹的思辨目的。”② 不过，就作用而言，分类概念较之比较与定量概念的作用要低。

在各种工具中，弓箭标识的意识与观念变化是革命性的。这一最先进的生产工具代表了生产力发展水平的重大进步。因此，在中国上古神话谱系中，与弓箭相关的故事极其突出。据说，持木制兵器的黄帝之所以能够击败持铜制兵器的蚩尤，原因之一就在于掌握并使用了弓箭。恩格斯说：“弓、弦、箭已经是很复杂的工具，发明这些工具需要有长期积累的经验和较发达的智力，因而也要同时熟悉其他许多发明。”③《风俗通义·泰山篇》说：“柘桑之林，枝叶畅茂，乌登其上，下垂着地。乌适飞去，后拨掇杀，取以为弓，因为乌号。”④ 表明弓的发明与对“鸟兽”的观察、领会、应用相关，是“观”导致思想连接与确证的结果。依照主体观照将不同事物连类推求，反求诸己，进而发明创造，这同样落入“参通”之义。

“火”同样属于工具范畴。火的运用标识着“人类历史的开端”，表明人类新的解放手段，是人类对自然界的第一个伟大胜利。“北京人用火的发现，至少可以把人类用火的历史提早到四五十万年以前。这不仅在考古学上有着非常重大的意义，对于人类物质文化的发展也给予了相

① ［法］涂尔干：《宗教生活的基本形式》，渠敬东、汲喆译，《涂尔干文集》第四卷，商务印书馆2020年版，第200、201、202页。

② ［法］涂尔干、［法］莫斯：《原始分类》，汲喆译，商务印书馆2012年版，第94页。

③ ［德］恩格斯：《家庭、私有制和国家的起源》，《马克思恩格斯文集》第四卷，人民出版社2009年版，第34页。

④ 参见陈登原《国史旧闻》第一册，中华书局2000年版，第11页。

当大的影响。"[①]"火"在人类面前不再是一种专门带来灾难的异化的自然力量，而是可以制造、掌控和利用的能源与工具。"人们只是在学会了摩擦取火以后，才第一次迫使某种无生命的自然力量替自己服务。"[②]

"五行"学说将"火"作为构成万物的基本元素之一，表明"火"在认知活动中具有质点意义。由于火的运用过于伟大，"人类竟不敢相信是自己的创造，而把它奉托给巨神。在希腊神话中，普罗米修斯因为盗火使人类从此拥有神的力量而被宙斯锁在高加索群山的陡壁上，忍受巨鹰每日噬啄肝脏的残酷折磨"[③]。《韩非子·五蠹》说："上古之世，人民少而禽兽众，人民不胜禽兽虫蛇。有圣人作，构木为巢以避群害，而民悦之，使王天下，号曰有巢氏。民食果蓏蚌蛤，腥臊恶臭而伤害腹胃，民多疾病。有圣人作，钻燧取火以化腥臊，而民悦之，使王天下，号曰燧人氏。"反向隐喻了从"王"到"圣人"的身份转化过程及原因，标识着文明的进化过程。因此，有巢氏、燧人氏与伏羲一样，均是时代巨变的人格化呈现，其中暗含着文明跳跃性质变的意蕴。

到审美、宗教、宗法意识出现的时候，真正形而上学的时代就到来了。卡西尔说，旧石器时代的动物素描与绘画，"表明了（原始人）对于一切种类的动物形式有着惊人的了解"。"如果他是一个猎人，他就必须熟悉动物生活的最微小细节，必须能够区别各种动物的脚印。"[④]据悉，北京山顶洞文化遗存中，有用作头饰的石珠、作为装饰品的穿孔的牙齿、骨坠、穿孔的介壳等，可见其居住者"是一种具有较复杂活动能力的人类"[⑤]。这种人类所创造的艺术，依照黑格尔的分类，属于象征型艺术，即"本来应该表现于形象的那种理念本身还是漫无边际的，未受定性的，所以它无法从具体现象中找到受到定性的形式，来完全恰当地

---

① 裴文中：《旧石器时代之艺术》，商务印书馆 2015 年版，第 117 页。

② ［德］恩格斯：《自然辩证法》，《马克思恩格斯全集》第二十卷，人民出版社 1971 年版，第 449 页。

③ 邹宁宇：《人类迁徙史》，河海大学出版社 2009 年版，第 10 页。

④ ［德］恩斯特·卡西尔：《符号形式的哲学》，赵海萍译，吉林出版集团股份有限公司 2018 年版，第 90 页。

⑤ 裴文中：《旧石器时代之艺术》，商务印书馆 2015 年版，第 102 页。

表现出这种抽象的普遍的东西"[①]。

总之，"大多数重要的技术和经济发展在原始文字时期之前（约前3000年）就已经确立了"[②]。这是考察阐释行为生成首先需要的基本认知。

---

① ［德］黑格尔：《美学》第二卷，朱光潜译，商务印书馆1979年版，第9页。

② ［美］埃尔曼·塞维斯：《国家与文明的起源：文化演进的过程》，龚辛、郭璐莎、陈力子译，上海古籍出版社2019年版，第210页。

第 五 章

从感性直观到理性认识

阐释行为的生成以社会物质与技术条件为基础和环境，更直接与人类知觉及意识的生成、生长和发展挂钩。因此，考察阐释行为的生成，要从探究人类意识的最初情形开始。

一 由感性直观引起的精神行为

马克思恩格斯说："意识起初只是对直接的可感知的环境的一种意识，是对处于开始意识到自身的个人之外的其他人和其他物的狭隘联系的一种意识。同时，它也是对自然界的一种意识，自然界起初是作为一种完全异己的、有无限威力的和不可限制的力量与人们对立的，人们同自然界的关系完全像动物同自然界的关系一样，人们就像牲畜一样慑服于自然界，因而，这是对自然界的一种纯粹动物式的意识（自然宗教）。"[①] 显然，人类最初的意识，完全来自对外部环境、主要是自然环境的本能反应。

这种依赖于自然和环境的最初意识，在进一步发展中会导致联想和反思，因而发生对于原因的探究以及解决问题的祈望。

维柯说："那些粗野的野蛮人起初都凭人类感觉所能体会到的去体会天神意旨，这是由于他们在自然方面找不到救济，在绝望中就祈求某种

① ［德］马克思、恩格斯：《德意志意识形态》，《马克思恩格斯文集》第一卷，人民出版社 2009 年版，第 533—534 页。

超自然的力量来拯救他们。”“这就导致他们受骗，去畏惧天帝约夫的本来虚妄的意旨，以为天帝能用闪电击中他们。因此，原始野蛮人从那些最初的暴风雨中的乌云，断断续续地由那些闪电照亮之中，体会出这一伟大真理：天神的意旨在照顾着全人类的福利。”①

维柯这里所讲的人类意识，显然已经大大进化。其最明显特征，是出现了反思。反思既是被绝望逼使出来的，又是以“乌云”“闪电”“暴风雨”为中介而形成的。这些自然形成的中介，就是中国哲学的重要范畴“象”。所以，在维柯的论述中，包含了“观象”的内容。

马恩所说“可感知的环境”与“自然界”，维柯所说“人类感觉”，都离不开《系辞》所说的“观”。在“观象”中，产生出最原始的宗教。值得注意的是，维柯既强调了所谓“野蛮人”的“绝望”和“畏惧”，却又将结论归结于“全人类的福利”，二者并不矛盾。显然，大自然并不仅仅带来“暴风雨”，还是人类生存与幸福的凭借所在。能够担保人类生存与幸福的唯一而最高的力量，只能是“天神”。因此，从维柯的论述中可以得出与涂尔干一样的结论，即原始宗教的出现，乃源于“天神”所带来的幸福感。自然给予人类的“绝望”，从“天神”那里得到补偿。关于这一点，后文还会涉及。

人天然地具有其感性世界，中国哲学称此为“性”。与原始宗教相伴而来的，是观念与知识。在西方近代哲学史上，培根和霍布斯确立了观念和知识起源于感性世界的原则，洛克对之予以坚定维护。培根认为，观念和知识起源于感性世界；人从感性世界和感性世界的经验中获得一切知识、感觉。“霍布斯根据培根的观点声称，既然感性给人提供一切知识，那么观点、思想、概念等等，就无非是多少摆脱了感性形式的物体世界的幻影。”② 从感性、感觉、意识到观点、思想、概念、知识，贯穿于其中的，显然是“理解”“懂”或“明白”。所以，维柯一针见血地揭示说：“人心在从它感觉到的某种事物中见出某种不属于感官的事物，

① ［意］维柯：《新科学》，朱光潜译，人民文学出版社1986年版，第168页。

② ［德］马克思、恩格斯：《神圣家族，或对批判的批判所做的批判》，《马克思恩格斯文集》第一卷，人民出版社2009年版，第332页。

这就是拉丁文动词 intelligere（理解）的意义。”①

保罗·利科说，最接近阐释学的哲学视域就是康德哲学。② 在康德哲学中，感性对应直观。直观永远是感性的，谓之感性直观。而知性则是对感性直观对象所进行的思维。“无感性则不会有对象给予我们，无知性则没有对象被思维。思维无内容是空的，直观无概念是盲的。”“知性不能直观，感官不能思维。只有从它们的互相结合中才能产生出知识来。”③ 也就是强调感性与知性的结合。感性提供对象，知性对对象进行思考。

在现象学中，“直观”与“看”相应，表示“对具体有形的显现物本身的简捷的把捉”④。所以，提供对象的感性以“看”为行为方式。“观”与“看”的区别，依照《说文》，观是“谛视”，看是“睎”。此种分别，对今人已无意义，故可视“观”与“看”为一回事。

将康德的观点置于文化人类学领域，神话即应是感性与知性结合的产物。这样，问题便又转移到了神话上来。

神话是想象的产物，但不限于想象。神话与传说不是一回事，但关系密切。我们可以采用严格的分类概念来探究上古文化，但须明白，上古文化中没有任何独立的文化现象，而是一个纠缠成线团儿的整全体。斯宾格勒说：“原始文化不是支离破碎的，而是某种坚强的和完整的东西，某种非常生气勃勃的和有效的东西。”“一切原始的东西皆是一个总和——原始组群的表现形式的总和。”⑤ 所以，神话与原始宗教、原始知识体系、原始哲学观念等，仿佛水和乳一样，交融在一起。

这种情形反映在神话的对象意识中，即表现为边界不分：梦幻中的东西与清醒时经验到的东西不分，单纯想象的东西与感知到的东西不分，

---

① ［意］维柯：《新科学》，朱光潜译，人民文学出版社 1986 年版，第 152 页。

② ［法］保罗·利科：《诠释学与人文科学》，洪汉鼎译，中国人民大学出版社 2021 年版，第 6 页。

③ 《康德三大批判合集》上册，邓晓芒译，杨祖陶校，人民出版社 2009 年版，第 48 页。

④ ［德］海德格尔：《海德格尔文集·时间概念史导论》，欧东明译，商务印书馆 2014 年版，第 67 页。

⑤ ［德］奥斯瓦尔德·斯宾格勒：《西方的没落》第二卷，吴琼译，四川人民出版社 2020 年版，第 34、36 页。

图像与所画的东西不分，词（意义）与事物不分，所希望的东西与实际拥有的东西不分，活的东西与死的东西不分，等等。①

这就表示，如卡西尔所说，“神话思想与宗教思想之间没有什么根本的区别”。“神话从一开始就是潜在的宗教。”因此，“我们不可能确定一个标明神话终止或宗教开端的点。宗教在它的整个历史过程中始终不可分解地与神话的成分相联系并且渗透了神话的内容。另外，神话甚至在其最原始最粗糙的形式中，也包含了一些在某种意义上已经预示了较高较晚的宗教理想的主旨”。

弗雷泽说：“在思想演变的过程中，巫术的出现要早于宗教。”② 他认为人类从巫术时代开始，然后被宗教时代相继和取代。对此，卡西尔表示不赞同，因为“巫术是在一个非常缓慢的过程中丧失它的基础的”，宗教进展“并不意味着全盘消灭最初的基本的神话思维特性。”③

笔者认为，卡西尔的理由不足以推翻弗雷泽的观点，因为二者并不对立。其实，弗雷泽非常清楚，“即使是文化程度较高的民族，也一直残留着宗教和巫术的混合”；“巫术与宗教的融合，存在于各个世纪，存在于各个地方”。④

卡西尔说：“神话绝不仅仅是想象的产物。它并不是一个不健全、不正常的大脑的产物，也不是梦幻或幻想，荒谬观念和怪诞观念的聚合体。在人的思维的发展过程中，神话起着十分重要的作用。它是对宇宙之谜作出的最初解答。它企图（虽然以一种不完全和不适当的方式）找出万物的起始和原因。因此，神话似乎不仅是幻想的产物而且还是人类最初求知欲的产物。神话并不满足于描述事物的本来面目，而且还力图追溯到事物的根源。它想知道事物何以如此。它包含着宇宙论

① ［德］海德格尔：《海德格尔文集·康德与形而上学疑难》，王庆节译，商务印书馆2018年版，第279页。

② ［英］詹姆斯·乔治·弗雷泽：《金枝》上册，赵昍译，陕西师范大学出版总社有限公司2010年版，第38页。

③ ［德］恩斯特·卡西尔：《符号形式的哲学》，赵海萍译，吉林出版集团股份有限公司2018年版，第97、115页。

④ ［英］詹姆斯·乔治·弗雷泽：《金枝》上册，赵昍译，陕西师范大学出版总社有限公司2010年版，第58、60页。

和一般人类学。”[①] 这段论述并非否定神话是想象的产物，而是在想象之外，增添更丰富的分析要素，比如情感统一性要素、观相学要素、世俗传统要素，进而对神话具备更全面透彻的认识。当然，也绝不可“赋予神话结构以理性的特征”[②]。可以这样说，神话是人类对宇宙之谜所作的最初阐释。神话所代表的，是一个阐释的世界。

海德格尔说，在希腊人的诗和思中，神话和逻各斯“是同一个东西”[③]。所以，神话可以说是逻各斯的最初形式。涂尔干说：“随着神话思想的发展，集体的和非人格的图腾日渐隐退，随后特定的神话人物进拔头筹，本身变成了图腾。”[④] 可见，神话思想的发展，就是诗与思及逻各斯的发展，是神话人物代替旧图腾成为新图腾的过程。神话是上古人类对他所不理解（相对于今人）的世界的理解，是他阐释世界的表达方式。这种方式虽与今人不同，却是今人理解世界的前理解。因此，上古神话不但暗含人类最初的直观、感觉、感性、意识、知性、观念及概念的生成密码，而且蕴藏着人类阐释行为的最初情形，显示着僧侣、意识形态家起源的奥秘。

但是，神话建构毕竟以想象力为基础。“想象力是把一个对象甚至当它不在场时也在直观中表现出来的能力。”[⑤] 因此，想象力具有认识论价值，指向康德所谓统觉的本源的综合统一，是一种自发性的感官规定和感性的行为。它是理性的预演，具有生产性的认识能力。笔者认为，《易经》即具备这一特征。

理解植根于直观。“没有直观，我们的一切知识就缺乏客体，那么它就还是完全空洞的。”[⑥]《系辞》的重要价值之一，即在于揭示了人类最

---

① ［德］恩斯特·卡西尔：《语言与神话》，于晓等译，生活·读书·新知三联书店 1988 年版，第 168 页。

② ［德］恩斯特·卡西尔：《符号形式的哲学》，赵海萍译，吉林出版集团股份有限公司 2018 年版，第 29 页。

③ ［德］海德格尔：《海德格尔文集·巴门尼德》，朱清华译，商务印书馆 2018 年版，第 102 页。

④ ［法］涂尔干：《宗教生活的基本形式》，渠敬东、汲喆译，《涂尔干文集》第四卷，商务印书馆 2020 年版，第 143 页。

⑤ 《康德三大批判合集》上册，邓晓芒译，杨祖陶校，人民出版社 2009 年版，第 89 页。

⑥ 《康德三大批判合集》上册，邓晓芒译，杨祖陶校，人民出版社 2009 年版，第 53 页。

初观看行为的认知意义。用现象学术语讲，就是为明见性奠基。

卡西尔说："对于心智来说，只有具备确定形式的东西才是可见的；而每一种存在形式又都以某种独特的'看'的方式，都以某种独特的表述意义和直观意义的智识形式为其源头活水。"① 这就将所谓"具备确定形式的东西"通过"看"或"可见"与"表述""智识"建立了联系。

作为珍贵且真实的观念史材料，《系辞》通过突显观看行为，对人类最初认知活动与知识形成过程作了完整描述。其始点是感性直观的"外观"，进而是内观，最后是抽象化、概念化进而范畴化。

这个完整认识过程，既生成认识，又建构新的认识；既从具体上升到抽象，又由抽象去统摄具体，呈现出螺旋推进的线路，最后到达形式化的理论建构。

皮亚杰说："形式化很可以被认为是思维发展中已经出现的反身抽象过程的一种扩展。但是由于形式化可具有的日益增加的专门化和一般化，它显示出形成各种组合的可能性是不受拘束的，丰富多彩的，这就大大地超越了自然思维的范围；形式化之所以能做到这一点，是依靠一种跟通过可能性借以预测现实性的过程相类似的过程。"同时，"结构的系统不能正确地比喻为建立在其台基上的静止的金字塔，而只能比作其高度在不断地增加的螺旋体。"②

这段话既适合《周易》全书，更极为贴合《系辞》所表露的认知特点。特别是"形式化""组合""预测""增加"这些字词，都可以指向《周易》，可以相互印证。

二 "观看"的意义

作为对"事情本身"最源始的提问方式，"观"在中西思想中一向具有范畴意义，它不仅表明意象的来源，更突显人类心智的共同性与统

---

① ［德］恩斯特·卡西尔：《语言与神话》，于晓等译，生活·读书·新知三联书店1988年版，第36页。

② ［瑞士］皮亚杰：《发生认识论原理》，王宪钿等译，商务印书馆1981年版，第72—73、76页。

一性。海德格尔极大地提升并揭示了“观”“看”“视”的阐释学意义，认为阐释学的进行“必须根据对其对象本身的看”。[①]

据他说，古希腊的逻各斯概念，其功能涵义“仅在于素朴地让人来看某种东西，在于让人觉知存在者”[②]。在胡塞尔的现象学中，观看意味着奠基，即打基础。与一切“思辨构造”相反，在现象学中，“每一个原则问题通过视觉（vision）而解决”[③]。所谓现象学，就是“让人从显现的东西本身那里如它从其本身所显现的那样来看它”[④]。

早期的海德格尔说：“追问形成于所探讨的‘事情’（Sachen），而事情只是眼睛所能看到的此（da）。”[⑤] 晚年，他则说：“倘若人之看只限于那种东西，那种作为视网膜上的感觉而传递给眼睛的东西，那么就会导致这样的情形，例如，希腊人就绝不能够在一个少年雕像中看到阿波罗，更确切地说，就绝不能够在阿波罗中并通过阿波罗而看到那个立式雕像。”他引用歌德的一句诗来表达眼睛对于对象的应合作用：“倘若眼睛不是太阳般的，我们又如何能发见光芒？”[⑥]

可见，视觉既意味着问题的启动，也具有增加、延展和拉长伸张认识的作用。由于这种拉长伸张，视觉也会导致认识的多元化乃至相对主义。尼采说：“有多种多样的眼睛。连斯芬克斯也有眼睛：因而才有多种多样的‘真理’，因而没有真理。”[⑦] 意即《列子·说符》所谓“大道以多歧亡羊”。

在中西文献中，很容易看到对视觉与观看行为的强调。这是颇值得

---

① ［德］海德格尔：《海德格尔文集·存在论（实际性的解释学）》，何卫平译，商务印书馆2016年版，第92页。

② ［德］海德格尔：《存在与时间》中文修订第二版，陈嘉映、王庆节译，商务印书馆2016年版，第49页。

③ ［法］保罗·利科：《诠释学与人文科学》，洪汉鼎译，中国人民大学出版社2021年版，第68页。

④ ［德］海德格尔：《存在与时间》中文修订第二版，陈嘉映、王庆节译，商务印书馆2016年版，第50页。

⑤ ［德］海德格尔：《海德格尔文集·存在论（实际性的解释学）》，何卫平译，商务印书馆2016年版，第5页。

⑥ ［德］海德格尔：《海德格尔文集·根据律》，张柯译，商务印书馆2016年版，第102页。

⑦ ［德］尼采：《权力意志》，孙周兴译，上海人民出版社2016年版，第26—27页。

探讨的现象，因为其中蕴含着人类共同的深层思想暗码。

《创世纪》开篇说，“神看光是好的，就把光暗分开了”，将“看”视为创世的起点。同时，“看”又是上帝对所造事物的评价。① “对于原始初民而言，人首先是视觉的‘动物’，同时才是听觉以及味觉、嗅觉与触觉的‘动物’。”②

亚里士多德将“看”与人类求知本性联系起来，认为“看”是人类喜爱的一种感觉。他说：“求知是所有人的本性。对感觉的喜爱就是证明。人们甚至离开实用而喜爱感觉本身，喜爱视觉尤胜于其他。不仅是在实际生活中，就在并不打算做什么的时候，正如人们所说，和其他相比，我们也更愿意观看。这是由于，在一切感觉中它最能使我们识知事物，并揭示各种各样的区别。”③ 卡西尔说，这段话充分反映了亚里士多德与柏拉图在知识观上的区别，因为“对人的感性生活作这样的哲学赞颂，这在柏拉图的著作中是断然不可能有的”④。

海德格尔应该不会同意卡西尔的判断。海德格尔非常细腻地考察了“观看”之于古希腊人的意味。他说，在《帕特莫斯》一诗的一个后期稿本中，荷尔德林把希腊称为“身强力壮的眼睛的青年国度”。“这种眼睛的目光就像任何一种真正的目光一样富有灵性，在形体中不断熠熠生辉。这种眼睛洞察到闪现者，只是由于它们事先已经为这种闪现者所照耀和注释了。”⑤ 海德格尔这样评价古希腊人：“古希腊人用眼睛思想，也就是用目光思想。逻各斯，即思想，是一种让闪现，即让从自身而来得到显露、从昏暗者和遮蔽者而被带入光明中的东西闪现出来。思想由此而获得真实性，因为它作为让闪现，总是在某个角度把遮蔽者解蔽和照亮。”⑥

---

① 赵敦华：《圣经历史哲学》修订本，上册，江苏人民出版社 2016 年版，第 40 页。

② 王振复：《中国巫文化人类学》，山西教育出版社 2020 年版，第 222 页。

③ ［古希腊］亚里士多德：《形而上学》，苗力田译，苗力田主编：《亚里士多德》第七卷，中国人民大学出版社 2016 年版，第 27 页。

④ ［德］恩斯特·卡西尔：《符号形式的哲学》，赵海萍译，吉林出版集团股份有限公司 2018 年版，第 2—3 页。

⑤ ［德］海德格尔：《海德格尔文集·荷尔德林诗的阐释》，孙周兴译，商务印书馆 2014 年版，第 193 页。

⑥ ［德］海德格尔：《海德格尔文集·不莱梅和弗莱堡演讲》，孙周兴、张灯译，商务印书馆 2018 年版，第 129 页。

后来，他进一步深化了这方面的论述。在以巴门尼德为标题的研究中，写道：

> 希腊人是“视觉人”（Augenmenschen）。他们首先从“眼睛”来把握“世界”，所以“自然而然地”关注看和外貌。为此他们必须思考光和光明。从光的发光和透亮，到澄明和被照亮者，同样也是敞开域，由此到作为本质性的东西的无蔽者，仅仅一步之遥。希腊人曾是“视觉人”，我们关注到这个事实，并将无蔽状态思考为敞开状态和澄明……
>
> 真理的希腊本质，无蔽者，敞开域，被照亮者，光，都从这样一个事实得到解释：希腊人曾是“视觉人”。
>
> 希腊人能够用眼睛来标志人和存在者的本质关联。①

海德格尔万变不离其宗地将“观看”引向存在论，并由此而将柏拉图置于其中。这样一来，卡西尔的视域便狭窄了。

海德格尔在不同场合多次专门论述“观看”，细腻地强调和分析了“观”“视”“看”与阐释的关系。他说，“观察”或“观望”会带来对现成东西的知觉。“知觉的完成方式是把某某东西看作某某东西，把它作为某种东西来谈论。在解释这种最广泛意义的基础上，知觉就变为规定。被知觉的东西和被规定的东西可以在语句中被说出，于是就作为这样被逼出的东西保持和保存下来。”② “观看”作为人类与生俱来的“性”，由眼睛而达于知觉、经验，生发出对事物的“识知”与分类。

就“视”“目”或“目视”而言，他进一步细分出“视位”（Blickstand）“视向”（Blickrichtung）“视域”（Blickweite）。“视位是阐释者所处的位置；视向是阐释的方向，是阐释学的‘作为’（als）结构，即阐释的意义方向；视域（或可译为‘视界’）则是由‘视位’和‘视向’

---

① ［德］海德格尔：《海德格尔文集·巴门尼德》，朱清华译，商务印书馆2018年版，第212、215页。

② ［德］海德格尔：《存在与时间》中文修订第二版，陈嘉映、王庆节译，商务印书馆2016年版，第91页。

来决定的广度和界面。这三者是构成‘阐释学处境’(hermeneutische Stiuation)的基本要素。”①

在关于巴门尼德的课程中，海德格尔进一步将“观看”提升到“提供存在之样貌”的高度。他考察了“观看”的希腊语语义。他说，通常人们只知道这个希腊词中的动态含义，即直观（anschauen）与凝望（zuschauen），由此而引申出“剧场”的意思。其实，“以希腊方式思之”，这个词意味着“将看（Blick）带给自己”，表示“样貌（Anblick）意义上的景象”。“在这种样貌中，某物将自身显露出来和呈现出来。”因此，“观看，决不意味着表象着盯着看（Hinsehen）和注释（Zusehen）意义上的看”，而表示“在这种观看中那观看者展示出自身，显现并‘在此’”。“观看”就是“观看者将自身呈现入其本质的样貌中，即进入无蔽者并作为无蔽者涌现的基本方式”。总之，观看就是自我展示，是观看者不以主体身份而以客体身份的“涌现和迎面而来的样貌”。“神”作为本现的观看者，在观看中呈现出自身是神。②“看”“是一种与某物打交道之‘如何’”③。

在维柯那里，“观看”的意义已经直接与阐释学意涵相关联。他说，人类思想（或观念）“开始是从用肉眼观照天象所产生的关于天神的思想。因此，罗马人在他们的占卜学里用 contemplari（观察）这个动词来指观察天体中的预兆或神谕所来自或可取得的那些部位。这些由巫师用巫杖所划分出的区域就叫做天宫（templa coeli）”④。这段话除“观照”一词外，特别值得注意的是“天象”以及“占卜学”“预兆”“神谕”“巫师”。这些复杂的要素通过“肉眼观照”而产生并联结在一起，让人想到“阐释学”的词根。不消说，“占卜学”正是阐释学的原始形态之一。

---

① 孙周兴：《实际生命的阐释学处境：关于海德格尔的“那托普”报告》，《浙江社会科学》2022 年第 6 期。

② ［德］海德格尔：《海德格尔文集·巴门尼德》，朱清华译，商务印书馆 2018 年版，第 151—154 页。

③ ［德］海德格尔：《海德格尔文集·宗教生活现象学》，欧东明、张振华译，商务印书馆 2018 年版，第 246 页。

④ ［意］维柯：《新科学》，朱光潜译，人民文学出版社 1986 年版，第 171 页。

至于中国的情形，胡适说，《系辞》所谓“象也者，像也”的“象”，古代大概用“相”字，即“省视”。“目视物，得物的形象，故相训省视。从此引申，遂把所省视的‘对象’也叫做‘相’。”① 同样将“视”突显出来。《系辞》的“仰则观象于天”，正是“用肉眼观照天象”。其对“观”的突出，恰好与维柯所言比类。

斯宾格勒将其文化形态学的逻辑起点建立在视觉上。他提出，在人类的醒觉意识中，眼睛处在绝对统治地位；在人类的各种感觉中，视觉是最高的感觉。“在眼睛中，并且和眼睛一起出现的，还有作为其对立面的光。”“从此以后，生命便可以通过眼睛的光的世界来加以把握和理解。这是最伟大的奇迹，可以使人类的一切如此这般地呈现出来。”“宗教、艺术、思想全都是因为光的缘故才兴起的，而它们之间的区分，都可归结为一点：是诉诸肉体的眼睛，还是诉诸心灵的眼睛。”他进而认为，“人类的思维其实就是一种视觉思维，我们的概念是得自视觉的，并且我们的逻辑的整个结构其实就是想象中的一个光的世界”。比如“敏锐的”“敏感力”“洞察力”“分辨力”“眼力”等字眼，包括逻辑的术语，“全都是取自视觉世界”。② 斯宾格勒的上述观点，可称洞见。

福柯通过对西方自然科学史的考察，从哲学意义上部分地揭示了“观看”的认知结构与价值。他说，“从十七世纪开始，观察一直是一种可感知的认识”。相较于味觉、触觉等，“视觉具有几乎特有的优先权，这是一种明证性和广延的感觉，且因而是普遍为人接受的局部分析的感觉”。福柯提出，显微镜并没有超越可视性界限，因为“观察就是满足于看。系统地看一些物”。他还特别指出：“在表象有些混乱的丰富性中‘看’能被分析、被所有人认可并因此能被赋予一个人人都将能够理解的名称的一切。”③ 这就不仅突显了“看”，而且揭示了“看”与“名”

---

① 胡适：《中国古代哲学史》，欧阳哲生编：《胡适文集》第六册，北京大学出版社 2013 年版，第 193 页。

② ［德］奥斯瓦尔德·斯宾格勒：《西方的没落》第二卷，吴琼译，四川人民出版社 2020 年版，第 5、6、8 页。

③ ［法］米歇尔·福柯：《词与物：人文科学的考古学》，莫伟民译，上海三联书店 2021 年修订译本，第 139 页。

之间的联系。

由上可得启发，三星堆考古发现中令人印象最深刻的“纵目”（大眼睛），其奇特造型所隐含的深层暗码，必然是三星堆先民的创世学说。“大眼睛”所表现的已经是一种很发达的宗教形态，其隐含与深层指向则更为原始、更具有原点和质点意义。它是破解三星堆文化初始状态的钥匙所在。黑格尔说：“对每个宗教而言，直观是一种人格化的东西，但关键在于意义。”① 李泽厚将它与“有个大眼睛”的“德”字联系起来，认为“其中有祖先神明的大眼睛在”，② 是一个洞见，但处于殷商时期的三星堆是否与西周时期的中原思想同属一系，还需证明。

创世学说脱离宗教形态成为哲学形态之后，“大眼睛”这种“人格化的东西”就会淡出。马克思《关于伊壁鸠鲁哲学的笔记（笔记六）》（1839 年）中有一段涉及眼睛的话，颇受关注。他说：

> 哲学已经不再是为了认识而注视着外部世界；它作为一个登上了舞台的人物，可以说与世界的阴谋发生了瓜葛，从透明的阿门塞斯（Amenthes）王国走出来，投入那尘世的塞壬（Siren）的怀抱……像传说中的丢卡里翁（Deucalion）创造人时把石头向后扔那样，哲学在决心创造世界后，则把自己的目光投向身后（母亲的骨骼，就是明亮的眼睛）；然而，像普罗米修斯从天上盗来天火之后开始在地上盖屋安家那样，哲学把握了整个世界以后就起来反对现象世界。③

这就是说，哲学来自“注视”，但哲学一旦形成，便不再“注视”，而是用范畴去“把握”并“反对”（也就是规范）现象世界，亦即《系辞》所谓“以类万物之情”。

从新石器时期陶器的纹饰布局看，“可视性”同样是其制作的核心

① ［德］黑格尔：《世界史哲学讲演录：1822—1823》，《黑格尔全集》第二十七卷，第Ⅰ分册，刘立群等译，商务印书馆 2014 年版，第 208 页。

② 李泽厚：《由巫到礼 释礼归仁》，人民文学出版社 2022 年版，第 62 页。

③ 这里的译文有改动。见罗晓颖《马克思与伊壁鸠鲁》，华东师范大学出版社 2010 年版，第 146 页。

理念，亦即“对人视觉感受的极力迎合”，从而使纹饰图案“形成了对欣赏、评价意见的召唤”。[①] 总之，眼睛、视力、观看是揭示远古文明密码隐含的一条重要通道。正是“观看”将对象固定化、认知化，从而成为知识的始源。[②]

值得注意的是，侯外庐等先生在评论《论语》中关于“见知”与“闻知”的关系时，讲过这样一段话：“据语言学家所说，最古所谓‘认识’‘知识’或‘理解’，无论在希腊语中，拉丁语中，俄语中，德语中，法语中皆系由代表视觉的‘见’字转化发展而来，可见视觉在知识过程中确有其重大意义；然而，在感觉中分出高下等差，而将视觉置于听觉之上，则不能不说是‘君子’的偏见。”[③] 笔者认为，这个见解是深刻的。

三　“观象于天”的意蕴

《系辞》突显“观看”行为，其程序首先是“观象于天”，即向上看。向上看的意义在于接受“天”的启示，是为“观象”的意义所在。

“天”是看不到的。能看到的，只是“天象”，故曰“在天成象”“观象于天”。《老子·三十五章》：“道之出口，淡乎其无味，视之不足见。”与“道”一样，天同样“视之不足见”。“观”只表示对“天”的仰视与渴求。依照传统本体论，“天”可理解为最高本质。依照存在本体论，“天”可理解为存在。无论最高本质抑或存在，均是“天下的最独一无二者”，是最普遍的概念，故“一向不能和任何东西比较”。[④] 这个“最独一无二”者，道家名之为“道”，儒家名之为“天”，黑格尔称其为“无规定性的直接性”。

---

① 刘成纪：《先秦两汉艺术观念史》上卷，人民出版社 2017 年版，第 42 页。

② 我国学者将“观”作为哲学与文化范畴的专门研究，可见冀志强《观：先秦话语及其诗性建构》，北京大学出版社 2021 年版。

③ 侯外庐、赵纪彬、杜国庠：《中国思想通史》第一卷，人民出版社 2011 年版，第 162 页。

④ ［德］海德格尔：《海德格尔文集·形而上学导论》，王庆节译，商务印书馆 2017 年版，第93 页。

《尚书》非常鲜明地将“天”确定为最高本质或第一规定。孔子显然承继了这个设定。孔子讲“天命”“天道”[①]“唯天为大”“天丧予”“知我者其天乎”“天生德于予”“获罪于天，无所祷也”，子贡说他是“固天纵之将圣”，子夏说“富贵在天”，都鲜明地将“天”视为第一规定，与《尚书》完全一致。

在第一规定那里，言谈与思维均须结束，因为它是规定所有规定的最高规定，所以“天何言哉，四时行焉，百物生焉”，“礼者天地之序也”。孔子之所以对“天道”几乎不作具体描述，就在于“天”是第一规定，是最高本质，只能以不说为说。“四时”“百物”乃至于“礼”，均是这个第一规定生出的东西，因而落入“存在者”的范围。《尚书》已将天道言之綦详，孔子述而不作，自然也无须再言。[②]

这个最高本质，在老子那里被确定为“道”。“道”观念的起源，应晚于“天”，但后来居上，其抽象性高于“天”，故曰“先天地生”“为天地母”。“天”虽然是超强的最高主宰，毕竟与经验有染，不够纯粹。“道”则不然。钱大昕说，从老子开始，“始尊道于天地之上”，“求道于窈冥恍忽、不可名象之中。与孔、孟之言道，枘凿不相入矣”。[③] 真乃明鉴之言。

从先秦诸子乃至整个中国哲学看，再无高于“道”的概念。吕思勉先生说：“道家之学，实为诸家之纲领。诸家皆专用一节之用，道家则总揽其全。诸家皆其用，而道家则其体。《汉志》抑之儒家之下，非也。”[④] 堪称老吏断狱，一眼看穿。道家能登“总揽”之位，关键就在于最先占有了“道”字。《史记·老子韩非列传》以老子引出庄子、申不

① 或认为孔子不言天道，实则不然。子贡说：“夫子之言性与天道，不可得而闻也。”是为并非不言，只是“不可得而闻”。章学诚说：“盖夫子所言，无非性与天道……所言无非性与天道，而不明著此性与天道者，恐人舍器而求道也。”仓修良编注：《文史通义新编新注》，商务印书馆2017年版，第104页。

② 侯外庐等人认为孔子的“天”是有意志的主宰，是意志之天，是有意志的人格神。倘如此解，则“天”依然属于“存在者”的范畴，但无论怎样说，在孔子的思想系统中，“天”具有最高本质的属性。侯外庐、赵纪彬、杜国庠：《中国思想通史》第一卷，人民出版社2011年版，第139页。

③ 陈文和主编：《嘉定钱大昕全集》（增订本），第7册，凤凰出版社2016年版，第471页。

④ 吕思勉：《先秦学术概论》，中国大百科全书出版社1985年版，第27页。

害、韩非，归之于“皆原于道德之意，而老子深远矣”。（因深远而为原）已发其端。司马谈《论六家要指》说道家“其辞难知”（太抽象）。黑格尔等人于中国哲学独尊道家，即缘乎道家哲学最为抽象。

由于专注于对“存在”的思考，故不同于孔子对“天”的不予详述，老子对这个最高本质作了具体描述。这种描述的精神实质，又与孔子对“天”的本质设定是一致的。

《老子·二十五章》：“有物混成，先天地生。寂兮寥兮，独立不改，周行而不殆，可以为天地母。吾不知其名，强字之曰‘道’，强为之名曰‘大’。大曰逝，逝曰远，远曰反。”这个“先天地生”的东西不可定义，在独一无二性中具备最源初的规定性，从而规定一切存在者。

因此，“道”在言说过程中，实则是一个“诗意运思的引导词”，从而在“根本上”意味着道路。海德格尔认为，在“为一切开辟道路的道路”意义上，“我们才能去思理性、精神、意义、逻各斯等根本上也即凭它们的本质所要道说的东西。也许在‘道路’‘道’这个词中隐藏着运思之道说的一切神秘的神秘”，因此，他倾向于不把“道”译为理性、精神、理由、意义或逻各斯，而译为“道路”。[①] 我们认为，“道”应同时具有上述两方面涵义，即作为“存在”的道，以及作为“引导词”的道。两方面涵义具有相互蕴含的关系。

“混成”，类似于西方古代哲学中的“世界”或“宇宙”指向，意味着状态（zustand），亦即“如何整体”（Wie im Ganzen）。[②] 陈梦家说，“道为混一的，物则为分散的。混一之道，或谓之‘朴’；分散之物，或谓之‘器’。老子曰‘朴，散则为器’。《淮南子·精神》‘契大浑之朴’注‘浑，不散之貌’，大浑之朴即不散之朴也。”他进而提出，单词“混”，复词曰“混沌”或“浑敦”，为玄同、玄通之转语，“《左传》为儒，故以浑敦象不才，《庄子》为道，故以混沌为真朴”[③]。可谓具眼。

---

① ［德］海德格尔：《海德格尔文集·在通向语言的途中》，孙周兴译，商务印书馆2015年版，第191页。

② ［德］海德格尔：《海德格尔文集·路标》，孙周兴译，商务印书馆2014年版，第167—168页。

③ 陈梦家：《老子分释》，《陈梦家学术论文集》，中华书局2016年版，第308页。

“寂兮寥兮”即孔子所谓“何言哉”，接近于西方“存在”概念的一个特征，亦即它“既不能用定义方法从更高的概念导出，又不能由较低的概念来表现”[①]。

“独立”即独一无二；“不改”即“不能和任何东西比较”。《淮南子·原道训》：“所谓一者，无匹合于天下者也。卓然独立，块然独处。”

“独立不改”即《荀子·天论》所谓“天行有常，不为尧存，不为桀亡”。或者如黑格尔所说，“精神作为自由的主体，是由自己确定自己的”[②]。

“周行而不殆”是说“道”可以通达所有存在者。

有学者认为，《易经·乾·象》所谓“乾元”，受了老子影响。“乾元”相当于“道”，“它统治了天，是万物发生的根源，是超越天地万物、主宰一切的东西”。所谓“万物资始”“品物流行”“乃统天”，是“周形而不殆，可以为天下母”“先天地生”之意。“大哉”的“大”，袭用老子，不过改“道”为“乾元”罢了。[③] 此话印证了上述吕思勉先生的观点，亦可见“道”之“不知其名”。

《老子·十四章》提出“无状之状，无物之象”的“惚恍”，说它看不见、听不到、抓不着；上面不亮，下面不暗；不可命名，归于无物；迎之不见其首，随之不见其后，说明它只能是最本根的“存在”，故只能“强字之曰‘道’”。[④]《淮南子·原道训》谓“一”“视之不见其形，听之不闻其声，循之不得其身。无形而有形生焉，无声而五音鸣焉，无味而五味形焉，无色而五色成焉。”意蕴一致。海德格尔说：“大道是不显眼的东西中最不显眼的，是质朴的东西中最质朴的，是切近的东西中最切近的，是遥远的东西中最遥远的，我们终有一死的人

① ［德］海德格尔：《存在与时间》中文修订第二版，陈嘉映、王庆节译，商务印书馆2016年版，第7页。

② ［德］黑格尔：《美学》第二卷，朱光潜译，商务印书馆1979年版，第5页。

③ 李镜池：《周易探源》，中华书局1978年版，第14页。

④ 视之不见，名曰“夷”；听之不闻，名曰“希”；搏之不得，名曰“微”。此三者，不可致诘，故混而为一。其上不皦，其下不昧，绳绳兮不可名，复归于无物。是谓无状之状，无物之象。是谓惚恍。迎之不见其首，随之不见其后。恍，非有；惚，非无。钱基博：《子部论稿》，傅宏星校订，华中师范大学出版社2014年版，第52页。

终身栖留于其中。"[①] 可连类以观。

这样一个东西，在宗教或思想领域，也被称为"神"，或者"一"。侯外庐先生说"道"是"上帝的别名"，是"神秘的力在最初的一击"。[②] 可谓卓识。法国古典学者阿多写道："在异教的宗教情感演进中，位于其他所有神之上的这个超验神，扮演了首要角色。这个独一无二的神，这个所有神灵以及所有存在的来源，超越所有的神，完完全全地不可名状、不可认知、不可思议，而令所有灵魂迷恋于绝对。""不同于远古宗教众神的是，这个'一'，这个'绝对'，这个超验的、不可名状的、独一无二的、分离的'神'，若想触及它，必须抛弃一切形式、一切概念、一切论说、一切人格，而只能通过一种迷狂，重新把存在带回它的根源之处。"[③] 显然，这正是中国哲学中"道"的特征。

能够"无中生有"的"道"，不可理解为"无"。关于这个问题，海德格尔在《形而上学是什么?》一文中，作了精辟分析。他认为，黑格尔所谓"纯粹的存在与纯粹的无是一回事"这个命题，是有道理的。事实上，所谓"无"，只意味着源始的可敞开状态。[④]

在道家哲学中，"道"既先于也高于"天"。《老子·十六章》谓"天乃道，道乃久"；《老子·二十三章》谓"天地尚不能久"，《老子·二十五章》谓"天法道"。《淮南子·原道训》讲得更明确："夫道者，覆天载地，廓四方，柝八极；高不可际，深不可测。包裹天地，禀授无形；原流泉滂，冲而徐盈；混混汩汩，浊而徐清。"所以，"天"作为被包裹、被覆盖的东西，不具备第一规定的属性。老子甚至说"天地不仁，以万物为刍狗"，即"天"的品性并不纯粹，会"不仁"，以至"以万物为刍狗"。尽管"天大，地大，人亦大"，但毕竟"人法地，地法

---

① ［德］海德格尔：《海德格尔文集·在通向语言的途中》，孙周兴译，商务印书馆 2015 年版，第 259 页。

② 侯外庐、赵纪彬、杜国庠：《中国思想通史》第一卷，人民出版社 2011 年版，第 240 页。

③ ［法］皮埃尔·阿多：《古代哲学研究》，赵灿译，华东师范大学出版社 2016 年版，第 328、329 页。

④ ［德］海德格尔：《海德格尔文集·路标》，孙周兴译，商务印书馆 2014 年版，第 140 页。

天，天法道，道法自然”。所谓“道法自然”，是说作为第一规定，只能是自我规定，羚羊挂角，无迹可寻。

从理论属性的角度观察，儒家将“天”看作“道”，“天”即成为最高本质，这与道家将“道”作为最高本质并没有理论属性方面的不同，只是学派主张的差异。但是，就概念的纯粹性而言，儒家的“天”确实比不了道家的“道”。孔子“在作为宇宙观的天道思想方面，没有重大的成就”，“未能使其天道观从道德论与宗教观念里完全独立或解放出来”。“所有宇宙观的重要范畴，在孔子思想里几乎全然没有出现。”[①] 因此，黑格尔说孔子“完全是一位道德学家，而不是哲学家。因为在他的言论中找不到关于思想作为思想在自身之中活动的理论”[②]。乃是平实之言。至宋儒周敦颐、张载，乃本《系辞》而上推老子，据老子“先天地生”“不可道”等义理，弥补相关漏义，才使得先天之道、天命之性，“有统有系，厘然秩然”。[③]

“天”或“道”既看不到，能看到的，只能是“天”的绽放显现、显象（Schein）或变成（Werden），即“象”，亦即《系辞》所谓“仰以观于天文”“成象之谓乾”“见（现）乃谓之象”。

有趣的是，《释名》开篇“释天”说：“天，豫、司、兖、冀以舌腹言之，天，显也，在上高显也。青徐以舌头言之，天，坦也，坦然高而远也。”明确提出“天，显也”，应该不是偶然的巧合。

从显现的角度考察“天”，天即《淮南子·天文训》所谓“大昭”。“大昭”即大大地昭示、显现，堪称贴切。显现之“象”蕴含“大昭”之德之效，用一个字来概括，就是“示”。《说文》：“示，天垂象，示吉凶，所以示人也，从二。三垂，日月星也，观乎天象，以察时变，亦狎神事也。”不是“天”直接在“示”，而是“天”通过“象”来“示”。所以，人们看到的不是“天”，而是“天”所“垂”的“象”。

---

① 侯外庐、赵纪彬、杜国庠：《中国思想通史》第一卷，人民出版社 2011 年版，第 146 页。

② ［德］黑格尔：《世界史哲学讲演录：1822—1823》，《黑格尔全集》第二十七卷，第Ⅰ分册，刘立群等译，商务印书馆 2014 年版，第 138 页。

③ 钱基博：《子部论稿》，傅宏星校订，华中师范大学出版社 2014 年版，第 50 页。

由于显现（示），于是产生并区隔出“天”与“象”，即“存在”与“存在者”。《淮南子·天文训》：“道始于虚霩，虚霩生宇宙，宇宙生气，气有汉垠。清阳者薄靡而为天，重浊者凝滞而为地。清妙之合专易，重浊之凝竭难，故天先成而地后定。天地之袭精为阴阳，阴阳之专精为四时，四时之散精为万物。”或“道始于一，一而不生，故分而为阴阳，阴阳合和而万物生”。所描述的实为由“存在”到“存在者”的迁变过程。

由于“人”是“存在者”中最特殊的存在者，因此所谓“究天人之际”就意味着把存在与存在者的关系搞清楚、弄明白。“天人”关系——用海德格尔的话说，“存在”与“此在”的关系，由此构成中国哲学的第一关系。“天人合一”“天人感应”等，均是这一关系的展开。展开的程序，首先是“天人合一”，即“民神杂糅”；其次是“天人感应”，即“绝地天通”；最后是“天人同类”，即“别其分主”。

由“天”的“存在”到“人”的“此在”，其中间环节就是“象”。人看到“象”，因而体悟到“道”或“天”。《论语·阳货》：“天何言哉！四时行焉，百物生焉，天何言哉！”虽与《老子》“希言自然”在同一教化层面，但实则区分了“天”与“象”。“观象于天”即为在“天”中观“象”，亦即从“存在者”去领悟“存在”。领悟“存在”由视觉讯号转化为听觉讯号，“观象”也就转化成为通过“存在者”去“闻讯”。在这里，视觉与听觉分别成为知识与信仰的隐喻。[①] 从中西思维的特质来看，中国一直沿着视觉方向发展，西方则由视觉而偏移至沿着听觉方向发展。“在声音的共—存里，精神情感变得更加‘鲜活’了。”[②] 听觉对应布道，视觉对应符号。前者对应表音文字，后者对应表意文字。

“万物”“四时（四象）”均是“天道”的具象，或名之为“天道”的枝繁叶茂、郁郁葱葱。所谓“天文”之“文”，即天之“文象”。《淮

① 参见赵汀阳《动词存在论与创造者视域》，《中国社会科学》2022 年第 8 期。

② ［德］海德格尔：《海德格尔文集·宗教生活现象学》，欧东明、张振华译，商务印书馆 2018 年版，第 246 页。

南子·俶真训》："夫道有经纪条贯，得一之道，连千枝万叶。"

"象"一旦显现，"天"作为开端性的东西反而隐藏起来，或者说将自己抛落到身后，"象"即反客为主，成为舞台主角。这就是《淮南子·原道训》所谓"太上之道，生万物而不有，成化像而弗宰"。《俶真训》本《老子》所谓"道散而为德，德溢而为仁义，仁义立而道德废矣"。《诠言训》所谓"物物者，亡乎万物之中"。

"象"在样貌中被观者接纳，从而被观者所拥有，成为观者的所有物，成为供观者使唤的出场。"象"在观者与"天"之间突显出"是"以及"是什么"，即所谓"吉凶"。"观"就像巫师或赫耳墨斯那样，在"存在"与"存在者"之间闻讯、把握、颠倒、转投。从此开始，向着终极阐释的道路便打开了。

"观象"的前提，是已有"天"，且"天"已显"象"。因此，"象""只是被碰上的东西（vorgefunden），是成品（Befund）"。这个被碰上的东西常驻性地在场，但此时还是观察的对象（外观、图像）；将来，它会独立、上升，在分有中持存，成为制作的对象，"成为制成品或算计"，成为在每一个命题陈述中都必须回溯的东西，亦即在场的本体、母本、众多存在者当中的第一存在者、超级标准，即本真的存在者。由最初绽出的源始之"象"到不断衍生的摹本之"象"，无法看到的"天"由此而得到"葆真"、确认，但也因此而"降格为摹临与复制的样本"。①

海德格尔说："太阳升起照耀时，它显得是在围绕着地球转动。月亮发光，直径是两英尺，但只是看似如此，这只是显象。"② "象"作为"天"源初性绽放的自身显现，由于"观"的介入，"作为某个世界之显圣这般伟大意义上的现象，现在变成了现成事物之可视可见之景。"随着"象"的内涵变化与转移，"观看"的意义也发生变化。"那只眼，那种看，即那个曾通过源始地观入存在力道，透察出筹划活动，并在这种

---

① 这段论述参见［德］海德格尔《海德格尔文集·形而上学导论》，王庆节译，商务印书馆2017年版，第221—222页。

② ［德］海德格尔：《海德格尔文集·形而上学导论》，王庆节译，商务印书馆2017年版，第119页。

察看中制—作出作品的眼和看，现时就变成为单纯的观看、细看与呆看了。这个外观就还只是个光学的外观了。”①

“天”与“象”的内在联系及关系演变，是中国哲学最核心的母题。它与西方的“存在”问题一样，“渗透在一切的知，一切的行与一切的说中，甚至在还没有被专门说出，或者说还没有被以这套词语说出的地方，它们就在那儿了”②。从海德格尔对存在的源始追问过程可知，它是从亚里士多德到黑格尔整个西方形而上学的密码驻所。在“天”与“象”的关系演变过程中，逐渐出现理念、思想与逻辑，这些东西统治了人类大脑，成为审判存在的法官，终结了源始诗性思维，映像代替元象，假象渗入真像，观象成了观像，使得人类思考只能在由此而得到规定的固定视轨内打转。“观”就是这一切的始点。

所以，我们要在“观”中，看到“天人问题”与西方“存在问题”的统一性、一致性。“天”或“道”就是“存在”。“人”则是“存在者”。“象”就是“存在”与“存在者”之间的中介。中国哲学同样具有存在哲学的属性，但具有不同于西方的形式。

四　“观看”的认识论意涵

上述讨论，属于存在论的本体论范围。但是，还需要下降到认识论层面上来，讨论一下“观看”在认识论范围内的意涵。认识论的意涵需要与人性论、人的本质的讨论结合，而谈到人的本质，则需要了解费尔巴哈的看法。这不仅是因为马恩高度重视费尔巴哈，而且是因为费尔巴哈的论述直接与我们的主题相关。费尔巴哈是这样说的：

> 没有了对象，人就成了无。
>
> 地球对太阳的关系，同时是地球对自身的关系，或者说，是地

① ［德］海德格尔：《海德格尔文集·形而上学导论》，王庆节译，商务印书馆 2017 年版，第 74—75 页。

② ［德］海德格尔：《海德格尔文集·形而上学导论》，王庆节译，商务印书馆 2017 年版，第 240 页。

> 球对自己的本质的关系；因为，太阳在作为地球的对象时，其大小和光线强弱的量度，就是那决定地球特有的本质的距离的量度。
>
> 人由对象而意识到自己：对于对象的意识，就是人的自我意识。你由对象而认识人；人的本质在对象中显现出来：对象是他的公开的本质，是他的真正的、客观的“我”。
>
> 月亮、太阳、星星也向人呼喊：认识你自己。人看到它们，并且，它们的样子就像他看到它们的那样，这一点，就是他自己的本质的证据了。
>
> 眼睛察看星空，观望着既无益又无害的、跟地球及其需要毫无关系的光线，而在这种光线中，它就看到了自己的本质，看到了自己的本源。眼睛具有属天的本性。因而，人只有用眼睛才能超出地球的限制；因而，理论是由观察天空开始的。最初的哲学家，就是天文学家。天空使人想到自己的使命，即想到自己不仅生来应当行动，而且，也应当要观察。①

很明显，费尔巴哈的讲法可与马克思《1844 年经济学哲学手稿》的相关论述印证。同时，它同样鲜明地印证了《系辞》中“观”字的哲学意义。而且，它还具有文化人类学的指向性。特别是“最初的哲学家，就是天文学家”一语，不禁让人联想到黑格尔所谓“中国最著名的是天文学”，但“不要在中国寻找什么真正的天文科学”的论断。②

总之，《系辞》所突显的“观看”行为，确实具有多方面义蕴。通过“观”，认识与认识对象相互产生、相互“肯定”、相互证明，“仿佛在相互加强它们的逻辑力量”。当然，它们也会产生矛盾与抗争，从而被可靠的认识所扬弃。③

将眼睛所具有的属天本性应用于大地，即《系辞》所谓“观法于地”。“观法于地”与“观象于天”相比，就理论层次而言，已落入第二

① ［德］费尔巴哈：《基督教的本质》，荣震华译，商务印书馆 1984 年版，第 32—34 页。

② ［德］黑格尔：《世界史哲学讲演录：1822—1823》，《黑格尔全集》第二十七卷，第Ⅰ分册，刘立群等译，商务印书馆 2014 年版，第 138、139 页。

③ ［德］胡塞尔：《现象学的观念》，倪梁康译，商务印书馆 2016 年版，第 19—20 页。

义，即从本体论落入认识论。

“地”较之“天”，对人而言，是可以直接触摸到的存在者。所以，在天成象，在地成形。“形”不能称作“象”，只能称作“法”。“观法于地”直接与身体及触觉相关，是通过向下观看、触摸去体察大地之法，从中体验依自然法则生存的实践之道，形成实践理性，亦即《系辞》所谓“俯以察于地理”“效法之谓坤”。

柏拉图《美涅克塞努篇》借一篇演说词说：“妇女的怀孕和生育只不过是对大地的模仿，而不是大地倒过来模仿妇女。”[①] 正是“观法于地”的本意。大地显示的法则与人最为切近，故《老子·二十五章》谓“人取法地”，《春秋繁露·竹林》谓“物之所由然，其于人切近”。“俯”字揭示了“体察”的内涵，将观看与触摸关联起来。它虽然依然属于“观”，但对应的是“法”，而非“象”。

“天”与“地”同为自然，但意义已经改变。老子讲“道法自然”，其所谓“自然”，实为第一规定的自然而然。后世演变，“天”“地”与“道”融合，统归为“天道”，则在第一或最高规定属性未变的前提下，加入了“存在者”的具体之道。

就自然而然的“天道”而言，由于它是第一或最高规定，是一切“存在者”之所从出，因而成为中国哲学的总根据、总根源，当然也是区隔“象”与“法”的根据所在。

中国传统政治伦理与治理理论的最终依托，就在这里。最高政治伦理的根据在“天”那里，治理法则在“地”那里。所以，政治哲学的背后是自然，以自然为本根。以“天”为据形成原则，以“地”为据形成法则。

黑格尔说：“东方人的根本直观是精神与自然的实质性的统一。”[②] 韦伯说，中国皇帝的地位“完全是基于他作为上天（其烈祖烈宗所居的天）的委任者（天子）所具有的卡里斯玛”[③]。均有见于此。

---

① 《柏拉图全集》第一卷，王晓朝译，人民出版社 2002 年版，第 262 页。

② ［德］黑格尔：《世界史哲学讲演录：1822—1823》，《黑格尔全集》第二十七卷，第Ⅰ分册，刘立群等译，商务印书馆 2014 年版，第 290 页。

③ ［德］韦伯：《中国的宗教》，《韦伯作品集》第五册，康乐、简惠美译，广西师范大学出版社 2004 年版，第 209 页。

道家之“道”，由此而出离道家范围，与儒家融合，泛化为一种社会信仰，以观念化的形式得到持存。

但是，政治哲学虽以自然为本根，中国哲人却几乎不谈纯粹自然哲学。自然的本根性只表现为政治伦理的天然合理性，无须单独研讨。荷兰的科学史家科恩提出：“中国的思想从一开始就有一个核心问题，即如何才能建立一种稳定的社会秩序。这种社会秩序只有与人性相一致才能稳定，而它反过来又反映了宇宙的和谐秩序。”[①] 这种观察是客观的。

侯外庐等先生早曾指出，“在《论语》全书四百九十二章、一万二千七百个字里，却没有一个命题是为自然现象本身而发，所有的自然事物与关于自然现象的认识，都是‘取辨之物’，即都是借以导出政治论或道德论上某些结论的手段或工具”。《论语》言“学”“言”“知”均限于“人事”，“而不以自然为认识的对象”。《论语》中四次讲到“博学”，指向是“学文”“学干禄”“学易”“学诗”“学礼”“学道”。因此，“孔子的知识不是纯粹知识的研究，宁可说是君子做人的手段。反之，《论语》中凡涉及自然界事物时，皆是比喻或象征，而非研究的对象”[②]。

这验证了李约瑟的看法，即儒家思想并不是科学性的，它反对对自然进行科学探讨，拒绝研究一切非人类现象。因此，“儒家思想中的理性因素本有可能对科学观的发展起促进作用，但事实上没能起到这样的作用”。“儒教与科学史几乎是毫不相关。”[③] 恰如韦伯所说：“儒教虽然发展了一套宇宙创成的理论，但本身却极无形而上学的兴趣。这个学派在科学上的成就很微小。”[④] 如此说来，孔子与儒家对于自然科学贡献无多，实有其必然性。

---

① ［荷］H. 弗洛里斯·科恩：《世界的重新创造：现代科学是如何产生的》，张卜天译，商务印书馆 2020 年版，第 32 页。

② 侯外庐、赵纪彬、杜国庠：《中国思想通史》第一卷，人民出版社 2011 年版，第 121、161 页。

③ ［英］李约瑟：《中华科学文明史》，江晓原主持，上海交通大学科学史系译，上海人民出版社 2014 年版，第 65、68 页。

④ ［德］韦伯：《中国的宗教》，《韦伯作品集》第五册，康乐、简惠美译，广西师范大学出版社 2004 年版，第 222 页。

从“观法于地”进一步扩展到“观鸟兽之文”，意味着向“存在者”的广泛延伸。它隶属于“观法于地”，但将视角从“法”伸展到“文”，即更具体的实践理性。

“鸟兽”能够存在，是因为与大地处于相宜状态。人类必须法此而行，是为“宜”的意义所在。《尚书·尧典》开篇反复提及鸟兽，将天象、星象、四时与鸟兽的不同变化联系起来，从而使人的生活与四时循环保持协调，从而揭示出“宜”的根本内涵。协调则“宜”，是谓“若时登庸”“食哉，惟时”。协调的第一要义，在于与天地协调，也就是必须“惟时”。

“鸟兽”一词既指“鸟”与“兽”，但显然更偏重于特指“鸟”。无论考古遗存，抑或传世文献，均显示“鸟”统领“兽”。李约瑟特别提醒人们留意道家的建筑一直被称作“观”，而“观”字由“见”和表示鸟的涵义组成，因此他认为“观”字“最初的含意很可能是观察鸟的飞行，并从观察所得的朕兆中作出预言”①。这个提醒富于启发性。显然，“观”字确实突出了“视觉”对于认识的始源性、奠基性、主导性，隐喻出能够像“鸟”那样敏锐观察的人类祈望。

接下去的“近取诸身”，则进入内观，也就是自觉地指向身体和自我意识。卡西尔说：“从人类意识最初萌发之时起，我们就发现一种对生活的内向观察伴随着并补充着那种外向观察。”② 说明内向观察与外向观察不仅相互补充，而且外向观察早于内向观察。此即“近取诸身”放在天地鸟兽之后叙述的原因。其中的“取”，鲜明揭示了主体的积极性与主动性。“取”具有丰富内涵，包含联系、选择、比附、合并、分类等指向。这样一来，“取”的理论内涵即内部结构、程序就不能不引起我们的高度警觉了。

由此出发，继续进入“远取诸物”的环节。“远”与“近”相对，主旨在于表明所“远取”的“诸物”已不是近处的大地、鸟兽以及自我

---

① ［英］李约瑟：《中华科学文明史》，江晓原主持，上海交通大学科学史系译，上海人民出版社2014年版，第75页。

② ［德］恩斯特·卡西尔：《符号形式的哲学》，赵海萍译，吉林出版集团股份有限公司2018年版，第3页。

持有的身体，而是将经验运用于更广泛的范围，以扩展的对象来认取和确证，将人格投向自然，也将自然人格化。换言之，它在认识方法上，由“归纳”转变成为“演绎”，开始以类型、概念、范畴的形式去“取”那些无法直接观察、触摸到的事物。经验的栅栏在扩大过程中被冲破，概念冒了出来。至此，便进入了“作八卦”的符号化、抽象化、范畴化、理论化阶段。

符号化、抽象化、范畴化、理论化阶段一旦到来，它便会去牢笼万物，亦即以概念（名）去把握事物、以形式去把握质料。这是一件非常神奇的事情，仿佛破解了造物主的造物密码，故可称之为“通神明之德”。一旦“通”了“神明之德”，“万物之情”也就可以归“类”了。由此开始，万事万物，居然全都化为了符号、概念、名称，人类从此无须再去一一经历万事万物。只要掌握符号、概念与名称的锁钥就足够了，因此可称之为“类万物之情”。

至此，也就自然而然地引出了马克思所说“抽象的规定在思维行程中导致具体的再现”，亦即从抽象上升到具体。马克思说，这是“思维用来掌握具体、把它当作一个精神上的具体再现出来的方式”①。

恩格斯更为具体地说：“一切真实的、寻根究底的认识都只在于：我们在思想中把个别的东西从个别性提高到特殊性，然后再从特殊性提高到普遍性；我们从有限中找出和确定无限，从暂时中找出和确定永久。然而普遍性的形式是自我完成的形式，因而是无限性的形式；它把许多有限的东西综合为一个无限的东西。”②

这不就是对《周易》认识论的经典概括吗？当然也可视为古老的《周易》认识论对马恩论断的印证。

这种发生与结构相统一的特点，是人类认识论的共性。所以，各家各派哲学都不能不予以承认。比如胡塞尔说：“我们进行总的概括，然后我们再把普遍认识运用到个别情况中，或者，运用分析思维从普遍认

① ［德］马克思：《〈政治经济学批判〉导言》，《马克思恩格斯选集》第二卷，人民出版社 1995 年版，第 19 页。

② ［德］恩格斯：《自然辩证法》，《马克思恩格斯文集》第九卷，人民出版社 2009 年版，第 498 页。

识之中演绎出新的普遍性。"[①] 海德格尔说："哲学起源于实际生活经验。然后它又跳回这个实际生活经验本身之中。"[②]

连类以观，《周易》哲学的卦象，正是所谓"总的概括"与"普遍认识"。它要去"类万物之情"，亦即"跳回实际生活经验本身之中"。所以，《周易》中说"乾为马，坤为牛，震为龙，巽为鸡，坎为豕，离为雉，艮为狗，兑为羊"，诸如此类。又说"作结绳而为网罟，以佃以渔，盖取诸《离》"，或"服牛乘马，引重致远，以利天下，盖取诸《随》"等。这些奇怪的言词，无非就是所谓"类万物之情"，表明它已"通""神明之德"，即掌握了事物的本质——且不论它实际做得怎么样。

反之亦然。通过八卦符号将范畴运用于任何个别对象，揭示并把握所有具体对象的属性及效用，即《系辞》所谓"易简而天下之理得"。《周易》被说得神乎其神，归根到底，在于它蕴含着人类认识的程序及结构。

维柯说："人类思想的次序是先观察事物的类似来表达自己，后来才用这些类似来进行证明，而证明又首先援引事例，只要有一个类似点就行，最后才用归纳，归纳要有更多的类似点。"[③]《系辞》从突显观看行为而建构的认识论线路，鲜明地指向这个特点，显影了人类认识结构的共通性与一致性。

这里要特别注意《易传》所揭示的向内自我观察，亦即在自然与身体的关联行为中完成主客之间完整交融，是由向外观察到向内省思的过渡。如果将其单独拎取出来，是具有独立分析的价值的。

"近取诸身"首先突出了"身体"在认知过程中作用。列斐伏尔说，"社会实践是以使用身体为先决条件的"，"这是一个被感知的领域（用心理学术语说，它就是对外部世界感知的实践基础）。至于身体的表象，它们是由积累的科学知识派生的，弥漫着意识形态气息"。[④]"近取诸身"

① ［德］胡塞尔：《现象学的观念》，倪梁康译，商务印书馆2016年版，第19页。

② ［德］海德格尔：《海德格尔文集·宗教生活现象学》，欧东明、张振华译，商务印书馆2018年版，第8页。

③ ［意］维柯：《新科学》，朱光潜译，人民文学出版社1986年版，第189页。

④ ［法］亨利·列斐伏尔：《空间的生产》，刘怀玉等译，商务印书馆2021年版，第61页。

一方面说明，“人类本性，就其和动物本性相似来说，具有这样一种特性：各种感官是他认识事物的唯一渠道”①。另一方面说明，这种思维具有原初性：“婴儿把每一件事物都与自己的身体关联起来，好像自己的身体就是宇宙的中心一样。”② “幼儿成长浓缩地重复人类进化的全过程。”③

对于“近取诸身”，恩格斯的一段论述同样具有很强的启发性。他说：“在远古时代，人们还完全不知道自己身体的构造，并且受梦中景象的影响，于是就产生一种观念：他们的思维和感觉不是他们身体的活动，而是一种独特的、寓于这个身体之中而在人死亡时就离开身体的灵魂的活动。从这个时候起，人们不得不思考这种灵魂对外部世界的关系。”恩格斯认为灵魂不死的观念、神的观念都由此而生发出来。④ 所以，“身”同样是思想史上的一个重要范畴，在中国哲学中具有鲜明体现。

总之，从直观开始，内观与外观结合，构成人类认知活动的启动、知识的来源、判断的前提及行为的先导。这是《系辞》给我们的启示。

正因如此，胡塞尔、舍勒、海德格尔才一致认为：“只有回到直观的最初来源并从直观中推导出对本质的洞察，我们才能在我们的概念和问题中充分利用伟大的哲学传统。我们深信，只有以这种方法，才能直观地澄清概念，并在直观的基础上重新提出问题，从而在原则上解决问题。”⑤

所谓“回到直观的最初来源”，即《淮南子·俶真训》所谓“圣人之学也，欲以返性于初，而游心于虚也”。只有“最初”，才未受后世思想遮蔽，才属于可以“游心”之“虚”。

《周易》就是我们可以“游心于虚”的一个最初平台。借助于它，用海德格尔的话说，我们可以把先秦之后硬化的传统松动一下，把由于

---

① ［意］维柯：《新科学》，朱光潜译，人民文学出版社 1986 年版，第 161 页。

② ［瑞士］皮亚杰：《发生认识论原理》，王宪钿等译，商务印书馆 1981 年版，第 23 页。

③ 赵毅衡：《广义叙述学》，四川大学出版社 2013 年版，第 2 页。

④ ［德］恩格斯：《路德维希·费尔巴哈和德国古典哲学的终结》，《马克思恩格斯选集》第四卷，人民出版社 2012 年版，第 229—230 页。

⑤ ［德］伽达默尔：《哲学解释学》，夏镇平、宋建平译，上海译文出版社 2004 年版，第 133 页。

传统而堆积起来的遮蔽打破，以存在问题为线索，展示古代存在论的“出生证”，将累积造成的观念“解构成一些源始经验”。[①]

海德格尔这类话，核心要义在凸显“源始阐释”。海德格尔哲学的一个基本特点，就是从古希腊开始直接谈论“存在”，不大顾及古希腊之后的命题。这就让我们联想到《老子·十四章》所谓“执古之道，以御今之有；能知古始，是谓道纪”。借《淮南子·俶真训》的概念讲，就是从“俗世之学”返归“达人之学”，再返归“圣人之学”，所谓“反者，道之动”。后世古史辨派代表顾颉刚先生提出“层类造成”的古史说，海德格尔同样认为，应剥去后世加诸于历史的各种隔障，剥笋见心，直面事情原初的本真状态，也就是依照“道纪”的原则去想问题。

需要指出的是，“观”天地鸟兽及“地之宜”等，是许多元素叠加在一起的复合过程。前面我们已经点出，在这个过程中，特别通过一个“取”字，表明“观看”的过程，必然包含了选取、合并、综合、分类、命名、确证等精神要素。凡此种种，都需要我们如同现象学所揭示的那样，一一去进行分解。如此作为，中国思想史研究才能有所翻新。

马克思说：“具体之所以具体，因为它是许多规定的综合，因而是多样性的统一。因此它在思维中表现为综合的过程，表现为结果，而不是表现为起点，虽然它是现实的起点，因而也是直观和表象的起点。在第一条道路上，完整的表象蒸发为抽象的规定；在第二条道路上，抽象的规定在思维行程中导致具体的再现。”[②]

《系辞》明显含有这两条思维道路。第一条体现为在“近取”“远取”中形成“类”；第二条体现为以“类”去“类万物之情”。在两条道路中，到底包含了多少“规定”，其中哪些属于“抽象的规定”，哪些属于“具体的再现”，一是需要进行细分；二是需要借鉴现象学的做法

---

① ［德］海德格尔：《存在与时间》中文修订第二版，陈嘉映、王庆节译，商务印书馆2016年版，第33页。按这个译本对此前的汉译本作了几乎全盘的修改与修订。

② ［德］马克思：《〈政治经济学批判〉导言》，《马克思恩格斯选集》第二卷，人民出版社2012年版，第701页。

去细分。

以“合并”为例,《周易》中的“合并”意涵极其鲜明。“合并”何为?乔姆斯基说:“我们一旦拥有合并,就能获得无限多样的具有层级结构的表达式,还有思想。”① 《系辞》中的“合并”意涵,含于“取”中。它“具有层级结构的表达式”,即体现为“类”的展开。乾、坤等八卦,无不是“类”。从“类”出发,《周易》建构了“具有层级结构的表达式”。

“类”的最粗浅形式以相似性为基础,深入的形式则表现为对众多对象的内在规定性与统一性的抽取,从而成为“分类”“类别”。所以,“类”思想很可能来自弗雷泽所谓以相似律为原则的“顺势巫术”。②“巫蛊”则是其直接性存留。

乾为天,坤为地,是出于内在规定性的分类。乾为马,坤为牛,则是基于相似性。卡西尔说,最初的分类没有任何严格的理论目的,它们具有一种目的论的功能,“慢慢地发展成为一种更为客观的、‘表现的’功能”③。《周易》的分类即具有目的论属性。八卦所指向的事物,既具有本质区别(如阴阳),又全无本质区别(马牛)。它既包含分类思想进步的成果,也保留了原始分类还不客观科学的目的论遗存。

涂尔干提出:“中国分类在本质上是占卜的工具。而希腊的占卜方法酷似中国,这种相似预示着他们是用性质相同的程序来划分基本观念的。”④ 这就不仅直接点出了“分类”与《易经》作为卜筮之书的本质关联,而且点出了其所蕴含的人类共同性。有学者提出,“五行”就是“类”思维与观念最重要的表现形式,而《尔雅》“是对早期中国人分类思维与方法保存的最为丰富和完善的著作”⑤。这种看法是正确的,可与

① [美] 乔姆斯基:《语言的科学:詹姆斯·麦克吉尔弗雷访谈录》,曹道根、胡朋志译,商务印书馆 2015 年版,第 8 页。

② [英] 詹姆斯·乔治·弗雷泽:《金枝》上册,赵昍译,陕西师范大学出版总社有限公司 2010 年版,第 18 页。

③ [德] 恩斯特·卡西尔:《人论》,甘阳译,上海译文出版社 1985 年版,第 265 页。

④ [法] 涂尔干、[法] 莫斯:《原始分类》,汲喆译,商务印书馆 2012 年版,第 88 页。

⑤ 吾淳:《中国哲学的起源:前诸子时期观念、概念、思想的发生发展与成型的历史》,上海人民出版社 2015 年修订本,第 140、144、155 页。

《周易》相互参证。在分类体系中，占据中心点与最高点的，发挥统领作用的，是天地，亦即乾坤、阴阳、父母……由此出发，具有层级结构的古典知识论表达式，便被建构起来了。

五　圆形思维与认知体系的编织

必须看到，从“观看”到“分类”，还映现了往而复返、不断演进的认知线路与过程，蕴含着追求圆满的“圆形”思维形式。

“圆”是从“循环”到“螺旋”的基础。《周易》所谓“原始反终”“往来不穷”，《老子》所谓“反者，道之动”。《孟子·离娄》下：“博学而详说之，将以反说约也。”均反映圆形思维。我国古人对圆形思维的演绎发挥，以阴阳家为代表。列宁说：“从生动的直观到抽象的思维，并从抽象的思维到实践，这就是认识真理、认识客观实在的辩证途径。”[①] 毛泽东说：“实践、认识、再实践、再认识，这种形式，循环往复以至无穷，而实践和认识之每一循环的内容，都比较地进到了高一级的程度。”[②] 追其思想源头，均为圆形思维。

在西方，柏拉图、波利比乌斯、马基雅弗利、康帕内拉均具有“严格的圆运动观念”。不过，莫米利亚诺认为，希腊的史学家却没有历史循环观念。他说：“希腊史学家没有表示过事件必然会每隔一段时间重复出现，人们常提到希腊史学家具有时间循环往复的概念，这种说法其实只是现代人的发明。只有一个希腊史学家，也就是波利比阿把循环往复的概念用到历史事件上，但也仅仅是在提到宪法的进程时才这么说，而把普通的军事政治事件置于循环之外。”[③]

柯林武德则专门评论了维柯关于历史周期性运动的见解。他提出，维柯并不认为历史的周期性运动“是历史通过若干固定阶段周而复始的

---

① ［苏］列宁：《哲学笔记》，《列宁专题文集·论辩证唯物主义和历史唯物主义》，人民出版社 2009 年版，第 68 页。

② 毛泽东：《实践论》，《毛泽东选集》第一卷，人民出版社 1991 年版，第 296—297 页。

③ ［意］莫米利亚诺：《现代史学的古典基础》，冯洁音译，华东师范大学出版社 2009 年版，第 21 页。

一种单纯的循环，它不是一个圆而是一个螺旋，因为历史决不重演它自身，而是以一种有别于已成为过去事情的形式而出现于每个新阶段”。柯林武德特别指出，这正是维柯虽然采用历史周期率概念却不同于柏拉图等人的“圆运动”观念的区别所在。[①]

黑格尔则用圆圈概念形容哲学体系整体与各组成部分的关系，认为每个部分都是一个圆圈，而哲学体系则“有如许多圆圈所构成的大圆圈”，从而形成小圆圈与大圆圈相互呈现与表现的关系。[②] 钱锺书说，黑格尔的意思相当于《淮南子·精神训》所谓“终始若环，莫得其伦，此精神之所以能假于道也”[③]。

前文已经谈过“阐释循环”问题。这个问题就思维形式而言，即属于圆形思维。圆形思维的应用很广，阐释循环只是其一端。就其他方面的应用而言，这种起源甚早的思维形式，早已渗透到从艺术到哲学的人文学全领域。对此，钱锺书是这样说的：

> 毕达哥拉斯谓立体中最美者为球，平面中最美者为圈。窃尝谓形之浑简完备者，无过于圆。吾国先哲言道体道妙，亦以圆为象。《易》曰：“蓍之德，圆而神。”皇侃《论语义疏·叙》说《论语》名曰：“伦者，轮也。言此书义旨周备，圆转无穷，如车之轮也”；又曰：“蔡公为此书，为圆通之喻曰：物有大而不普，小而兼通者；譬如巨镜百寻，所照必偏，明珠一寸，鉴包六合。《论语》小而圆通，有如明珠。”唐张志和《空洞歌》曰：“无自而然，自然之原。无造而化，造化之端。廓然慗然，其形团圞。”南阳忠国师作圆相以示道妙，沩仰宗风至有九十七种圆相。陈希夷、周元公《太极图》以圆象道体；朱子《太极图说解》曰：“〇者，无极而太极也。”明刘念台《喻道诗》曰：“只圈圆相形容似，才点些儿面目肥。”帕斯卡《思辨录》论宙合真宰，亦谓：“譬若圆然，其中心无所不在，

---

① ［英］R. G. 柯林武德：《历史的观念》，何兆武、张文杰译，中国社会科学出版社 1986 年版，第 77 页。

② ［德］黑格尔：《小逻辑》，贺麟译，商务印书馆 1980 年版，第 56 页。

③ 钱锺书：《谈艺录》（补订本），中华书局 1984 年版，第 112 页。

> 其外缘不知所至。”阿卫（Ernest Havet）作注，考是说所由来，上溯至恩培多克勒。……译佛典者亦定“圆通”“圆觉”之名，圆之时义大矣哉。推之谈艺，正尔同符。①

从“圆形思维”进一步追问认知体系的编织过程，笔者认为，《系辞》同样具有此方面的蕴含。对此，可以借助卡西尔的相关论述来加以分析。

卡西尔将人类编织认知体系的最终原因，归结于“心智”，也就是“性”。由于“性”之使然，所以“心智在其从特殊印象中形成一般概念时所付出的全部智力劳动都旨在一个目的”，即“打破个别观察材料的孤立封闭状态，用力把它从其实际发生的‘此时此地’中拔拽出来，使它与其他事物联系起来，并将它和其他事物一道归集到一个涵盖一切的秩序之中、归集到一个‘体系’的同一性之中去”。

“心智”是否构成上述行为的终极原因，我们存而不论。我们只关心卡西尔所描述的那个过程及特点。因为，这个过程及特点，正是《周易》的基本特征。

作为卜筮之辞，《易经》的话语原本处于“此时此地”的占卜情境当中，其内容必然关涉“此时此地”实际发生过的具体事情。这些“此时此地”发生的实际事情，是所谓“特殊印象”的基础和质料，是八卦乃至六十四卦这个“涵盖一切秩序”或“体系”，并从中获得“同一性”的出发点。可以这样说，卡西尔所说的那个过程，正是从《易经》到《易传》的形成过程，其基本特点就是“打破个别观察材料的孤立封闭状态”，向着理论化、抽象化的方向迈进。

卡西尔接着说：“从理论知识的角度看，概念的逻辑形式不过是为判断的逻辑形式作准备而已；而整个判断都旨在克服由顽固地粘着在每一特殊意识内容上的独特性所产生的幻觉。显然是独一无二的事实，只是在它被‘归’在某一个一般概念之下，被看作是某种规律的一个‘事例’抑或是某个多重体或系列中的一员时，只是在这时，它才能被

① 钱锺书：《谈艺录》（补订本），中华书局1984年版，第111—112页。

认识、被理解，才能在概念上被把握。在这个意义上，凡是真正的判断都是综合的（synthetic）：因为判断的意向、判断所乞求的正是这样一种合部分为整体的综合过程，这样一种编特殊体为体系的编织过程。”

显然，《周易》所蕴含的“概念的逻辑形式”，以及它向“判断的逻辑形式”的过渡，与此可谓若合符契。在过渡过程中，原本独一无二的具体占卜行为，被归入一般概念之下，成为编织理论体系的具体材料，从而在概念上被把握。《易经》八卦所谓“演”“重”“益”，无非就是这个“编织过程”，也就是《周易》体系的形成过程。在这个编织并扩展的过程中，“独特性”不断被消除，“规律”与“一般概念”不断被突显，最后形成整体体系。

卡西尔进一步申论说：“这种综合不可能一下子直接完成；它只能一步一步经过连续性活动才能达到：首先把分别的观念或感觉彼此联系起来，而后将得到的诸整体集入更大规模的复杂体中，直至最终，所有这些分别的复杂体共同构成一幅关于事物整体的连贯画面。追求这一整体的意志乃是我们理论和经验的概念过程中的生命原则。因而，这一原则必然是‘推演性’（discursive）的；也就是说，它从每个特殊的事例开始，但它并不延宕滞留于此，并不满足于单纯地观照特殊体，相反，它只是让心智从这一个特殊事例出发，沿着经验概念所规定的方向，迅速地遍历存在的整个范围。通过这一遍历某个经验范围的过程，亦即通过这一推演式运思的过程，特殊体由此获得了其固定的理智‘意义’和确定的特质。随着特殊体被带入其中的范围不断地扩大，特殊体相应地呈现出不同的外观；特殊体在存在之整体中所占据的位置，毋宁说，思维的发展历程派定给特殊体的位置，规定着特殊体的内容和理论意蕴。”①

不消说，《周易》就是在一步步的连续性活动中达到其最后综合的。所谓“世历三古，人更三圣”，说的就是这个意思。其具体步骤，依照卡西尔的提示，可分为四步。

---

① ［德］恩斯特·卡西尔：《语言与神话》，于晓等译，生活·读书·新知三联书店 1988 年版，第 52—53 页，参看第 59 页。

一是汇集各种特殊事例，形成单独的特殊体；二是从特殊事例和特殊体中归纳出不同的类别；三是进一步将这些类别归入更大的整体；四是由这些更大的整体构成“连贯画面”。这个过程是推演性的。在推演过程中，阴阳生成二爻，二爻生成八卦，八卦生成六十四卦，从而遍历存在的整个范围，反过来又使得阴阳所代表的具体事物呈现出不同的外观、占据不同的位置、指示不同的理论意蕴。

总之，将《周易》对号入座，可见《周易》的推演式运思实则反映了上古人类认知行为的通则，由此而奠定了人类理论思维的基本方式。虽经现象学等哲学运动严厉打击，但它依然占据着大部分人类的大脑。

第六章

从语言起源到文本出现

至此，要说到语言了。这是讨论阐释生成乃至一切阐释行为必不可少的前提和基础。可以这样说，语言问题是阐释学的第一问题。

语言的本质是什么？它与思维、理解、阐释乃至民族性的关系是什么？这个问题，某种意义上已经成为20世纪西方哲学的核心。海德格尔说，“人的要素在其本质上乃是语言性的”。就是说，“人之本质，通过语言而被带入其本己，从而它始终被转让给语言之本质”。[①] 海德格尔提出，语言是存在的家。这是他对语言本质的一种启示或暗示，并没有回答语言究竟是什么，但他坚信，语言的本质不可能是任何语言性的东西。语言规定着阐释学关联（hermeneutischen Bezug），而“对东亚民族和欧洲民族来说，语言本质始终是全然不同的东西”[②]。

伽达默尔说：“我们只能在语言中进行思维，我们的思维只能寓于语言之中正是语言给思想提出的深奥之谜。”[③] 关于语言、理解、阐释之间的关系，他说：“一切理解都是语言问题，一切理解都在语言性的媒介中获得成功或失败。”[④] 又说，一切理解都是阐释，而一切阐释“都是通

① ［德］海德格尔：《海德格尔文集·在通向语言的途中》，孙周兴译，商务印书馆2015年版，第24页。

② ［德］海德格尔：《海德格尔文集·在通向语言的途中》，孙周兴译，商务印书馆2015年版，第110、117页。

③ ［德］伽达默尔：《人和语言》，洪汉鼎主编：《伽达默尔著作集》第二卷，商务印书馆2021年版，第190页。

④ ［德］伽达默尔：《语言和理解》，洪汉鼎主编：《伽达默尔著作集》第二卷，商务印书馆2021年版，第234页。

过语言的媒介而进行的”；语言媒介既要把对象表述出来，同时又是阐释者自己的语言。[①] 诸如此类的断语与结论，自然会让人想到所谓“语言学的转向”。

一　语言的起源

人类语言的起源或最初发生时间、情形，世无定论。对这个问题，18 世纪的一些西方思想家曾予以探索，但未取得令人信服的结论。[②] 不过，对阐释学或历史阐释学来说，却需要在学术史意义上了解这个问题。之所以要了解这个问题，不是为了接受其中的结论，而是为了接受启发，利于思考阐释学的相关问题。

语言起源问题曾被视为“一向是唯物主义和唯心主义在语言学中的一个斗争的场所”[③]。由此可见，这个问题确实重要。恩格斯说：“语言是从劳动中并和劳动一起产生出来的，这个解释是唯一正确的。”[④] 这是马克思主义语言学的标准正解。那么，语言到底怎样“从劳动中并和劳动一起产生出来”呢？高名凯、石安石主编的《语言学概论》等马克思主义语言学著作曾努力作出论证，取得很大成绩。对此，应给予肯定。

在马克思、恩格斯看来，语言也是物质的一种表现，“语言和意识具有同样长久的历史；语言是一种实践的、既为别人存在因而也为我自身而存在的、现实的意识。语言也和意识一样，只是由于需要，由于和他人交往的迫切需要才产生的”[⑤]。在蒙昧时代的低级阶段，已经产生“音

① ［德］伽达默尔：《真理与方法：哲学诠释学的基本特征》，洪汉鼎译，上海译文出版社 2004 年版，第 502—503 页。

② 详见［丹］奥托·叶斯柏森《语言论：语言的本质、发展与起源》，柴橚译，中国社会科学出版社 2021 年版，第 9—12 页。

③ 高名凯、石安石：《语言学概论》，中华书局 1987 年版，第 10 页。

④ ［德］恩格斯：《自然辩证法》，《马克思恩格斯文集》第九卷，人民出版社 2009 年版，第 553 页。

⑤ ［德］马克思、恩格斯：《德意志意识形态》，《马克思恩格斯文集》第一卷，人民出版社 2009 年版，第 533 页。

节清晰的语言”[①]。中国的马克思主义语言学家认为，劳动的观点“是对人类一般语言活动在什么条件下产生的唯一正确的理解”。“语言起源于以声音为刺激物的、具有某种交际作用的第一信号系统的一部分，语言是人们在劳动条件的推动下从以声音为刺激物的、具有某种交际作用的第一信号系统的一部分发展而来的。”[②]

换言之，关于语言起源，需要回答语言产生的条件，还要回答“语言是从什么东西发展来的”。中国马克思主义语言学家的这种看法，既立足于马克思主义的理论指导，也立足于与科学性的统一，因此其科学价值不容小觑。在国际上，类似的探讨与见解并不罕见。保罗·利科就曾说：“只要喊叫声本身不劳动，而使人劳动，它就成了言语。”[③]

不过，迄今为止，人类语言到底是怎么来的，非但没有定论，而且成了深受怀疑的问题。约瑟夫·房德里耶斯（J. Vendryes）说，语言学家们借助于已经发现的最古文献来探溯具体语言的起源，但不论追溯得多么遥远，所碰到的都“始终只是一些已经高度发达的语言，这些语言的背后还有我们毫无所知的漫长的过去。认为通过现存语言的比较可以重建出一种原始语言，这是幻想”[④]。萨丕尔（Edward Sapir）也说：“人们为了了解语言的起源做出了许多努力，但大多不过是凭空猜想。语言学家总体上失去了对这个问题的兴趣。”[⑤]

因此，就如卡西尔所说：“语言起源问题，即使对于那些最深刻地探索这一问题，最艰苦地与之搏斗的思想界来说，也总是趋于成为一株名副其实的‘猴谜树’。在这个问题上花费的全副精力似乎只会引着

---

① ［德］恩格斯：《家庭、私有制和国家的起源》，《马克思恩格斯文集》第四卷，人民出版社2009年版，第33页。

② 高名凯：《语言论》，商务印书馆2011年版，第380、391页。

③ ［法］保罗·利科：《历史与真理》，姜志辉译，上海译文出版社2004年版，第201页。

④ ［法］约瑟夫·房德里耶斯：《语言》，岑麒祥、叶蜚声译，商务印书馆2012年版，第8页。对于此人的观点，高名凯作过批评。高名凯：《语言论》，商务印书馆2011年版，第364—365页。

⑤ ［美］爱德华·萨丕尔：《萨丕尔论语言、文化与人格》，高一虹等译，商务印书馆2011年版，第8页。

我们绕圈子，最后又把我们甩在我们由此出发的那个点上。”[①] 索绪尔干脆认为，语言起源“甚至不是一个值得提起的问题”，因为“语言学的唯一的真正的对象是一种已经构成的语言的正常的、有规律的生命”[②]。

由于各种努力均徒劳无益，故国际语言学界基本不讨论语言起源问题。“巴黎语言学学会曾经表示，因为缺乏与语言起源相关的生物学理论，因此拒绝所有关于此议题的讨论。”[③]

语言学家之所以不再讨论这个问题，除上面点出的原因外，萨丕尔认为主要是基于两种考虑：“首先，人们开始意识到，在心理意义上并不存在真正的原始语言，现代考古学已经将人类文化的历史向过去无限延伸，因此超越实际语言研究所开拓的视域并无意义。第二，我们的心理学知识，特别是关于符号过程的一般知识，还不够坚实、深远，不足以为语言的起源问题提供物质帮助。也许语言的起源问题不是一个仅靠语言学可以解决的问题，而是宽泛得多的符号行为起源问题的具体案例。”[④]

但是，上述认识毕竟是在长期探索过程中形成的。就探索过程而言，语言学家毕竟提出过许多关于语言起源的假说。这些假说不仅具有学术史意义，对于认识语言与思维、思想的关系同样颇具启示。因此，对于相关探索，理应给予积极评价，不可轻率否定。

在相关学者中，叶斯柏森（Otto Jesperson）被卡西尔说成“或许是对语言起源这个古老的问题仍保持强烈兴趣的最后一位现代语言学家”[⑤]。叶斯柏森说：“追问语言进化的源头（与走向）是语言学永无回

① ［德］恩斯特·卡西尔：《语言与神话》，于晓等译，生活·读书·新知三联书店 1988 年版，第 58 页。

② ［瑞士］费尔迪南·德·索绪尔：《普通语言学教程》，高名凯译，商务印书馆 1980 年版，第 113 页。

③ ［法］克劳德·列维 – 施特劳斯：《我们都是食人族》，廖惠瑛译，上海人民出版社 2016 年版，第 209 页。

④ ［美］爱德华·萨丕尔：《萨丕尔论语言、文化与人格》，高一虹等译，商务印书馆 2011 年版，第 8 页。

⑤ ［德］恩斯特·卡西尔：《符号形式的哲学》，赵海萍译，吉林出版集团股份有限公司 2018 年版，第 130 页。

避的问题。”[①] 卡西尔则说：“语言的起源问题，在任何时候都对人类心灵有着不可思议的诱惑力。人类在其蒙昧初开之际就已对此感到惊奇。许多神话都告诉我们，人是如何从上帝本身那里或靠着一个神圣的导师的帮助而学会说话的。”[②] 所以，结论可以没有，但事情并未白干，我们对相关见解也就应予了解。

一般认为，人类口头语言至少已经存在几十万年。“语言的某些特征早在远古时期就已存在，而且发展程度更高。”[③] 针对语言起源，除上述劳动说外，尚有游戏或歌唱等讲法，有人将这些讲法归结为拟声论（汪汪论）与感叹论（呸呸论）两种观点。[④] 前者也叫“摹声说”（bow-wow theory，或译为咆哮说），后者也叫感叹说或啵啵说，又译为“噗噗理论”（pooh-pooh theory）。[⑤]

萨丕尔说：“早期流行的语言起源理论是感叹词理论和象声词理论。前者认为，言语是由表达情感的不自觉的喊叫发展而来的；后者认为，对自然声音的摹仿通过习俗化，变成了实际语言中的词语。”萨丕尔认为这两种理论都具有致命弱点，例如感叹词和象声词的重要性相对较低，而且其形式总在不断更新。尤为重要的是，“研究语言起源的问题，本质上并不是要发现构成语言之历史核心的声音成分种类，而是要找出任何发声是如何从其原始的表达价值中分离出来的。目前的发现仅是，作为完整系统的言语是人类独特的成就，其起源也许可以追溯到高级猿类解决具体问题的能力，即从特定情境的细节中概括出一般的形式或模式”。他提出：“与其说语言是从声音表达中直接发展而来的，不如说它

① ［丹］奥托·叶斯柏森：《语言论：语言的本质、发展与起源》，柴橚译，中国社会科学出版社2021年版，第417页。

② ［德］恩斯特·卡西尔：《符号形式的哲学》，赵海萍译，吉林出版集团股份有限公司2018年版，第132页。

③ ［丹］奥托·叶斯柏森：《语言论：语言的本质、发展与起源》，柴橚译，中国社会科学出版社2021年版，第422页。

④ ［德］恩斯特·卡西尔：《语言与神话》，于晓等译，生活·读书·新知三联书店1988年版，第157页。详细的讨论见高名凯《语言论》，商务印书馆2011年版，第三部分“语言的起源和发展”之第一章“语言的起源”，第363—400页。

⑤ ［丹］奥托·叶斯柏森：《语言论：语言的本质、发展与起源》，柴橚译，中国社会科学出版社2021年版，第418—419页；参见高名凯《语言论》，商务印书馆2011年版，第372页。

以声音表达的方式实现了掌控现实的倾向。这种实现并非对该成分做直接的、任意的处理，而是将经验还原为熟悉的形式。”①

除上述观点外，叶斯柏森还提到另两种观点。一种是声象说或“叮当理论”（the ding-dong theory），即先天论（nativistic）；另一种叫喘息说、共同呼应说或“哟—嘿—嗬说”（yo-he-ho）。② 当然，这两种理论同样未得公认。这些理论，均与阐释学相关。

需要拈出的是，海德格尔从存在论出发，也曾谈到语言起源问题。作为哲学家，他的见解无疑更具有阐释学意义。他说：

> 在对语言之本质的追问上，总不断地浮现出语言之起源的问题。人们总是从一些古怪的途径来寻觅答案，而对语言起源问题的首要的、有决定意义的答案即在于这个起源始终是一个神秘。并非因为自古迄今人类不够精明，而是因为所有的精明和机敏在还没亮出本事以前就已经落空了。这个神秘隶属于语言之起源的本质。但关键在于，语言只能在人向着存在的出奔中，从威临一切者与莽劲森然者那里开端。在这一出奔中，语言曾经作为存在的词语生成就是：作诗。语言就是那原始的诗，在其中，一个民族吟唱存在。反过来说，一个民族赖以跨入历史的伟大诗作，就开启了这个民族志语言的锻造塑形过程。希腊人凭借荷马创造并亲历了这等诗作。语言，作为向着存在的出奔，作为存在者的敞开着的锻造塑形，曾经对希腊人的亲在，敞亮打开。③

这段话显然与语言学家的视角不同。它与其说是在探讨语言起源，毋宁说是在揭示语言的本质。在思考语言的起源中引出语言本质，在思

① ［美］爱德华·萨丕尔：《萨丕尔论语言、文化与人格》，高一虹等译，商务印书馆 2011 年版，第 9 页。

② ［丹］奥托·叶斯柏森：《语言论：语言的本质、发展与起源》，柴橚译，中国社会科学出版社 2021 年版，第 420—421 页；高名凯：《语言论》，商务印书馆 2011 年版，第 373 页。

③ ［德］海德格尔：《海德格尔文集·形而上学导论》，王庆节译，商务印书馆 2017 年版，第 206 页。

考语言的本质中凸显“诗”的始源性，从而强化对人类母语属性的思考。

关于诗作为人类母语的始源意义，随着本书的展开，将不断得到彰显。在这里，“荷马”可以换成“《诗经》”，因为中国人凭借《诗经》创造并亲历了自己民族的吟唱。所谓“不学《诗》无以言”，正是所谓“锻造塑形”。中国所谓“诗教”，所谓“赋诗断章”，在希腊即体现为对荷马史诗的吟唱、学习与引用。“在现实生活中，从荷马史诗中摘章引句，用以解答人们有关道德与行为的问题，对于希腊人来说就是一种再自然不过的方式。他们甚至在城邦纠纷中，也会引用荷马的某一诗句来作为对某项领土要求予以有力支持的证据。”① 诚所谓“不学《诗》无以言”。

至于语言的实际起源，海德格尔同样认为无法研究，因为“语言乃是一种源始现象，其本真的东西不能由事实来证明，而只能在一种没有先入之见的语言经验中得到洞察”②。

二　从说话到命题陈述

语言经验告诉我们，语言首先是一种声音。哑语是声音的衍生与变异形式。声音在人的认知中天然地具有意义。所以，有意义的声音必然与人类感知能力的生成、认知能力的成长相关。

海德格尔说：“人们根据有声表达意义上的说话活动来表象语言。”③有意义的声音不断增多和繁复，语言即不断丰富。“语言是人统一他的感知世界的最初尝试。”④

有了语言，思想就具有了物质外壳，概念化、范畴化思考的时代，

① 吴晓群：《西方史学史·第二卷·古代时期》，张广智主编，复旦大学出版社 2011 年版，第 23 页。

② ［德］海德格尔：《海德格尔文集·路标》，孙周兴译，商务印书馆 2014 年版，第 79 页。

③ ［德］海德格尔：《海德格尔文集·在通向语言的途中》，孙周兴译，商务印书馆 2015 年版，第 199 页。

④ ［德］恩斯特·卡西尔：《人论》，甘阳译，上海译文出版社 1985 年版，第 265 页。

也就萌生了。“从一有语言开始，语言在其自身内部就负载着另一种力量：逻辑力量。”“语言首先把我们带进了概念世界。”[①]

但是，语言同样给人带来烦恼。这是因为语言的本质隐藏在说话当中，而说话的特性就是在既澄明又遮蔽的二者之间开放、端呈，亦即所谓吞吞吐吐。海德格尔说：“澄明着和掩蔽着之际把世界端呈出来，这乃是道说的本质存在。”“道说意味：显示、让显现、既澄明着又遮蔽着把世界呈示出来。”[②] 另一方面，无论说话，还是听话，如涂尔干所说：“尽管我们都在使用同样的语词，但对这些语词含义的理解却大相径庭。”[③] 这便是阐释学必然存在的根本原因。

《庄子·应帝王》中说，有个中央之帝，名叫浑沌。浑沌没有七窍，生活得很快乐。他的两位朋友，出于好意为浑沌开了七窍，以便视听食息，结果，浑沌死了。语言便是人类的七窍。它能让人视听食息，也能要人命。

语言是概念的母亲，概念是语言的结果。当概念从语言中生成出来，人类的思维便进入崭新阶段。涂尔干说：“本质而言，概念是一种非个人的表现，人类的智识只能通过概念才能进行沟通。”他还说：“我们通常所使用的概念就是我们的词汇。”他指出，“每一种文明都有其独特的概念组织体系”，“借助概念进行思考，不仅能够看到实在中最一般的方面，同时还可以把一束光投射在我们的感觉上，照亮、穿透、改变这些感觉”。“只有当人们在感官经验所形成的即兴的概念之上，成功地形成了作为所有智识之共同基础的、整个稳定的观念世界时，逻辑思维才成为可能。”[④]

尼采则说，正是通过概念与数字世界，“人类赢获了一个手段，得以

---

① ［德］恩斯特·卡西尔：《语言与神话》，于晓等译，生活·读书·新知三联书店 1988 年版，第 113、164 页。

② ［德］海德格尔：《海德格尔文集·在通向语言的途中》，孙周兴译，商务印书馆 2015 年版，第 193、210—211 页。

③ ［法］涂尔干：《宗教生活的基本形式》，渠敬东、汲喆译，《涂尔干文集》第四卷，商务印书馆 2020 年版，第 592 页。

④ ［法］涂尔干：《宗教生活的基本形式》，渠敬东、汲喆译，《涂尔干文集》第四卷，商务印书馆 2020 年版，第 590、592 页。

用符号占有巨量的事实，并且把它们录入自己的记忆中。这套符号系统是人类的优势，恰恰是因为人类能最大可能地远离个别事实。把经验还原为符号，而且越来越大量的事物能够这样被把握：这就是人类的至高力量。精神性就是一种能力，即用符号驾驭巨量事实的能力"①。

概念继续发展，发展到最高阶段，则形成范畴。康德说，范畴"是关于一个一般对象的概念，通过这些概念，对象的直观就在判断的逻辑机能的某个方面被看做确定了的"。他又说："范畴是一些给现象、因而给作为一切现象的总和的自然界颁布先天法则的概念。""不通过范畴，我们就不能思维任何对象。"② 涂尔干说，"范畴是最高的概念"，"范畴的功能就是去支配和包容其他所有概念；它们是精神生活的永恒模式"③。

那么，范畴是好东西吗？作为概念发展的最高阶段，抵达范畴的过程是好事吗？《庄子·应帝王》所讲"浑沌凿七窍"的故事，已经暗示它的两面性。

照海德格尔看来，范畴形成的过程，也就是远离存在的根柢与地基的过程，是遮蔽存在的过程，也就是真理从无蔽状态向正确性状态的转变过程。范畴去掉了人性。上古时期在事物命名中所达致的概念化，原本出自人性。而现在，变成了逻辑范畴。人性将名字或名称视为神圣之事，导致产生神圣化概念，而现在，它成了命题陈述。

因此，"自从理念与范畴僭居了王位，哲学就绞尽了脑汁，千方百计地试图去说明命题陈述（思想）与存在的关系，但却徒劳无功，这其中的原因就在于，对存在的发问再也回不到它赖以生发出来的根柢和地基处，而从那开始，这发问才会展现出来"④。看来，浑沌的意义就在于，它意味着"根柢和地基"。

---

① ［德］尼采：《权力意志》，孙周兴译，上海人民出版社 2016 年版，第 19 页。

② 《康德三大批判合集》上册，邓晓芒译，杨祖陶校，人民出版社 2009 年版，第 77、95—96、97 页。

③ ［法］涂尔干：《宗教生活的基本形式》，渠敬东、汲喆译，《涂尔干文集》第四卷，商务印书馆 2020 年版，第 597 页。

④ ［德］海德格尔：《海德格尔文集·形而上学导论》，王庆节译，商务印书馆 2017 年版，第 228—229 页。

三 关于“鸣而施命谓之名”

人类不能没有概念与范畴，不然就无法标识、命名万物。但是，它会发生误差乃至异化。“概念”与“范畴”是否可对应汉字的“名”，意见不一。但二者具有交叉性，应无歧义。而“名”的意指，颇为复杂。它既具有“语词”与“文字”的意思，又具有“概念”与“名称”的意思。我们将随语境变化，抽取其与西方词汇一致或相通的涵义。

据伽达默尔说，希腊文中指语词（Wort）的那个词（Onoma）同时包含名称（Name）的意思，尤其包含有名字（Eigenname）即称呼（Rufname）的意思。[①] 这一点，倒是与汉字的“名”一致。因此，我们从“名”概念出发进行相关讨论。

《春秋繁露·深察名号》：“鸣而施命谓之名。”“天不言，使人发其意；弗为，使人行其中。名则圣人所发天意，不可不深观也。”所以，“名”不可或缺。

但是，这个“名”并非“天”直接“鸣而施命”，而是“使人发其意”。而“人”（即使圣人）一旦掺和进来，替天（董事长、哑巴）行道（总经理、发意传话），麻烦便来了。对此，当然“不可不深观”。

钱锺书说：“世间事物多有名而无实，人情每因名之既有而附会实之非无，遂孳慎思明辩者所谓‘虚构存在’。然苟有实而尚未名，则虽有而‘若无’；因无名号则不落言说，不落言说则难入思维，名言未得，心知莫施。故老子曰：‘有名万物之母。’……盖心知之需名，犹手工之需器也。”[②]

“名”由指称事物变成替代事物。“无名”不仅意味着不为人所知，

---

① ［德］伽达默尔：《真理与方法：哲学诠释学的基本特征》，洪汉鼎译，上海译文出版社2004年版，第524页。

② 钱锺书：《管锥编》第四册，中华书局1986年版，第1217—1218页。

更意味着在言语系统的缺失。海德格尔说："词语（名称）缺失处，无物存在。"也就是说，"唯当表示物的词语已被发现之际，物才是一物。唯有这样物才存在（ist）"[①]。因此，"有名"可以掩盖"无实"。人之"求名""逐名""沽名""钓誉"，无不是为掩盖"无实"。

反过来讲，"去名"或"无名"，则是掩盖"有实"的手段。《史记·老子韩非列传》说老子"其学以自隐无名为务"。《史记·日者列传》借宋忠、贾谊私语引老子"无名者万物之始"一句，表示只有"无名"才为"道高"，只有"无名"才能保平安，因为"名"为祸根。适足见"名"具有"暴露"的属性，属于海德格尔所说"发现"一词的情景化。因此，"名"的特点在于：它必须存在，它必然异化。

由于"名"会异化，所以语词的真理表达值得怀疑，需制定规则，尽量减少麻烦。制定规则的基本原则，是约定俗成。《荀子·正名》："名无固宜，约之以命；约定俗成谓之宜，异于约则谓之不宜。名无固实，约之以命实，约定俗成谓之实名。"所谓"名无固宜"，是说语词对事物的指称性、二者的统一性并不牢固，必须予以规定。这种规定需要"通过协定和实践所取得的单义性的语言用法"（约定主义）来实现。荀子的看法，可以结合柏拉图《克拉底鲁篇》所讨论的问题来予以审视。[②]

所谓"鸣而施命谓之名"，是说"名"是对对象的标识。任何对象都必须有名称。名称就是标识。所以，"名"在汉语中有动词与名词两种含义。作为动词，是指给对象命名，即所谓"鸣而施命"。作为名词，是指对象之名称，即所谓"圣人所发天意"之"名"、"有名万物之母"之"名"、"正名"之"名"。

从"鸣而施命"的动作，到"名"的确定，是人类思想史、认识史上的一件大事。因此，反映在人类学上，反映在古人对它的看法上，就

---

① ［德］海德格尔：《海德格尔文集·在通向语言的途中》，孙周兴译，商务印书馆2015年版，第152页。

② 参见［德］伽达默尔《真理与方法：哲学诠释学的基本特征》，洪汉鼎译，上海译文出版社2004年版，第525页。

必然被视为一项人类最神圣的事业。正是通过“命名”，普通事物才得以神圣化与固定化。

《尹文子》说：“善名善命，恶名恶命。”《论衡·实知》：“名异则实殊。”布留尔说：“名字的神秘属性与它们所标记的存在物的神秘属性是分不开的。”“名字制约着和限制着与它们互渗的存在物的神秘力量。”[①] 海德格尔说：“在命名中，获得命名的物被召唤入它们的物化之中了。物化之际，物展开着世界。”[②] 语言学家吕叔湘写道：

> 在一切祝福和诅咒中，名字是关键。一个人的名字跟他的人身或灵魂是神秘地连在一起的，一定要小心保护。《封神演义》第三十六回，黄飞虎说：张桂芳这个人“与人会战必先通名报姓。如某将叫黄某，正战之间他就叫‘黄飞虎不下马更待何时’，末将自然下马”。第三十七回，姜子牙辞别元始天尊下山，元始天尊说：“此一去，但凡有叫你的，不可应他。若是应他，有三十六路征伐你。”姜子牙行在路上，申公豹在后面叫他，起先不应，后来应了。果然如元始天尊之言，引来了三十六路征伐。[③]

在氏族社会，一个氏族之所以被看作是一个家族，就因为“他们拥有相同的名字”，“集体地由一个名称来命名而已”。“我们之所以说他们把自己看成是一个单独的家族，是因为他们彼此之间所承担的义务，与宗教之内那些通常必须履行的义务完全一样：诸如援助、复仇、居丧、内部不得通婚等等。”一个人之所以是氏族成员，即因为他有一个特定的名字；“所有共用一个名字的人也就都是该氏族的成员”。图腾首先是一个名字，然后才是标识。“用来命名氏族集体的物种被称为图腾。氏族的图腾也即是每一个氏族成员的图腾。”而“一个人采用了图腾的名字，这种

① ［法］列维－布留尔：《原始思维》，丁由译，商务印书馆 1981 年版，第 50、51 页。

② ［德］海德格尔：《海德格尔文集·在通向语言的途中》，孙周兴译，商务印书馆 2015 年版，第 13 页。

③ 吕叔湘：《语言作为一种社会现象》，《吕叔湘语文论集》，商务印书馆 1983 年版，第 118 页。

名字的同一性也就假定了它们性质的同一性”①。在中国，图腾的名字体现在“姓”上。② 因此，“名”所标明的，实则是概念的血缘性。

人既生活在实际的血缘关系中，也生活在概念的血缘关系中。实际的血缘关系之空缺，由概念的血缘关系补齐。这就是“名”的功用。所以，“名”实际关联着人类的生存。裘锡圭说：“在上古，往往用家族或氏族的名称称呼个人，也就是说，人名往往就是族名。所以陶器上的记号大概多数是族的标记。”③ 所蕴含的，正是此理。

由于名如此重要，故命名为神圣之事，只有生而知之的圣王才能为之。《尚书・吕刑》：“禹平水土，主名山川。”换言之，“只有大禹、黄帝等人才能为万物命名，这显然也是由于他们认为这些人具有生而知万物的能力”④。这样一来，名称和命名着的词语就具有了“以皇帝的名义”或“以上帝的名义”下指令、须服从的意思。⑤

《老子》所言“无名，天地之始；有名，万物之母”表明，只有生成概念，万物才能被认知，才能实有。正因为“有名”，才能“类万物之情”。但是，它来自“无名”，即源始性的敞开状态。

“概念”的生成同样具有跳跃性。前面我们已经言及文明发展的跳跃问题。此种跳跃，乔姆斯基称之为“大跃进”。在讲语言问题时，乔姆斯基说：“在大约五至十万年前的某个时期，人类进化中出现了我们有时称之为‘大跃进’的事件；这个时期的考古记录与以往的相比突然有了根本不同。各种迹象表明，在这一时期，开始有了创造性想象、计划制订、工具的复杂使用、艺术、符号性表征以及对外部事件如日月之类事情所做的认真记录等。看起来，这大约就是语言被整合后出现的时

---

① ［法］涂尔干：《宗教生活的基本形式》，渠敬东、汲喆译，《涂尔干文集》第四卷，商务印书馆 2020 年版，第 140、141、182 页。

② 李宗侗：《中国古代社会与近代初民社会》，《李宗侗文史论集》，中华书局 2011 年版，第 2—3 页。

③ 裘锡圭：《汉字形成问题的初步探讨》，《裘锡圭学术文集》第四卷，复旦大学出版社 2015 年版，第 28 页。

④ 裘锡圭：《说格物》，《裘锡圭学术文集》第五卷，复旦大学出版社 2015 年版，第 314 页。

⑤ ［德］海德格尔：《海德格尔文集・在通向语言的途中》，孙周兴译，商务印书馆 2015 年版，第 152 页。

间。因此，推测语言和这些复杂认知行为之间存在关联并非没有根据。如果某个原始人有语言能力，它便可以做出计划，可以思考，可以理解，可以想象其他情景，其他并非现场的情景，并且可以从中做出选择或者形成看法；然后在某个阶段，它可以通过语言对一些情况进行表述。”①

这种突然性的变化，在人类文明演进过程中显然不止一次，而是有过多次。每一次跳跃，应该都与语言认知融合或焊接在一起。概念的生成，同样如此。所以，马克思、恩格斯指出，思想、观念、意识的生产最初是“与现实生活的语言交织在一起的”。②

四　从文字发明到形成文本

现实生活的基础性与丰富性，直接与构词发生关联。简单的生活不会产生复杂的语言现象。在某些印第安部族中，“舞蹈”和“农作”就用同一个词来指称。③ 随着现实生活、构词行为以及概念乃至范畴的复杂化，必然会逼出非口头语言，即符号、文字。

不消说，由语言到文字，又是一个漫长过程。毫无疑问，文字是由会讲话的人发明的。记住这一点极其重要。会讲话的人怎样发明了文字？又是一个至今尚未通解的世界之谜。

由于这个问题的神秘属性，所以人们“起初把文字归之于神圣的灵感。希伯来人相信摩西从上帝手上接受了文字，埃及人把它归之于托特神”④。据说，在埃及文字中，“象形文字”（hieroglyphic）这个词的意思大致就是“神的话”，“埃及文字中表达 mdt ntr（神的话），并不区分文字和语言的概念，这是因为象形文字的证据表明，在埃及人的头脑中，

---

① ［美］乔姆斯基：《语言的科学：詹姆斯·麦克吉尔弗雷访谈录》，曹道根、胡朋志译，商务印书馆 2015 年版，第 97 页。

② ［德］马克思、恩格斯：《德意志意识形态》，《马克思恩格斯文集》第一卷，人民出版社 2009 年版，第 524 页。

③ ［德］恩斯特·卡西尔：《语言与神话》，于晓等译，生活·读书·新知三联书店 1988 年版，第 66 页。

④ ［法］约瑟夫·房德里耶斯：《语言》，岑麒祥、叶蜚声译，商务印书馆 2012 年版，第 387 页。

文字与祭礼之间有紧密联系，而这对现代人的圣书字理论来说依然具有决定性作用”①。

“直到十八世纪，文字的起源仍然是神话的主题——神、想象出来的人物或英雄是文字的创造者。”不过，现今“人们通常认为，文字起源于公元前四千纪晚期的美索不达米亚，即现今的伊拉克，继而从那里传播到埃及、埃兰和印度河流域。此外，人们也普遍认为，其他文字，例如：中国和中美洲的文字，在此之后才出现，并且皆为独立发展。中国和中美洲的文字起源至今仍是一个谜。……到了启蒙时代，人们提出文字起源于图画文字，这种观点一直延续到了今天”②。

一般认为，最早的文字是苏美尔文字。最新的研究则提出，最早的文字出现于公元前5300年前后罗马尼亚的多瑙河谷（古欧洲文明）。“公元前3200年前后，巴尔干地区文化圈中使用的文字开始消失，但不久之后（约公元前2500年），这些文字又在古老的克里特岛和基克拉迪群岛（在泰拉岛上）复活了。古代欧洲传统的线性文字和古老的克里特文字系统中使用的线性文字A是对应的。”依照多元起源说，不同文字依时间先后分别出现于下述地区：东南欧（古欧洲）—埃及—美索不达米亚—印度河流域—中国—中美洲（奥尔梅克文明）。③ 有了文字，人类才真正进入文明时代。

依照施特劳斯的看法，“与书写文字一定同时出现的唯一现象是城镇与帝国的创建，也就是把大量的个人统合进一个政治体系里面，把那些人分划成不同的种姓或阶级。这种现象，不论如何是从埃及到中国所看到的书写文字一出现以后的典型发展模式：书写文字似乎是被用来作剥削人类而非启蒙人类的工具”④。《淮南子·本经训》所谓“昔者仓颉作书，而天雨粟，鬼夜哭”，正是对这个论断，亦即对文明起源的不二

---

① ［德］扬·阿斯曼：《宗教与文化记忆》，黄亚平译，商务印书馆2018年版，第163页。

② ［美］丹尼丝·施曼特-贝瑟拉：《文字起源》，王乐洋译，商务印书馆2021年版，第2页。

③ ［德］哈拉尔德·哈尔曼：《文字史》，励洁丹译，上海三联书店2021年版，第14、19、32页。

④ ［法］克洛德·列维-施特劳斯：《忧郁的热带》，王志明译，中国人民大学出版社2009年版，第365—366页。

诠解。

从语言到文字，其间距至少有三十万年。周有光先生说，“语言可能开始于三百万年前的早期‘直立人’，成熟于三十万年前的早期‘智人’。文字萌芽于一万年前‘农业化’（畜牧和耕种）开始之后，世界许多地方遗留下来新石器时期的刻符和岩画。文字成熟于五千五百年前农业和手工业的初步上升时期，最早的文化摇篮（两河流域和埃及）这时候有了能够按照语词次序书写语言的文字”。

这段话区分了“文字萌芽”与“文字成熟”。由前者到后者，具有从量变到质变的属性。关于“质变”，周有光先生同样采用了“飞跃”一词，同时强调了“传播”的作用。他说：“文字的进化非常缓慢，百年、千年，才看到一次飞跃，而重要的飞跃往往发生在文字从一国到另一国的传播之中和传播之后。正像‘从猿到人’不能在一时一地看到一样，文字的进化也不能从一时一地来理解。”[①] 这是极有见地的看法，与施特劳斯、乔姆斯基、保罗·利科等人的看法基本是一致的。

于是，“跳跃”再次映入我们的眼帘。

前文已言，在关于文字起源的神话传说中，“跳跃”的特征已经得到鲜明凸显，即所谓“一夜之间就发展成熟”。[②] 对此，施特劳斯提供了人类学方面的佐证。

施特劳斯在考察巴西从未接触过文字的南比克瓦拉人时，发现这些人一旦拿到纸和笔，会在某天“都忙着画平面的波浪形线条”。“我在奇怪他们究竟想做什么，然后我突然恍然大悟，他们是在写字，或者应该更正确地说，他们是试图要像我写字时那样的运用他们手中的铅笔。”施特劳斯写道：“在那种场合，书写文字首次出现于南比克瓦拉人中间，但并不是像我们想象的那样经历过一个长久的、辛苦的训练过程。书写的出现只是被借用来作为一种象征，其目的是社会学的，而非智性上的使用，而且文字的真相一直未被理解。文字不是用来取得知识，帮助记

---

① 周有光：《世界文字发展史》第3版，上海教育出版社2018年版，第1、15页。

② ［美］丹尼丝·施曼特-贝瑟拉：《文字起源》，王乐洋译，商务印书馆2021年版，第7页。

忆或了解的，而只是为了增加个人的情感与地位，或者用以增加一种社会功能的权威与地位，其代价是将其余的人或社会功能加以贬抑。”[①] 在这个生动的例子中，“跳跃”的特征最鲜明，而“交往”则发挥了启动按钮的作用，后果则是导致出现人群等级。

德里达很敏感地抓住施特劳斯提供的案例，认为这凸显出“从言语向文字的过渡是一种飞跃，是对不连续的界线的突然跨越”。“由于至少在这几千年中分延的力量的急剧扩张，并未伴随着有机体的明显改变，这一飞跃就显得更加异乎寻常。”随之而来的便是“突然出现的邪恶和剥削的主题”。文字是一把“双刃剑”；既标识道德的起源，也标识不道德的起源。[②]

总之，文字的生成具有“跳跃”特点。

房德里耶斯说：“有朝一日符号被看做客观的表象，文字就开始产生。”[③] 这应该就是飞跃的起点或落点。“飞跃”的重要原因，不是出于自然生长，而是由于“交往”。从“伏羲”到“仓颉”[④] 应该同时蕴含这两个方面的意涵。

考古学家说：“汉字书写经历了一个漫长而渐进的发展过程，可能在多个区域独立起源。”[⑤] “独立起源”是交往与交流的前提。“伏羲”与“仓颉”应该既是漫长过程的节点标识，又是漫长过程的结算标识。前者意味着“文字萌芽”，即文字起源于符号；符号只具有记忆存储功能，不具有以字音（尽管它应该有读音）进行交往的功能。后者意味着“文字成熟”，即符号发展至同时具有存储记忆与字音交往功能的阶段。这种发展变化，可以概括为“从结绳到书契”。结绳的文化本质意义在于

---

① ［法］克洛德·列维－施特劳斯：《忧郁的热带》，王志明译，中国人民大学出版社2009年版，第361、363—364页。

② ［法］德里达：《论文字学》，汪堂家译，上海译文出版社2005年版，第176、185、192、204页。

③ ［法］约瑟夫·房德里耶斯：《语言》，岑麒祥、叶蜚声译，商务印书馆2012年版，第375页。

④ 按陈梦家先生认为“仓颉”就是“商契”，最早的文字即商人契于龟甲的卜辞。陈梦家：《中国文字学》（修订本），中华书局2011年版，第12页。

⑤ ［美］张光直：《艺术、神话与祭祀》，刘静、乌鲁木加甫译，北京出版社2017年版，第85页。

记忆，书契的意义则在于记忆与声音、交往相统一。国际上有一种观点，认为文字的记忆功能早于交往功能，[①] 确有其理。

总之，文字发生的时候，先民的语言能力已经非常发达。文字是赋义的结果，是意义、声音由分离而相互统一、固化的结果。

关于文字在世界范围内的实际产生顺序，恩格斯曾说，在野蛮时代的高级阶段，已经发明拼音文字并逐渐开始用于文献记录。[②] 恩格斯的这个说法，是准确的。周有光说："最早达到成熟水平的文字是五千五百年前西亚两河流域的丁头字和北非尼罗河流域的圣书字。在东亚，文字的成熟比西亚和北非晚二千年。三千三百年前中国的甲骨文是已经释读的最早文字。在美洲，文字的创造更晚，中美洲尤卡坦半岛的马亚文从创始到今天不到两千年。跟甲骨文相同的时代，地中海东岸从表意兼表音的文字中发展出纯表音的字母。"[③]

另有语言学家写道："公元前一千多年，居住在西方两大文化中心（美索不达米亚和埃及）之间的叙利亚·巴勒斯坦一带的闪美特人，大体上同时克服了早期文字的两个主要缺点，在古埃及文字的基础上（大约也受了楔形文字的影响），创造了人类最早的拼音文字。"世界上各种拼音文字的字母"大多数有一个共同来源——北方闪美特人的字母"。这种字母中的一支被希腊人接受，"经过了一番创造性的改革，制成了在文字史上占有重要地位的希腊字母"；在希腊字母基础上又逐渐创制出拉丁（罗马）字母（公元前7世纪）和斯拉夫字母（公元9世纪）。[④]

闪美特字母开始成为希腊文字的时间，应该是在公元前9至前8世纪之间。[⑤] 也有观点认为，"大约在公元前九世纪初，不可能更晚，腓尼基字母被希腊人按口头表达形式加工塑造"。"大约在公元前九世纪，诗人们已经开始使用文字书写诗歌。现在我们所能见到的最早希腊文字书

① ［德］扬·阿斯曼：《宗教与文化记忆》，黄亚平译，商务印书馆2018年版，第103页。

② ［德］恩格斯：《家庭、私有制和国家的起源》，《马克思恩格斯文集》第四卷，人民出版社2009年版，第37页。

③ 周有光：《语言生活的历史进程》，《周有光语言学论文集》，商务印书馆2004年版，第132—133页。

④ 高名凯、石安石：《语言学概论》，中华书局1987年版，第196、200、202页。

⑤ 林志纯：《日知文集》第一卷，张强、刘军整理，高等教育出版社2012年版，第331页。

写在公元前七世纪的一只阿提卡陶瓶上。”“最初的文字只是用于记载官方档案，将其用于日常或文学目的还是很久之后的事情。文字是闪美特人赠予欧洲最珍贵的礼物。”①

这里很容易被人们忽略的一个要素，就是跨地域传播。跨地域传播可以说是文字改革与变化的最大契机。

周有光先生总结说：

> 从形意文字到意音文字到表音文字，从音节字母到辅音字母到因素字母，这就是文字发展的总趋向。文字有三个侧面：符号形式从图符到字符到字母，语言段落从语词到音节到因素，表达方法从表形到表意到表音，这就是文字发展的概括。②

这段话极其精粹，概括了世界文字体系创始与演变的基本状况与次序。

从观念史角度看，伏羲有一个划时代的伟大创造，即“造书契”，从而代替“结绳之政”。这种将文字起源归功于某个传说性与神性伟大人物的做法，同样是世界各地的通则。依照苏美尔史诗《恩美卡与阿拉塔之王》的说法，是乌鲁克—库拉巴之王恩美卡发明了文字。此外，还传说苏美尔的智慧之王恩基掌管着上百种技艺，其中就有文字，等等。③ 这些说法的基本结构，与中国神话传说的讲法是一致的，即发明与掌握文字是具有神性的事情。

依照文字起源于符号的讲法，伏羲是汉字的发明人。④ 有些古人

---

① ［英］伯里：《希腊史》第一卷，陈思伟译，吉林出版集团股份有限公司 2016 年版，第 80 页。

② 周有光：《文字发展规律的新探索》，《周有光语言学论文集》，商务印书馆 2004 年版，第 287 页。

③ 详见［美］丹尼丝·施曼特 - 贝瑟拉《文字起源》，王乐洋译，商务印书馆 2021 年版，第 3—5 页。

④ 有学者认为八卦产生于“无字”年代，与结绳记事不能满足需要相关；先天八卦是文字产生之前“图符时代”的原始图画。参见周大明《远古图符与〈周易〉溯源》，人民出版社 2010 年版，第 4、9 页。章太炎则认为：“未有仓颉之前，民亦画地成形，自为徽契，非独八卦始作为文字造端而已。”“仓颉者，盖始整齐画一，下笔不容增损。由是率尔箸形之符号，始为约定俗成之书契。”即认为文字始于符号。章太炎：《检论·〈尚书〉故言》附《造字缘起说》，《章太炎全集》第三册，上海人民出版社 2018 年版，第 395 页。胡适则说：“有些学者认为，这些图形（指六十四卦）本来是现已消失的语言符号，它们是在古代中国发明会意字之前使用的，这是非常可能的。”胡适：《先秦名学史》，欧阳哲生编：《胡适文集》第六册，北京大学出版社 2013 年版，第 30 页。

（例如段玉裁）恰好就是这样认为的，即伏羲先于仓颉造出了汉字。[①] 这应该是指文字的萌芽，而非成熟的文字。即使处于萌芽状态，相对于“结绳”而言，文字的出现也是一场革命。文字的萌芽同样具有跳跃的属性，故《文献通考·经籍考》的《总叙》说“由是文籍生焉”。所谓“生焉”，就是萌芽。

周有光先生说：“文字使眼睛帮助耳朵，把难于传久和行远的声音，变成可以留给后世和送到异地的符号，打破了语言的时间和空间的局限。只有母子传授的口语教育时代过去了。师生传授的文字教育时代开始了。”又说：“文字把模糊的传说写成明确的历史。有历史记录的社会被称为文明社会。文字和文明几乎成了同义语。”[②] 可见，文字萌芽意味着书契时代的到来，意味着汉字文本乃至文明的肇始。[③]

当然，从萌芽状态发展到比较成熟的状态，其间一定经历了漫长过程。这个漫长过程，从古人的论述看，即以伏羲和仓颉为界碑。鲁迅说：“文字成就，所当绵历岁时，且由众手，全群共喻，乃得流行，谁为作者，殊难确指，归功一圣，亦凭臆之说也。”[④] 这是通达的看法，但之所以“归功一圣”，有其符号意义。伏羲与仓颉所透露的符号信息，应该是“众手”的总结者角色。伏羲代表萌芽，仓颉代表成熟。有了相对成熟的文字，也就有了文本。最初的汉字文本，即所谓言大道的“三坟”和言常道的“五典”。它们是中国人观念中最早的经典文本。

有了文本，才有对文本的阐释。文本是文字传承物的主干。文字传承物从客体方面标识了阐释学的缘起。

---

① （汉）许慎撰，（清）段玉裁注：《说文解字注》，许惟贤整理，凤凰出版社 2015 年版，第 10 页，释“祝”。按章太炎说：“造字之始于仓颉，一见于《世本》，再见于《荀子》，三见于《韩非子》，而《说文·序》推至伏羲画卦者，盖初文之作，不无与卦画有关。”章太炎：《小学略说（上）》，《章太炎全集》第十五册，上海人民出版社 2018 年版，第 849 页。

② 周有光：《语言生活的历史进程》，《周有光语言学论文集》，商务印书馆 2004 年版，第 133 页。

③ 关于伏羲造字的讨论，参见裘锡圭《汉字的起源和演变》，《裘锡圭学术文集》第四卷，复旦大学出版社 2015 年版，第 104—106 页。裘锡圭认为，文字之形出自八卦的说法非常荒谬。裘锡圭的看法与章太炎并不矛盾。将汉字缘起坐实于八卦固然荒唐，但与符号挂钩则有其道理。

④ 鲁迅：《汉文学史纲要》，《鲁迅全集》第九卷，人民文学出版社 2005 年版，第 354 页。

伽达默尔说，阐释学问题的缘起“是由于文字的传承物，亦即通过文字的固定化、持续性而对时间距离感到陌生了的传承物”①。所以，讲到阐释学，总是与文本联系在一起。阐释，就是阐释文本。

① ［德］伽达默尔：《修辞学、诠释学和意识形态批判》，洪汉鼎主编：《伽达默尔著作集》第二卷，商务印书馆 2021 年版，第 295 页。

第七章

巫师、巫术与居间说话

保罗·利科说："在文本的注经学之前，事物的注经学就产生了。"[①]所以，在讨论阐释学缘起时，必须关注这个先于"文本注经学"的"事物注经学"。广义地看，原始宗教、神话、祭祀活动、图腾崇拜等，均属于"事物注经学"。它们是上古人类对自然、自身的认识、阐释与祈愿，均属于阐释行为。这种阐释行为的典型形式，是巫术活动；主体代表，则是巫师；行为基本特征，就是居间说话。

一　巫师与巫术的性质

巫师的出现是人类历史上的一件大事。弗雷泽说："成为公共职务的巫术更趋向于将管理职权集中在有才干、懂心机的人手中；进而影响了原始社会的素质，权力自此集中在一个人手中，而不是分散在多数人手里，制度也自民主制度更迭为君权制。"他还说："就巫术曾作为公务职能使人走向权力巅峰而言，它的确是作出巨大的贡献的，至少它把人们解救出了传统的束缚，帮人们树立起了更为广阔的世界观，从而享受更广阔、更自由的生活。巫术带给人类的好处绝非三言两语就讲得清的。当我们想到，巫术还曾经为科学的发展奠定坚实的基础，我们就无法否定：巫术还曾被用来做了很多坏事的同时，也曾引起了很多好事，因此

① ［法］保罗·利科：《诠释学与人文科学》，洪汉鼎译，中国人民大学出版社 2021 年版，第 18 页。

巫术兼具谬误之子和自由真理之母的身份。”①

总之，巫师的出现是人类最初社会进步的表现。它奠定了宗教的基础，从中分化出祭司，但是巫师的身份本身也会在本质不变的前提下有所变化。② 就阐释行为而言，巫师从主体方面标识着阐释学的正式诞生。以巫术活动为核心，上古或前轴心时代的星象、卜筮等，均属于原始阐释学，具有鲜明的阐释学属性。

孔德在出版于1844年的著作中说：“仅仅三个世纪之前，在人类精英当中，星相学和炼金术的期望，即原始智力的最后科学遗迹才实际上不再用于逐日积累的相应观察上，正如开普勒与贝托莱所分别指出的那样。”③ 星相学与炼金术即属于事物注经学，具有巫术的属性。它们起源甚早，尽管在人类文明演进进程中不断衰弱，却从未消失。

恩格斯说：“思维对存在、精神对自然界的关系问题，全部哲学的最高问题，像一切宗教一样，其根源在于蒙昧时代的愚昧无知的观念。”④ 巫术所反映的，也是思维对存在、精神对自然界的关系，既是上古人类的哲学形态，也是上古人类的宗教形态。由于科学进步，才显出其愚昧无知。

但是，这也说明，它们恰恰是科学的前身，或曰科学的前科学形态与阶段。卡西尔说：“在科学思想的历史上，炼金术先于科学，占星术先于天文学。”⑤ 施特劳斯说：“物理学家以其方式所描述的世界，与我们远古祖先所构想的超自然世界几乎是对等的。”⑥ 具体说，宇宙大爆炸理论、宇宙扩张理论，“都具有神话的特性”⑦。

所以，一方面，是科学揭示了它们的愚昧无知；另一方面，科学与

---

① ［英］詹姆斯·乔治·弗雷泽：《金枝》上册，赵昍译，陕西师范大学出版总社有限公司2010年版，第51、52—53页。

② ［英］詹姆斯·乔治·弗雷泽：《金枝》上册，赵昍译，陕西师范大学出版总社有限公司2010年版，第58页。

③ ［法］奥古斯特·孔德：《论实证精神》，黄建华译，商务印书馆1996年版，第6页。

④ ［德］恩格斯：《路德维希·费尔巴哈和德国古典哲学的终结》，《马克思恩格斯文集》第四卷，人民出版社2009年版，第278页。

⑤ ［德］恩斯特·卡西尔：《人论》，甘阳译，上海译文出版社1985年版，第265页。

⑥ ［法］克劳德·列维－施特劳斯：《我们都是食人族》，廖惠瑛译，上海人民出版社2016年版，第120页。

⑦ ［法］列维－施特劳斯：《猞猁的故事》，庄晨燕、刘存孝译，中国人民大学出版社2014年版，前言，第5页。

它们并非水米无干、毫无牵涉，非但有递嬗承继关系，而且有同质结构关系。

神话、宗教、巫术均没有被科学打败。涂尔干说："科学与宗教之间只有程度上的差别；不过，即使这些差别不宜过分夸大，但还是应该多加注意，它们是很有意义的。"① 他还说："思想的基本范畴，因而也包括科学的基本范畴都起源于宗教。同样，我们也已经看到，巫术以及发端于巫术的各种进程也都有着相同的起源。"②

海德格尔说："以为神话已经被逻各斯毁灭了，这是基于柏拉图主义而从近代理性主义那里接受下来的一个历史学和语文学的偏见。"③ 科学自身并不思想，也不能思想。"一切科学的运思都只是哲学运思的衍生形态，而后它又作为这般的衍生形态得到凝固。"④ 胡适则说："一本《易经》性质的占卜书就好像我们这个时代的科学著作一样，有着完全相同的作用。"⑤ 这些话表明，必须具备辩证眼光，不可把"同"与"异"、"古"与"今"绝对对立或等同起来，不可有后来者的优越感。这种优越感，往往导致将人类的祖先视为蠢人。

历史地看，人类既从上古走来，就说明我们完全不可能切断与那个远古时期的联系。对这种联系，必须深入地进行研究。因此，炼金术也好，占星术也罢，对整个巫术活动背后的规则，都需要进行深入剖析，以历史主义的态度揭示其中奥妙。

巫术是上古时期一门系统性的学问。它既具有独立的学术内容，又具有鲜明的现实指向。巫师是这门学问的主体，即专职责任人与担当者。就如同诗可视为文学的精华，我们可以将巫师视为统领炼金术、占星术、

---

① ［法］涂尔干：《宗教生活的基本形式》，渠敬东、汲喆译，《涂尔干文集》第四卷，商务印书馆 2020 年版，第 26 页，注释 13。

② ［法］涂尔干：《宗教生活的基本形式》，渠敬东、汲喆译，《涂尔干文集》第四卷，商务印书馆 2020 年版，第 570—571 页。

③ ［德］海德格尔：《海德格尔文集·什么叫思想?》，孙周兴译，商务印书馆 2017 年版，第16 页。

④ ［德］海德格尔：《海德格尔文集·形而上学导论》，王庆节译，商务印书馆 2017 年版，第30 页。

⑤ 胡适：《先秦名学史》，欧阳哲生编：《胡适文集》第六册，北京大学出版社 2013 年版，第 40 页。

占卜术等上古文化的总代表。

之所以将巫师视为总代表，是由于上古时期分工虽有发展，但毕竟粗糙。整个社会的基本特点，“乃是一个整个而不可分的现象”①。因此，文化同样是一个混杂难分的综合体。科学与巫术、诗歌与卜辞、智慧与神思等统统混杂在一起，具有共同本质。举凡狩猎、捕鱼、战争、疾病、死亡等，“都具有巫术的性质”②。这样一来，“巫术”就成为破解上古文化密码的一把钥匙，具有基础符号意义。

当然，正如弗雷泽所说，“巫术的本质是一种伪科学，一种没有任何效果的技艺。它是一种对自然规律体系歪曲的认识，是一套错误的指导行动的准则”③。由于巫术的颠倒性与歪曲性，所以看清它与原始宗教的真正关系，并非易事。卡西尔说：“巫术与宗教的关系是最含糊不清最富争议的问题之一。哲学人类学家们一次又一次地企图澄清这个问题，但是他们的理论是大相径庭的而且彼此间常常出现极明显的矛盾。”④ 我们需要找出这些不同见解之间的最大公约数。

二 诗性与符号的生命意义

既然上古社会、文化、思维不仅是总括性（general）的，更是整全性（total）的，“目的是要以尽可能简便的手段来达致对整个宇宙的总括性理解”⑤。那么，我们就要从这种整全性出发，以当代思维对其作出逻辑划分，提炼出最核心最典型的要素，从而对整全性予以把握。

这个最核心最典型的要素，就是“诗”。维柯说，智慧是从缪斯女

---

① 李宗侗：《中国古代社会与近代初民社会》，《李宗侗文史论集》，中华书局 2011 年版，第 2 页。

② ［法］列维 - 布留尔：《原始思维》，丁由译，商务印书馆 1981 年版，第 326 页。

③ ［英］詹姆斯·乔治·弗雷泽：《金枝》上册，赵昍译，陕西师范大学出版总社有限公司 2010 年版，第 16 页。

④ ［德］恩斯特·卡西尔：《符号形式的哲学》，赵海萍译，吉林出版集团股份有限公司 2018 年版，第 103 页。

⑤ ［法］克洛德·列维 - 施特劳斯：《神话与意义》，杨德睿译，河南大学出版社 2016 年版，第 30 页。

诗神开始的。“诗”与占卜是什么关系？荷马说，智慧是“关于善与恶的知识”，即占卜。文艺女神最初的特性就是凭天神预兆来占卜的一种学问。“这种学问就是按照神的预见性这一属性来观照天神，因此从divinari（占卜或猜测）这个词派生出的神的本质或神道（divinity）”；神学诗人“都精通这种凡俗智慧”。[①] 这些话表明，诗歌、占卜、知识、原始宗教等，统统关联在一起，不仅具有内在的统一性，而且可以相互转换。从此要素看是甲，从彼要素看则是乙。后人可以给出这种混杂性的秩序结构，但实际上它们浑然一体。

重要的是，在这个浑然一体又区隔为不同要素的整全性统一体中，还存在并贯穿着一个“全部人类行为和文明的基本单位”，即符号。

如同当代社会一样，上古社会同样是一个符号的世界，但这些符号更具有生命与命运的属性与价值。“全部人类行为起源于符号的使用。正是符号才使得我们的类人猿祖先转变为人，并使他们成为人类。仅仅是由于符号的使用，人类的全部文化才得以产生并流传下来。正是符号，才使得人类从一个幼儿转变为人。”[②] 这是讲符号的作用。维柯说，最初的人类都用符号说话，相信电光箭弩和雷声轰鸣都是天神向人们所做的一种姿势或记号，他们“用一种更崇高和更有价值的意向来表达天帝雄威这种抽象意义”。这是讲符号的意义。“他们相信天帝用些记号来发号施令，这些记号就是实物文字，自然界就是天帝的语言。”这是讲符号的功能。他们“普遍相信这种语言的学问就是占卜，希腊人把它称为神学，意思也就是神的语言的学问”[③]。这是讲符号向学术的转化，以及符号与阐释的关系。

上述这些富于洞见的见解演进到索绪尔语言学，获得前所未有的提升。索绪尔说：“语言的问题主要是符号学的问题，我们的全部论证都从这一重要的事实获得意义。”[④] 由此开始，符号学成为一门破解人类深

---

① ［意］维柯：《新科学》，朱光潜译，人民文学出版社1986年版，第153页。

② ［美］莱斯利·A. 怀特：《文化科学——人和文明的研究》，曹锦清等译，浙江人民出版社1988年版，第21页。

③ ［意］维柯：《新科学》，朱光潜译，人民文学出版社1986年版，第165页。

④ ［瑞士］费尔迪南·德·索绪尔：《普通语言学教程》，高名凯译，商务印书馆1980年版，第38页。

层心理暗码的学问，并衍生出符号哲学、符号现象学等。

《周易》的奥秘，即藏在符号当中。《周易》是由符号、数字、语言、意象、隐喻等编织而成的具有元属性的阐释学系统，它的占卜性不仅蕴含着上古文明的解码钥匙，而且蕴含着阐释生成的秘密。《易经》中的“震”卦即指雷电，“分析了三种人对雷电的心理情绪和行动表现”,① 其符号学意义昭然若揭。

三 中华“学问宗教之根本”

与世界其他地方一样，中国最初的阐释学，同样是事物注经学。上古时期的中国文化，同样是一个巫术的世界。夏曾佑说：“中国自古以来，即有鬼神、五行之说，而用各种巫、史、卜、祝之法，以推测之，此为其学问宗教之根本。”② 这是一个应予高度重视的断语。夏曾佑作为一位具备近代思想的今文经学家，能够讲出这等话，确乎有其深湛之思。

这句话的要害，在于将中国古代文化的起点与根本，归结于鬼神、五行之说。换言之，就是广义的巫术。

韦伯说：“巫术在中国的重要性，就像在其他地方一样，是件不证自明的事。”③ 鲁迅说：“中国本信巫，秦汉以来，神仙之说盛行，汉末又大畅巫风，而鬼道愈炽。”④

所谓巫、史、卜、祝，属于巫术的职能分工，本质相同，且最初均掌于巫。陈梦家先生指出，在卜辞中，卜、史、祝的权分原本混合在一起，至《周礼》才将古之巫事分任于若干官，其实都属于“巫”。⑤

夏曾佑将其归属于鬼神、五行之说下面，定位为中国上古时期学问宗教的根本。所谓“学问宗教”，表明学问与宗教黏合在一起。学问就

① 李镜池：《周易探源》，中华书局 1978 年版，第 203 页。

② 夏曾佑：《最新中学教科书中国历史》，杨琥编：《夏曾佑集》，上海古籍出版社 2011 年版，第 809 页。

③ ［德］韦伯：《中国的宗教》，《韦伯作品集》第五册，康乐、简惠美译，广西师范大学出版社 2004 年版，第 167 页。

④ 鲁迅：《中国小说史略》，《鲁迅全集》第九卷，人民文学出版社 2005 年版，第 45 页。

⑤ 陈梦家：《商代的神话与巫术》，《陈梦家学术论文集》，中华书局 2016 年版，第 91 页。

是宗教，宗教就是学问，难以区隔。因此，他所谓“宗教”，并不单指信仰体系，而是接近涂尔干的定义，即由“神话、教义、仪式和仪典所组成的或多或少有些复杂的体系”[①]。或者如布朗所说，“是一个约定俗成的传统习俗实体”[②]。故可称为“学问宗教”。

当然，它具有中国特有的内容和独有的形式。具体说，就是包含泛灵论的鬼神信仰与自然崇拜的五行学说两大系统。两大系统原本相互对立，但自周公开始对其进行了整合，成为新的系统：在天者为天神，即上帝，由天子祭祀；在地者为地祇，由诸侯祭祀；人死曰鬼，即祖，由大夫、士祭祀；百物曰魅；普通平民在家中祭祀。整个系统由天神、地祇、人鬼、物魅组成，贯穿其中的共同要素是祭祀。

因此，祭祀有广义与狭义之分，其所含概念，也有广义与狭义之分。狭义言之，核心是祭祖；广义言之，则天地山川，无不祭祀。祭祀之义，亦由祈福而复有祓禳。《尚书·尧典》：“肆类于上帝，禋于六宗，望于山川，遍于群神。”既是泛灵论的反映，也是神谱的初描，还是对祭祀的凸显。

这套系统虽为中国所特有和独有，但我们相信，它与西方系统具有内在的一致性和统一性。甚至在某些内容和要素上，都相同。这种一致性和统一性虽然还需要具体而微地揭示，但性质并无二致。

没有鬼神，就无须祭祀。没有祭祀，就无须巫师。有祭祀而民神杂糅，同样无须巫师。有祭祀同时绝地天通，才需要巫师。祭祀是在祭祀者与祭祀对象之间进行信息交流。所以，祭祀的核心在于居间说话。

鲁迅说：“中国本来信鬼神的，而鬼神与人乃是隔离的，因欲人与鬼神交通，于是乎就有巫出来。”[③] 鲜明标出巫的“交通”作用。夏曾佑使用

---

① ［法］涂尔干：《宗教生活的基本形式》，渠敬东、汲喆译，《涂尔干文集》第四卷，商务印书馆 2020 年版，第 46 页。

② ［英］A. R. 拉德克利夫－布朗：《原始社会结构与功能》，丁国勇译，江西教育出版社 2014 年版，第 141 页。

③ 鲁迅：《中国小说的历史的变迁》，《鲁迅全集》第九卷，人民文学出版社 2005 年版，第 317 页。

“推测”一词，实为“交通”之手段，正符合西方 Hermes 或 Götterboten[①] 居间说话的行为属性。

夏曾佑说，由于“鬼神之情状不可直接而知”，因此只能间接推测；推测的具体方法，就是运用五行之理，即天文、历谱、五行、蓍龟、杂占、形法。[②] 专门将这个系统实施运转起来的专业人士，则是巫、史、卜、祝。前文已言，可以将他们笼统地称为巫师，亦即人的因缘关联的源初统一者。

《论衡·卜筮》引俗言“卜者问天，筮者问地”，《实知》谓“鬼神用巫之口告人”，《国语·楚语》载观射父所谓“上下比义”，即指向这批专业人士，也指向他们的居间说话行为。“问”“告”“比”以及“推测”，均是居间说话的不同形式。同时可知，夏曾佑所讲的情形，乃是绝地天通之后的事情。

正是巫、史、卜、祝这批巫师，开辟了人类最初的知识体系，所谓“学问宗教之根本”。后世的各种政治制度、文化制度、知识门类、思想流派，均以这批人为渊薮，从中衍生出日益庞大的系统。

钱大昕说：“有神而后有郊社，有鬼而后有宗庙。天统乎地，故言神可以该祇。人死为鬼，圣人不忍忘其亲，事死如事生，故有祭祀之礼。经言鬼神，皆主祭祀而言。卜筮所以通神明，故《易传》多言鬼神。精气为物，生而为人也；游魂为变，死而为鬼也。圣人知鬼神之情状而祭祀之，礼兴焉。”[③] 是为“礼兴”的前史，即“礼”的生成史，表明“礼”之源为祭祀，而“礼”则是人文教化，标识文明的层级性。钱大昕是在告诉我们，人类文明来自鬼神祭祀。

---

① 这两个单词及其与 Engel 一词的区别，相关辞书一查便明。这里须指出的是，与 Engel 对应的“天使”一词，原是汉语中的古语，“自周至唐，皆以人所未识之神为天使，而不自表暴之神，亦因俗自称之”。也就是说，没有名字或叫不出名字的“神”，汉语称之为“天使”。见俞正燮《癸巳类稿·左传天使义》，《俞正燮全集》第一册，于石、马君骅、诸伟奇校点，黄山书社 2014 年版，第 76 页。

② 夏曾佑：《最新中学教科书中国历史》，杨琥编：《夏曾佑集》，上海古籍出版社 2011 年版，第 824 页。

③ 陈文和主编：《嘉定钱大昕全集》（增订本），第七册，凤凰出版社 2016 年版，第 73 页。

陈梦家说："古人不但于清洁行为中附行巫术行为，认为洒扫之后可以有'亾疾''延栽'的结果，并且认巫术的清洁行为也可以有与实际的清洁行为同等的效力；他们信疾疫灾祸常常寄存于屋隙的虫物之中，或是屋中某一处，这种致疾致栽的抽象名字叫做疫疠、恶气、不祥、蠱蔨等等，它的总名是鬼。"[①] 与钱大昕的话合观，可见由鬼神到祭祀、到卜筮、到居间说话、最后到文化制度（礼）兴起、生活秩序达成的衍生过程，凸显了"学问宗教之根本"。

对此，姜亮夫先生另有一段精辟论述。他说：

> 巫祝成了古代学术的中心人物，于是明堂清庙瞽宗辟雍成了国家的重地，而乐礼文物制度都从此中发出。墨家承受了这个学术的正面，儒家承袭了这种学术的制度，而道家却承袭了这种学术的反面，各各完成他们的学术的系统。所谓的社稷、后土、高禖、封禅、山川柴望、禘祫、郊祀、烝尝、类祀、丧服等等礼制都莫不从这儿出来。文学中的《九歌》《九章》《安世》《房中》《郊祀》等也因于此。"阴阳""五行"家的学说，"杂占""蓍龟""历谱""形法""天文"等术数之学也原起于此。[②]

其中所言《九歌》，陈梦家先生也有论述："《楚辞·九歌》今存十一章，其中若湘君、湘夫人、云中君、东君、河伯、山鬼皆是山川司风雨之神，故《九歌》乃是求雨于风雨之神的歌，故于歌毕礼成之后会鼓而代舞，代舞乃是求雨之舞。"[③] 鲁迅则说，楚地"重巫，浩歌曼舞，盛造歌辞，用于祀祭"[④]。

凡此等等，并不是为了建立一个超人间的纯粹宗教。相反，是为人

---

① 陈梦家：《商代的神话与巫术》，《陈梦家学术论文集》，中华书局 2016 年版，第 104 页。鬼有善恶两义。关于先祖灵魂之鬼灵与恶鬼之区别，参看第 115 页。

② 姜亮夫：《中国学术原衍阐微》，姜昆武选编：《姜亮夫文录》，云南人民出版社 1999 年版，第 127 页。

③ 陈梦家：《商代的神话与巫术》，《陈梦家学术论文集》，中华书局 2016 年版，第 97 页。

④ 鲁迅：《汉文学史纲要》，《鲁迅全集》第九卷，人民文学出版社 2005 年版，第 385 页。

间服务，即所谓“以神道设教”。换言之，它的作用范围，“仅仅局限于次级领域，适用于纯粹的世俗关系”[①]。这与古希腊的情形完全一致。尽管如此，它的宗教性却显而易见。作为具有宗教性的政治教化，当然又可从宗教，特别是原始宗教的视角予以考察。

四 与人世相对的鬼神世界

伏尔泰说：“人类在有了哲学家之前，老早就承认有神了。”[②] 孔德说：“唯有神学哲学真正适应人类的童年时代。”[③] 费尔巴哈说：“无论在什么地方，宗教总是走在哲学前面；在人类历史中是这样，在个人历史中也是这样。……宗教是人类童年时的本质。”[④] 这就是说，每一个民族，都必然会经历原始宗教阶段。

轴心时代就是从这个阶段生长出来的。中国的子学时代，也由此而来。不过，阶段相同，不等于所有的要素和表现形式也都相同。在中国，神学诗人换成了巫、史、卜、祝。宙斯换成了天神与先祖。但是，“神”的名称和指向虽然不一样，作为“神”的基本功能却是一样的。因此，巫、史、卜、祝同样是在人神或人鬼之间居间说话，履行阐释主体职责。

所谓“神”，《说文》释为“引出万物者”。[⑤] “引出”二字耐人寻味。谁“引出”？巫、史、卜、祝；从何处“引出”？从“神”那里。所以，“神”实为“万物”的原产地、批发地和供给商，是一个最初的规定。它的基本属性，与西方所谓上帝一致。

天神曰神，人神曰鬼；今文经学家认为古人祭天神，古文经学家认为古人祭人鬼；神居天，鬼入地；鬼神为祖先；天神为天帝。《论语·雍也》说“敬鬼、神而远之”，实已区分“鬼”与“神”。它们作为两

---

① ［法］涂尔干：《宗教生活的基本形式》，渠敬东、汲喆译，《涂尔干文集》第四卷，商务印书馆2020年版，第493页。

② ［法］伏尔泰：《哲学辞典》下册，王燕生译，商务印书馆1991年版，第424页。

③ ［法］奥古斯特·孔德：《论实证精神》，黄建华译，商务印书馆1996年版，第7页。

④ ［德］费尔巴哈：《基督教的本质》，荣震华译，商务印书馆1984年版，第43页。

⑤ 宗福邦、陈世饶、萧海波主编：《故训汇纂》，商务印书馆2003年版，第1598页。或断为“天神引，出万物者也”。不取。

大系统，既相互补充，又构成同一个系统；既共同支配、维护人的精神世界，又区隔出不同的知识形态。人制造出它们，然后受它们制约；在与它们的关系中，持存灵与肉的对立统一。

闻一多说："在儒家的心目中，神只是较高级的鬼，二者只有程度的悬殊，而无种类的差异。所谓鬼者，即人死而又似未死，能饮食、能行动。他能作善作恶，所以必须以祭祀的手段去贿赂或报答他。"① 卡西尔说："中国是标准的祖先崇拜的国家，在那里我们可以研究祖先崇拜的一切基本特征和一切特殊涵义。"②

之所以崇拜祖先，在于祖先虽是鬼，但可转化为神。这个"神"最初只是家族神，以家族为界，出界则无效，故《论语·为政》说"非其鬼而祭之，谄也"。

涂尔干说："甚至在最低级的社会，死者的灵魂基本上是神圣事物和宗教仪式的对象；而与此同时，它们在巫术中也发挥着相当大的作用。"③ 所以"鬼"实际上发挥着将神物、礼仪、巫术连通起来的作用。

人为什么会视人死为鬼且可化为神？章太炎认为是出于联想。他说，"鬼"之发生，"本即山都、野干之属，异物诡见，睹之惊噩，于是幽灵亦假此名，此言鬼者之缘起也"④。不过，从海德格尔关于历史性的论述来看，应该是出于人类对历史的依恋。人死，则历史消失，但历史性还在。鬼标识的是历史性。通过历史性，仿佛留下了人的历史，故需有鬼来持存与历史的关系。通过祭祀祖先，出离时间的家族成员，通过历史性仿佛又回到时间中来，延缓与延长了出离的时间过程。

"鬼"最初虽只是家族神，一旦家族的界限扩大成为集团或民族，则家族神的价值水涨船高，以致成为天神。此时，鬼神二字即由专指人神而并指人神与天神。天神与人神一旦合一，即出现所谓"祖先崇拜与

---

① 闻一多：《闻一多中国神话十五讲》，江苏凤凰文艺出版社 2022 年版，第 252 页。

② ［德］恩斯特·卡西尔：《符号形式的哲学》，赵海萍译，吉林出版集团股份有限公司 2018 年版，第 94 页。

③ ［法］涂尔干：《宗教生活的基本形式》，渠敬东、汲喆译，《涂尔干文集》第四卷，商务印书馆 2020 年版，第 55 页。

④ 章太炎：《答铁铮》，《章太炎全集·书信集》，马勇整理，上海人民出版社 2017 年版，第 258 页。

上帝崇拜的合一性或一致性”[①]。不消说，并非随便一个什么“鬼”都具备升格为神的资格。作为神的候选对象，一个鬼是否能升格为神，端赖这个鬼的后人是否具有超凡伟大的作为。人鬼成为天神，同样是“父以子贵”的结果。

在家族神与天神之外，还有一个“泛神”世界。在这个泛神的世界，“鬼”“神”“鬼神”以泛在的形式存在，故在人们的观念中同样以泛化的立场和眼光看待它们。后世演化，便形成一个鬼神的位阶与秩序图谱。对此，钱锺书指出：

> 天欤、神欤、鬼欤、怪欤，皆非人非物、亦显亦幽之异属（the wholly other），初民视此等为同质一类（the daemonic），悚惧戒避之未遑。积时递变，由浑之画，于是渐分位之尊卑焉，判性之善恶焉，神别于鬼，天神别于地祇，人之鬼别于物之妖，恶鬼邪鬼尤沟而外之于善神正神；人情之始祇望而惴惴生畏者，继亦仰而翼翼生敬焉。故曰：“魔鬼出世，实在上帝之先。”后世仰“天”弥高，贱“鬼”贵“神”，初民原齐物等观；古籍以“鬼”“神”“鬼神”“天”浑用而无区别，犹遗风未沫、委蜕尚留者乎？不啻示后人以朴矣。[②]

五 艺术与学术之祖

下面，我们稍微具体地走近巫、史、卜、祝，通过他们来彰显巫师的阐释主体身份。

《说文》释“祝”为“祭主赞词者”。“主”是死者的牌位，即神的依托物。“祝”在那里“赞词”，故段玉裁说他是“以口交神”之人。换言之，“赞词”就是与神说话。与神说话而曰“赞词”，说明“祝”非但口才好，而且嗓音好，精通朗诵艺术，还很可能已经掌握一套固定的修词格。春秋时，孔子平居与邻居讲话“恂恂似不能言者”，但在宗庙里

---

① 李泽厚：《由巫到礼　释礼归仁》，人民文学出版社 2022 年版，第 4 页。

② 钱锺书：《管锥编》第一册，中华书局 1986 年版，第 184 页。

却“辩辩然，唯谨尔”（《史记·孔子世家》）。应是“祝”之传习使然。所以，“祝”是一个专业人员，有其独立的专业素养与技能，其居间说话的沟通与阐释职能，显而易见。

与“祝”不同，刘师培说，以舞降神者谓之“巫”，心率旧典者谓之“宗”，司历数而兼司祭祀者谓之“史”。四官之外，医出于巫，卜出于史。[①] 换言之，巫的职责不在说话，而在动作，即跳舞。同时，还给人看病。史的职责同样是料理祭祀，但兼管历法和占卜。巫和史既司祭祀，复有祭祀之外的社会功能。这种职责分工未必十分清晰，但职能清晰。就祭祀而言，他们分管不同方面和环节。就社会功能而言，他们衍生出不同的职业与行业，如医生。

钱锺书说：“夫初民之巫，即医（shaman）耳。”“医药既兴，未能尽取巫祝而代之。”[②] 故巫一直以双重身份存世，被笼统地称为巫祝。从其社会职能中生出更多行业，故“巫是‘百工’的祖师爷”[③]。可见，“巫”由于其祭祀职责而成为最早的舞蹈艺术家，由其社会职能而成为社会分工的母体。

王国维说，歌舞之兴，始于巫；“巫之事神，必用歌舞”。“以歌舞为职，以乐神人者也。商人好鬼，故伊尹独有巫风之戒。及周公制礼，礼秩百神而定其祀典，官有常职，礼有常数，乐有常节，古之巫风稍杀。然其余习犹有存者。”“周礼既废，巫风大兴。楚越之间，其风尤盛。”[④] 陈梦家说：“卜辞的‘舞’完全应用于求雨，无一例外，而舞为巫者的特技，求雨是巫者的专业，然则说歌舞起源于巫术行为——即求雨，乃是颇合理的。”[⑤]

---

① 刘师培：《中国历史教科书》，万仕国点校，广陵书社 2017 年版，第 53 页。《说文》：“巫，祝也。女能事无形，以舞降神者也。象人两袖舞形，与工同意。”

② 钱锺书：《管锥编》第一册，中华书局 1986 年版，第 345 页。

③ 王振复：《中国巫文化人类学》，山西教育出版社 2020 年版，第 103 页。按该书第 343 页提出，巫、觋、祝三者实则区别不大，其区别，“除时代因素，恐多为地域有异使然”。此论是。

④ 王国维：《宋元戏曲史》，谢维扬、房鑫亮主编：《王国维全集》第三卷，浙江教育出版社 2010 年版，第 4 页。

⑤ 陈梦家：《商代的神话与巫术》，《陈梦家学术论文集》，中华书局 2016 年版，第 94 页。

这里既点出了巫风之盛，也点出了其起起伏伏及地域性，提示了其社会功能。在起起伏伏中，巫术所涉要素难免会有变化，人们对它的态度会发生不同，其自身也难免异化，但本质不会变。在起起伏伏当中，“史”作为祀官的身份慢慢弱化，其天文学家、历法学家的身份则固化、上升。由于身份上升并向社会化方面倾斜，所以与记事、卜筮的关系会加强。“史官除了记史外，还要占卜，大概古代学术和迷信鬼神有密切关系，这就是所谓‘通天人’。”①

在研究史官制度时，史学史家往往仅考虑“史官”作为“记事者”的单一职能，实则“史”与“巫”一样，最初只有宗教祭祀职能，从中衍生出政治及行政职能。“记事”既属于宗教，又属于行政。

据陈梦家先生考证，“史”字在卜辞中有三种人称用法，即大史、卿史、史。这三种史“皆执祭事”，所以他怀疑许慎所谓“史”字“从又，执中”的“中”，“乃祭时之用具”。这是一个别出心裁的看法，但不久便放弃了。陈梦家写道：“甲文卿鄉一字，卿史即饗史，史本执役于祭饗之事者，因祭必先卜，卜必刻辞，故史兼为记事作册，由记事作册之近臣，渐为宣诏册令之职，其初故祀官也。史、事本通，史为名词，事为动词，故掌祭事者为史，行祭事为事。卜辞习见‘有事’……有事皆谓祭事也。”② 史官由巫师到兼任行政官吏，与“王”由政治领袖兼任群巫之长，是同步而相互支撑的。他们的身份可以自我转换，既能满足政教分裂的要求，又能满足政教合一的要求，达到教主与人王的和谐统一。③

陈梦家还进一步修正补充提出，“史为田猎之具”，“为田猎之网而网上出干者，博取兽物之具也”。“古者祭祀用牲，鼓掌祭祀之史亦助搏兽之吏，而狩猎之事与战争无异，故战、兽并从单；是以祭事为‘有事’，而战争亦曰‘有事’。司祭事者为史，司敌国相战、媾和、传达之

① 李宗侗：《士的演变》，《李宗侗文史论集》，中华书局 2011 年版，第 95 页。

② 陈梦家：《古文字中之商周祭祀》，《陈梦家学术论文集》，中华书局 2016 年版，第 5 页。

③ 参见陈梦家《商代的神话与巫术》，《陈梦家学术论文集》，中华书局 2016 年版，第 91—92 页。

事者为使，卜辞使亦以事为之，然后知古人以祭事、猎事、战事为大事也。”“由搏兽之官进为祭祀之官，由祭祀之官进为文书之官，由文书引申为历史，由猎事、祭事、战事引申为一切事，此‘史’‘事’二字之衍变大概也。”[1] 这同样是一个别出心裁的看法。

“巫”的舞蹈家身份，为近代以来艺术史研究所确认。恩格斯说：“舞蹈尤其是一切宗教祭祀的主要组成部分。”[2]《楚辞》中的“神宝”“灵保”均是巫师。鲁迅《中国小说史略》说，《楚辞》“所载祠神之物多用糈（精米），与巫术合，盖古之巫书也”[3]。巫师具有“舞”的才艺。鲁迅说，巫觋“职在通神，盛为歌舞，以祈神贶”[4]。而有“舞”必定有“乐”。“盖乐必有舞为之容，舞必有乐为之节，二事相辅，所以降神。……后世有‘跳神’之称，西方民俗学著述均言各地巫祝皆以舞蹈致神之格思，其作法时，俨然是神，且舞且成神。”[5]《汉书·艺文志》谓“《乐》以和神”，正此之谓。诗、乐、歌、舞，集于巫之一身。“诗，言其志也；歌，咏其声也；舞，动其容也。三者本乎心，然后乐气从之。”（《史记·乐书》）

总括地看，“巫”的职事大体有五项：祝史、预卜、医、占梦、舞雩，其中“卜史预卜风雨休咎，又为王占梦，其事皆巫事而皆掌之于卜史”[6]。对于“巫”的内部分职，我们不必过于计较，统称为“巫”即可。

六　结语

在祭祀与“巫”之外，还有一个重要因素，即盲人。盲人作为概念，具有重大的思想史意义。在《述学·左氏春秋释疑》中，汪中指

---

① 陈梦家：《史字新释》，《陈梦家学术论文集》，中华书局 2016 年版，第 136—137 页。

② ［德］恩格斯：《家庭、私有制和国家的起源》，《马克思恩格斯文集》第四卷，人民出版社 2009 年版，第 106 页。

③ 《鲁迅全集》第九卷，人民文学出版社 2005 年版，第 20—21 页。

④ 鲁迅：《汉文学史纲要》，《鲁迅全集》第九卷，人民文学出版社 2005 年版，第 353 页。

⑤ 钱锺书：《管锥编》第一册，中华书局 1986 年版，第 157 页。

⑥ 陈梦家：《商代的神话与巫术》，《陈梦家学术论文集》，中华书局 2016 年版，第 91 页。

出，记载天道、鬼神、灾祥、卜筮、占梦，均为史官之职。[①] 据此，金毓黻先生说："古人尝以巫史、祝史并言，巫祝之事，尝以瞽者为之，又称瞽史。盖古人所重为鬼神灾祥之事，考记其事者，亦名为史。"[②] 不仅突出了史官的位置，还把盲人拉了进来。在古人观念中，越是看不见的盲人，越具有与鬼神沟通的能力，亦即越具有"纵目"之能。据说，心灵的窗户比眼睛的窗户更透亮。所以，浑沌凿七窍而浑沌亡。我们或许可以不相信瞽史的实存，但瞽史所具有的愈加能"观"的阐释学意义，值得抉发。

恰好，荷马史诗的作者就是一位盲人。恰好，伽达默尔将阐释学的早期形式追溯并定位到荷马史诗中的故事年代，也就是公元前12世纪初的中国殷商时期。恰好，诗人与占卜、巫师与艺术、诗性与想象、降神与阐释等统统联结在一起。荷马史诗是不是荷马写的，卢梭曾表示怀疑。在他看来，生活在公元前8世纪，也就是中国西周时期的荷马，很可能并不会写字。[③] 确实，"荷马史诗的核心篇章已传承了几百年之久，其间几乎完全看不到文字使用的迹象"[④]。不过，他忘了，越是不会写字，反而越会讲故事。后世史家认为，在荷马生活的年代，"古老的线形文字已经被世人遗忘，而新兴的字母文字还没有传入，那是一个没有文字、文明传承青黄不接的时代。不过，尽管荷马是一个盲人，也不识字，但他会讲故事，他的这种技能或许继承自他的祖先"[⑤]。

在维柯看来，神学诗人与占卜者是一体的，他"懂得天帝在预兆中所表达的天神语言"。"等到上帝替人类始祖亚当制定了他的真教时，即犹太教开始时，占卜就遭到了禁止。"[⑥] 伽达默尔说，在柏拉图的《伊庇

---

① 《新编汪中集》，田汉云点校，广陵书社2005年版，第385页。

② 金毓黻：《中国史学史》，河北教育出版社2000年版，第27页。

③ ［法］卢梭：《论语言的起源》，李平沤译，商务印书馆2021年版，第25—26页。

④ ［英］L. D. 雷诺兹、N. G. 威尔逊：《抄工与学者：希腊、拉丁文献传播史》，苏杰译，北京大学出版社2022年版，第1页。

⑤ 赵林：《古希腊文明的光芒》上册，人民邮电出版社2020年版，第132页。参看第136页。

⑥ ［意］维柯：《新科学》，朱光潜译，人民文学出版社1986年版，第166页。

诺米篇》（一说为赝作）里，阐释学与占卜术同属一类。[①] 总结他们的意见，或许可以说，最初的阐释学以“瞎子摸象”为特征。巫师作为在人神之间居间说话的代表，承担了阐释主体的角色。所谓事物注经学，显然无法脱离我们提示的这些基本要素。

① ［德］伽达默尔：《真理与方法：哲学诠释学的基本特征》，洪汉鼎译，上海译文出版社 2004 年版，第 726 页。又见洪汉鼎主编《理解与解释——诠释学经典文选》，东方出版社 2001 年版，第 476 页。

第八章

阐释的公共性与原初性

从巫师与巫术的基本属性与职能看，阐释行为在其最初时期，就不仅具有鲜明的公共性，而且其本质属性就是公共的。对此，我们还须结合上一章的内容，予以突出。

阐释是公共的。这是张江先生在其整体阐释学建构中提出的一个重要命题，是对阐释行为性质的界定。[①] 几年来，围绕这一命题，学界不断开掘，多有辩难，不断趋于义解圆足。但是，如果说已经题无剩义，亦非事实。依笔者之见，相关讨论既可依义理维度展开，亦应依历史维度展开。前者注重概念分层，澄明形式要件；后者注重源流梳理，显示扬弃关系。但唯有二者结合，方能涣释疑冰。特别是从人文学科分化演变的全视域考察审视，似乎更切合学界实况。由于阐释学具有理论研究与实践品性的双重指向，因此上述理念并不违逆阐释学的学术性质。

一 对阐释公共性的基本理解

如同“文化”“文明”等概念一样，“公共性”是一个很难给予确切定义的专业术语。不过，公共性显然具有两个自在的维度或规定性。一是价值指向的公共性，即公共性必内蕴人类的共同价值。这种共同价值乃以公共性的形式表征出来。二是形式指向的公共性，即公共性的呈现

① 张江：《公共阐释论纲》，《学术研究》2017 年第 6 期；张江：《公共阐释论》，《中国社会科学》2022 年第 11 期。

必具有某种共同形式。所谓阐释的公共性，即建基于上述两个维度的基础之上。研究阐释的公共性，就是研究价值的公共性与形式的公共性怎样结合及其社会性表达问题。

人类的共同价值，以真善美为基础与核心要素。真善美的反面假恶丑并不属于人类共同价值，而是人类一直不断努力予以削弱乃至消除的现实人性，因此属于人性论范畴，并不构成阐释的公共性的现实基础。因此，价值指向的公共性决定着阐释的公共性必须是一种理性行为。一旦违背人类的共同理性，则阐释的公共性便无从谈起。

从本质看，公共性是一种共同的形式，以面对公众的公共空间为基础与核心要素。所谓公共空间，即民众在理论上可以自由出入的空间。多年来，国外有所谓“公共史学”，其最典型的空间化标识就是博物馆。博物馆有管理制度，在服从管理制度的前提下可以自由出入。公共空间具有多样性、层级性、功能性与历史性等特点，但均以聚集人员为第一要质。古典古代的广场、元老院、图书馆，显然属于公共空间。在古典古代的中国，所谓“子产不毁乡校”的“乡校”，商鞅“立三丈之木于国都市南门”的“南门”，吕不韦将《吕氏春秋》“布咸阳市门”的“市门”，西汉时“长安东市”的“卜肆”，显然也属于公共空间。可以这样说，在全部人类历史上，公共空间只有发达与否的问题，没有存在与否的问题。

但是，较之于文化传播的公共性乃至一般社会意义上的公共性而言，阐释的公共性问题显然具有其特有的形式与内容。就形式而言，“阐释”本身就是一种表达的公共形式，因为阐释总是对某种具有公共性的对象的阐释，又以将阐释推向公共空间为目标。其次，从阐释学发展的历史来看，阐释总是对文本（特别是经典文本）的阐释。凡是文本，即已经具有公共性，亦即在理论上人人皆可阅读，但经典文本的公共性特质愈加突出。故所谓阐释，实为对某种公共文化产品的转达。再次，这种转达必须在公共性的规范下进行，不然就无法阐释。即使是对公共性规范的突破，亦以公共性规范的先行遵守为前提、再行塑造为目的。最后，所谓公共性规范，除民族文化心理、风俗习惯、历史背景之外，最重要的一点，就是所谓思维形式、表述形式的规范。这种特定的公共性规范，中国人谓之为“义例”或“体例”。所谓阐释的公共性，必须通过“义例”或“体例”的公共性来予以呈现。

就内容而言，阐释的最终目的是阐发义理。这就说明，阐释首先是一种精神活动，是一种思想的创造活动。法国学者皮埃尔·阿多（Pierre Hadot）说，在某种意义上，西方哲学实际是通过评注而进行的，“无论是对柏拉图还是别的哲学家，都采取了一种更普遍的注释形式”。“实际上，从公元前四世纪直到十六世纪末，在这将近两千年的时间里，西方哲学首先被理解为一种注释，一种对‘权威人士’的几份少数文本所进行的注释，其中又尤以对柏拉图和亚里士多德的注释为主。”① 这差不多等于是对中国经学的描述了。这种穿着古人服装上演世界历史新场面的思想创新行为，正是由于“古人”已经具有公共性所认可的典范性。“评注”与“注释”均须遵守其公共性规则。这种公共性所认可的典范性，又与历史性密切融合在一起，从而在阐释性中达到历史性、时代性以及新的公共性的交合。所以，阐释的公共性不仅体现为对公共性的尊重，还体现为对公共性的自觉融入。

总起来看，阐释的公共性在理解、表达、表征、表现、意义、语言等各个方面都有表现。但是，如下三点，似乎更应引起注意。

一是历史性。阐释行为具有历史性，阐释的公共性同样具有历史性，在不同历史时期具有非常不同的内容。恩格斯说：“每一个时代的理论思维，包括我们这个时代的理论思维，都是一种历史的产物，它在不同的时代具有完全不同的形式，同时具有完全不同的内容。因此，关于思维的科学，也和其他各门科学一样，是一种历史的科学，是关于人的思维的历史发展的科学。”② 恩格斯的论述，显然适合考察阐释的公共性问题。我们既不要把古人当代化，也要把古人的当代性抉发出来。

二是民族性与世界性的相互蕴含性。阐释的公共性具有民族性、区

---

① ［法］皮埃尔·阿多：《古代哲学研究》，赵灿译，华东师范大学出版社 2016 年版，第 3—4、28、30、32 页。

② ［德］恩格斯：《自然辩证法》，《马克思恩格斯文集》第九卷，人民出版社 2009 年版，第 436 页。

域性、特定性，但也蕴含着世界性、普遍性、一般性。对二者的辩证统一关系，须时时留意。

三是虚假性。众所周知，黑格尔曾论及所谓“理性的狡计”。从性质上说，公共性属于功能性、载体性范畴，因此其价值是中性的。换言之，阐释的公共性不存在虚假问题，只有阐释的社会性才存在虚假问题。比如一把刀，其功能是公共性的，其作用是载体性的，其使用则是社会性的。公共性与社会性并不等同。只是在公共性向社会性的转化过程中，才会出现虚假性。

但是，假如不具备社会性的潜在与实际应用功能，公共性也就不会存在。显然，人们不会脱离社会目的去建构一个公共空间。因此，公共性与社会性互为因果。阐释的公共性的社会性表现，之所以会出现虚假的扭曲形式，恰好来自公共性的中性属性。由于它是中性的，故好人可以使用，坏人也可以使用。而坏人使用，也会冒充为是好人使用。这就是“虚假性”产生的原因。虚假的扭曲形式与人类共同价值相违背，因此会以一种假冒的公共性形式表现出来。由此，有人误以为存在虚假的“公共性”。殊不知，虚假性来自公共性的社会性转化与应用，而非来自公共性本身。但是，虚假性终归会被戳穿和抛弃，因此它的欺骗性只具有暂时的性质，并不具有真正的公共性所具有的真理转义功能。也就是说，它的虚假性与欺骗性同样必须借助于公共性才能暂时达到，这又反证了公共性的中性属性。总之，虚假性的存在并不足以否定阐释是公共的这一命题本身。

伽达默尔在讨论阐释行为的所谓内部问题，即所谓理解的结构及要素时，曾引起一个被一般人认为是外部问题的问题，也就是“应用”和“实践”问题。其实，在伽达默尔看来，这些原本就是内部问题。因为，所谓“应用”不是对理解的运用，而是理解自身原本就有的一个向度或者要素。一讲理解，就离不开应用，因为理解总是在某种具体应用中实现并表达自己。特别是在法学阐释学中，应用性最为强烈。而应用，又必然以公共性为向度。所以，他认为哲学阐释学是一种实践哲学。[①] 因

① ［德］伽达默尔：《作为理论和实践双重任务的诠释学》，洪汉鼎主编：《理解与解释——诠释学经典文选》，东方出版社 2001 年版，第 508 页。

此，阐释的公共性还可以在实践概念与应用概念中得到证明，因为它们原本属于阐释学的内部问题。

讲到实践，前文已言，阐释总是对文本（特别是经典文本）的阐释，但是，人类最初的阐释行为，却不是针对文本，而是针对自然，因此属于所谓事物注经学范畴。事物注经学的公共性属性较之文本阐释学来说更加强烈。文本与经典文本产生以后，事物注经学非但没有消失，而且与文本阐释学一起构成阐释学的一体两翼，同时发挥公共性的功能性作用。

对此，仅仅从阐释学历史的单一视角并不能把问题看清楚，而应从整个图书分类乃至学科分化历史的全视角进行考察。

图书分类本身就是一种公共阐释行为，以公共性服务为目的。在古代，它集中体现了人类对于知识对象的整体认知状况与把控能力，因而不仅直接造成知识的类别划分，而且极大地形塑着人们的视野与思维方式，为阐释行为提供着背景准备。

中国古代的各类学问，向来与所谓版本目录学密不可分，阐释学尤其如此。从古代七略之学到四部之学再到近代分科之学，映现的既是知识传播史，也是阐释学的演变史。西方的情况，同样如此。对此，恩格斯以 15 世纪下半叶为界，作了一个总括性的简要提示，指出正是由于分类，不仅导致知识对象被重新界定，还造成思维方式的巨大改变。① 无论哪一门学问，在整个知识分类的大背景下，都无法逃脱自己“被决定”的命运。我们切不可忘记，阐释学也好，阐释的公共性也罢，同样是在图书与学科分类的背景下演进的。

因此，处于分类转型期关键点上的某本书，它怎样划定自己的研究对象，研究什么与不研究什么，也就具有了公共观念转型的蕴含与标识意义。在西方，具有这种标识意义的典型思想人物，人们公认有笛卡尔、培根、霍布斯。但是，如果从个案映现的角度着眼，最能反映培根这种洗牌性转型意义的著作，则是在培根死后的 1678 年出版的《威洛比的鸟

① 参见［德］恩格斯《反杜林论》，《马克思恩格斯文集》第九卷，人民出版社 2009 年版，第 23—24 页。

类学》一书。这本书最引人注意的地方，就是把鸟类学从人文学科中剔除出去，使得鸟类学与人文学科不再发生纠葛，从而预示着由人文学科统领自然科学传统的消逝。

这就如同中国经学所经历的改变一样。本来，多识草木鸟兽虫鱼之名属于经学家的必修课。所谓注释经典，不仅意味着注释其中的人文学科内容，还意味着注释其中的自然科学内容。因此，一位经学家不但是语文学家，还得是自然科学家。但是，晚清时期国学兴起，这样的要求显然已经与时代脱节。新的时代具有新的公共性学术标准，新的公共性标准必然造成新的学科划分，因此，阐释以及阐释的公共性理念也就变了。尽管理念变了，但驱使阐释行为的动力乃至其运作机制，依然来自公共性。

澳大利亚的彼得·哈里森教授认为，在欧洲中世纪的观念中，一直认为存在着自然之书和《圣经》之书两本书，它们共同归属于“一套完整的诠释学实践”。在这个统一的不分科的认知框架下，“要想完全理解《圣经》中词的含义，必须先知道词所指称的物的含义。将《圣经》的词与自然物联系起来，乃是中世纪普遍存在的寓意（allegorical）诠释的做法”。寓意（allegory）“使读者可以从单纯的词转向这些词所指称的表现力强得多的自然物”。《威洛比的鸟类学》“在词与物之间造成了分裂，只把含义赋予词”。这样一来，寓意诠释瓦解，“一种真正的自然科学”也就“逐渐占据由人文科学空出的地盘，按照新的系统化原则对自然物进行整理”。哈里森总结说：“在公元后的一千五百年时间里，对自然物的研究几乎都是在人文学科中进行的，它本身是一门试图阐释词与物的含义的无所不包的诠释科学的一部分。”“在十七世纪之前，对自然界的研究一直是这门科学必不可少的组成部分。”①

显然，哈里森所讲情况，意味着阐释的公共性背景的改变。原有的公共性阐释背景，被一种新的阐释公共性背景所规范。这种情况，与中国经学的特征基本相符。而且，他所说的寓意诠释，被伽达默尔视为古

① ［澳］彼得·哈里森：《圣经、新教与自然科学的兴起》，张卜天译，商务印书馆 2019 年版，第 7、14 页。

代阐释学的核心，[①] 笔者认为尤其符合中国古典阐释学的特征。它所揭示的，其实是阐释的公共性的学术语境。这种语境，不仅与汉字的表意性质相符，而且尤其与中国古代思想中的“象”范畴配套。

中国古代阐释学的一项重大任务，就是“观象”，因为“象”是“意”的开显。“‘寓意’正刘知幾等论辞赋所谓‘寓言’。”[②] 这就是所谓公共性阐释议题，是阐释的公共性的共同母题。

总之，所谓以寓意诠释为核心，也就是在具体的时代中以公共性语境为背景来达致新的公共性契合。在这里，处于文本中的自然，同样作为文本的内容而得到阐释，而且为文本提供自然哲学论证。董仲舒所谓“天不变道亦不变”正是这一特征的典型标识，更是寓意诠释的典型案例。“天”作为“道”之“象”，寓意着存在的永历性。因此，阐释的公共性总是如影随形地伴随着阐释的历史性。

二 阐释公共性的原初形态

保罗·利科说：“在文本的注经学之前，事物的注经学就产生了。”[③] 所谓“事物”，既指事物本身，亦指文本所涉及的事物。就事物本身而言，其第一指向就是自然。追溯注经学的缘起，会发现事物注经学不仅在起源上早于文本阐释学，而且在其启动之际，即以公共性为核心，并且始终不变地驱动阐释学沿着公共性的主轴而演进。

这就是说，人类阐释行为的最初形态原本就是公共性的。公共阐释既奠基于此，其义理本质亦蕴藏于此。因此，要厘清阐释的公共性的来龙去脉，就必须追踪事物注经学的源头，亦即新石器时代晚期的人类阐释行为。这样，就必须沿着人类学与原始宗教学的思路，深入地去考察原始巫术行为与阐释的公共性之间的关系。

---

① ［德］伽达默尔：《真理与方法：哲学诠释学的基本特征》，洪汉鼎译，上海译文出版社2004年版，第727页。

② 钱锺书：《管锥编》第四册，中华书局1986年版，第1305页。

③ ［法］保罗·利科：《诠释学与人文科学》，洪汉鼎译，中国人民大学出版社2021年版，第18页。

众所周知，上古人类阐释行为的主体代表是巫师。巫师身份的本质特征就是公共性。正由于这种公共性的身份属性，所以如弗雷泽所说，巫师更易于将公共职务转化为对权力的集中，从而将原始民主制更迭为君权制。巫师身份的公共性，深层原因是社会需要，基本表征则是巫术活动的公共性。尽管巫师同时具有为私人服务的性质，但这种私人需求本身却是社会性的，因此巫师是作为公共活动的组织者与代表者、公共愿望的表达者与实现者而出现的。在这一过程中，上古人类逐渐摆脱更为落后的传统的束缚，“树立起了更为广阔的世界观，从而享受更广阔、更自由的生活”，同时也“为科学的发展奠定坚实的基础”。因此，“巫术兼具谬误之子和自由真理之母的身份”[①]。

巫师的一个重要贡献，就是巩固和扩大了公共空间，成为当时社会公共行为的一个标本代表。基于公共需要，巫师从阐释人类对于自然的最初理解出发，解答人类心灵、身体乃至生存的相关问题。这种出于公共性需求的行为方式，必须接受公共性检验。但由于巫术天然具有“谬误之子”的属性，因此其职业的最大风险即来自公共检验。各种人类学著作早已揭示，巫师往往丧命于公共性检验的破局时刻。在美洲，如果印第安巫师在宗教仪式的歌舞中唱走了调，甚至会被立即处死。[②] 在中国，西门豹治邺故事中将巫觋投河的情节，即利用了公共性检验的道理。因此，在公共性检验面前，易于破局的巫术活动就不断地被原始宗教所侵蚀。但是，二者并不能相互代替，而更多是在共同服务于公共性的前提下，相互补充，同时存在。巫师中不仅分化出祭司，而且其身份本身也在本质不变的前提不断调试，但其“变”与“不变”，完全以适应公共性为准则。

所谓阐释的公共性，就这样从历史中生发出来，伴随历史性而发展，并保持公共性的不变形式特征。公共性的原始性与历史性，距离当代人类并不遥远。孔德在出版于 1844 年的著作中说：“仅仅三个世纪之前，

① ［英］詹姆斯·乔治·弗雷泽：《金枝》上册，赵昍译，陕西师范大学出版总社有限公司 2010 年版，第 51、52—53 页。

② ［德］马克斯·韦伯：《经济与社会》第一卷，阎克文译，上海人民出版社 2019 年版，第643 页。

在人类精英当中，星相学和炼金术的期望，即原始智力的最后科学遗迹才实际上不再用于逐日积累的相应观察上，正如开普勒与贝托莱所分别指出的那样。”① 这段考语对于当代人类同样适用。所以，阐释的公共性乃是一种历史必然。尽管今天我们所说的公共性完全是一个当代概念，但是就公共性本身而言，我们较之于古人而言并不具有优先性。我们既不可将古代的公共性视为今天的公共性的前期准备阶段，也大可不必将今天的公共性视为古人的公共性演进的自然结果。毋宁说，古人的公共性只具有展示公共性的历史性与必然性的功能。

恩格斯说：“思维对存在、精神对自然界的关系问题，全部哲学的最高问题，像一切宗教一样，其根源在于蒙昧时代的愚昧无知的观念。”② 思维对存在、精神对自然界的关系之所以是全部哲学的最高问题，预示着它是人类最高的公共性话题。这种最高的公共性话题，同样具有其历史性。无论人们愿意与否，它都植根于“蒙昧时代”。因此，考察阐释行为的公共性问题，必须回到“蒙昧时代的愚昧无知的观念”。

这样，我们就会发现，人类的所有公共性话题，例如科学、艺术、信仰、学术等，都植根于上古巫术的公共性活动。它们之间的距离非但并不遥远，而且具有密切的亲缘关系。涂尔干说：“思想的基本范畴，因而也包括科学的基本范畴都起源于宗教。同样，我们也已经看到，巫术以及发端于巫术的各种进程也都有着相同的起源。”③ 关键在于，这种起源上的亲缘关系，并没有随着此消彼长而使任何一方消失，而是具有了更内在的隐秘性。究其原因，就在于它们都具有公共性的需求。所以，海德格尔说：“以为神话已经被逻各斯毁灭了，这是基于柏拉图主义而从近代理性主义那里接受下来的一个历史学和语文学的偏见。”④ 同样，

---

① ［法］奥古斯特·孔德：《论实证精神》，黄建华译，商务印书馆 1996 年版，第 6 页。

② ［德］恩格斯：《路德维希·费尔巴哈和德国古典哲学的终结》，《马克思恩格斯文集》第四卷，人民出版社 2009 年版，第 278 页。

③ ［法］涂尔干：《宗教生活的基本形式》，渠敬东、汲喆译，《涂尔干文集》第四卷，商务印书馆 2020 年版，第 570—571 页。

④ ［德］海德格尔：《海德格尔文集·什么叫思想?》，孙周兴译，商务印书馆 2017 年版，第 16 页。

阐释学发展成为一种存在论的哲学之后，非但其公共性的属性没有消失，而且即使那种事物注经学意义上的公共性，也没有消失，而是更内在而隐秘地藏匿在了阐释学的当代哲学形态当中。

依照海德格尔的看法，我们非但不应切断与远古时期的联系，相反，倒是应该直接与上古对接，并直接接受其奠基。这种奠基的存在论意涵，全部隐含在“诗”这一概念当中。因此，“诗”是最能够标识上古社会生存状态的公共性概念。“诗”不仅是一种文体，更是一种符号。这个符号的全部所向，就是公共性。与“诗”相关的一系列概念，不仅成为后世一系列艺术概念的公共性渊薮，而且构成阐释的公共性的一系列要素构件的公共性话题，因而是阐释的公共性的符号之源。

就人类的共同情感而言，“诗”是“志”的公共性表达工具。所谓“吟体百变，而吟情一贯”，[①] 是说表达方式虽殊，但情感的共通性、通感性不变。这种共同的统一情感构成公共性的集体心理基础。对这种情感的“吟”出，可以千变万化，却无法超出“诗”的边界。所以，章学诚《文史通义·诗教下》说“《六艺》惟《诗》教为至广”[②]，即《诗》是所有经典文本共同的公共性基础。

《尚书·尧典》曰：“诗言志，歌永言，声依永，律和声；八音克谐，无相夺伦，神人以和。”这段话所凸显的，正是通过“诗”的统领性、核心性及其主干性而具有的公共性。对此，章太炎先生阐述说：“先有志而后有诗。诗者志之所发也。然有志亦可发为文。诗之异于文者，以其可歌也。所谓‘歌永言’，即诗与文不同之处。永者，延长其音也。延长其音，而有高下洪纤之别，遂生宫、商、角、徵、羽之名。律者所以定声音也。既须永言，又须依永，于是不得不有韵（急语无收声，收声即有韵，前后句收声相同即韵也）。诗之有韵，即由‘歌永言’来。”[③] 换言之，“诗”不仅是歌词，还是音乐的内容、舞蹈的主旨。总之，诗、乐、舞作为公共性的表象形式，形成一个合体，最终达成一个结果，即

---

① 钱锺书：《谈艺录》，中华书局 1984 年版，第 30 页。

② 章学诚：《文史通义》，仓修良新编新注本，商务印书馆 2017 年版，第 59 页。

③ 章太炎：《经学略说（下）》，《章太炎全集》第十五册，上海人民出版社 2018 年版，第 906 页。

“神人以和”，也就是公共性与社会性的和谐统一。

这种诗、乐、舞的公共艺术形式，既有其独立的公共意义，又隶属于另一种更大的公共行为，从而成为后者的功能性要件，那就是巫术。

巫师具有“舞”的才艺，乃是其职业公共性的重要准入条件。公共性是一个综合集成，由各种“小”的公共行为有机组成而来。

王国维说，歌舞之兴，始于巫；“巫之事神，必用歌舞”。“以歌舞为职，以乐神人者也。商人好鬼，故伊尹独有巫风之戒。及周公制礼，礼秩百神而定其祀典，官有常职，礼有常数，乐有常节，古之巫风稍杀。然其余习犹有存者。”“周礼既废，巫风大兴。楚越之间，其风尤盛。”① 陈梦家说：“卜辞的‘舞’完全应用于求雨，无一例外，而舞为巫者的特技，求雨是巫者的专业，然则说歌舞起源于巫的行为——即求雨，乃是颇合理的。”② 这里的阅读重点，人们往往会不自觉地置于巫风之盛上面，其实，文中所蕴含的公共行为特征非常明显。特别是“求雨”，乃是最直接的公共行为。其他种种，无不具有公共指向。

随着历史进步，巫师的公共性特征亦不断向专业化方向发展。比如“史”作为祀官的身份就慢慢弱化，作为天文学家、历法学家的身份则不断固化、上升。由于身份上升并向社会化方面倾斜，所以与记事、卜筮的关系会加强。“史官除了记史外，还要占卜，大概古代学术和迷信鬼神有密切关系，这就是所谓‘通天人’。”③ 医生乃至百工，都由巫师那里转化而来。这是巫师的公共性与社会性不断结合的结果。

总括地看，“巫”的职事大体有五项：祝史、预卜、医、占梦、舞雩，其中“卜史预卜风雨休咎，又为王占梦，其事皆巫事而皆掌之于卜史”④。这些职能的共同指向，就是公共性。“巫”所使用的语言表达形式以及种种公共行为特征，又可以用“诗”来概括。因此，可以这样说，正是“巫”的公共性，奠定了诗歌作为人类母语的位置。

---

① 王国维：《宋元戏曲史》，谢维扬、房鑫亮主编：《王国维全集》第三卷，浙江教育出版社 2010 年版，第 4 页。

② 陈梦家：《商代的神话与巫术》，《陈梦家学术论文集》，中华书局 2016 年版，第 94 页。

③ 李宗侗：《士的演变》，《李宗侗文史论集》，中华书局 2011 年版，第 95 页。

④ 陈梦家：《商代的神话与巫术》，《陈梦家学术论文集》，中华书局 2016 年版，第 91 页。

语言学家说："远离文明的原始语言则更赋有激情，更像音乐或者歌曲。当代原始人的语言也证实了这一结论。""曾经有一段时间，所有的语言都是歌曲。或者说，当时的语言和歌曲无法区分。"[①] 钱锺书说："诗、词、曲三者，始皆与乐一体。而由浑之划，初合终离。"[②] 凡此种种，均落入"巫"的公共性名目之下。

语言的公共性、表达形式的公共性、艺术本体的公共性，不同层级的各类要素的公共性，无不可在"巫"的公共性中得到溯源。用阐释学的术语讲，即阐释的公共性可以在事物注经学的最初形态中得到溯源。在事物注经学中，公共性是动力，也是目标；既是公共平台，也是检验标准。人们在公共性中劳作，也在公共性中获得满足。体力劳动如此，智力劳动同样如此。无论是知识分类与图书分类，还是文本考订与善本勘定，都是为满足公共性的需要。

三 中国古典阐释学的奠基

与世界其他地方一样，中国最初的阐释学，同样是事物注经学，因而在始源之处即体现出鲜明的公共性。事物注经学作为上古人类对于自然、世界与生命的一种理解与阐释方式，在华夏文明当中同样经历了其最初的巫术阶段，但最终以鲜明的宗法特性而通过祖先祭拜的形式而固化下来。因此，祭祀的公共属性成为阐释的公共性的一个重要表征。

总之，前轴心时代华夏文明的基本形态，与世界其他文明并无二致，均以巫术为特征。

巫术的公共性，有其特定的时代局限性及荒谬性，但巫、史、卜、祝在客观上会于无意之中为学术奠基。章太炎认为夏曾佑的《中国古代史》一书在创新方面"只有宗教最多"，[③] 意思就是说这本书很好地揭示

① ［丹］奥托·叶斯柏森：《语言论：语言的本质、发展与起源》，柴橚译，中国社会科学出版社2021年版，第424页。

② 钱锺书：《谈艺录》，中华书局1984年版，第27页。

③ 这是章太炎1910年说的话，转引自汤志钧编《章太炎年谱长编》上册，中华书局1979年版，第326页。

了上古时期巫术活动的重要作用。这种重要作用的核心，即体现在巫师对于中国古典学术（包括古典阐释学）的奠基作用上。

进入轴心时代之后，孔子讲“述而不作”。此四字表明：其一，有东西可述，《汉书·儒林传》所谓“究观古今篇籍”“皆因近圣之事”；其二，这些东西并非残缺不全；其三，述者认可这些东西；其四，有“述”的必要；其五，这些东西经过了长期积累；其六，“述”具有塑形作用。总之，这些需要述、值得述的东西，出现在前轴心时代与轴心时代前期，已经积累到必须要“述”的阶段，不仅已具相当规模，而且已形成主体价值。由于“述”，使得这些东西得到系统化整理，从而形成新的形态。“述而不作”标识文化整体形态的转型。凡此种种，均由巫师启其端。

陈梦家先生指出，在卜辞中，卜、史、祝的权分原本混合在一起，至《周礼》才将古之巫事分任于若干官，其实都属于“巫”。① 因此，他们之间的统一性、一致性是根本，而差异性、特殊性是末节。今天，我们已不能仅仅将其视为巫师，还应同时视为最初的事物注经学家，因为正是在他们的综合作用下，在他们对自然之书的阐释下，“学问宗教之根本”才得以栽种。换言之，后世学术沿波讨源，必须追踪至此。而此处的事物注经学，完全以公共性为标识。

这种事物注经学，为华夏文明提供了最初的精神观念系统，并演变出泛灵论的鬼神信仰与自然崇拜的五行学说两大系统。两大系统同时作为公共性理论，既相互对立，又相互补充，并在西周时期得到整合，成为新的公共观念体系。

因此，祭祀成为上古时期公共性的集中体现，并一直贯穿于后世的历史当中。可以这样说，中国古代最大的公共性活动之一，就是祭祀。中国古典阐释学所集中阐释的一个重要对象，也是祭祀。祭祀因其政治性、伦理性、社会性以及文化性，从而成为阐释的公共性的一个重要观察窗口。

上古时期最典型的公共空间，就是祭祀场所。正如马伯乐所说：“宗教首先是一个群体的事务，而不是个人事务：必须是社区的首领——不

① 陈梦家：《商代的神话与巫术》，《陈梦家学术论文集》，中华书局 2016 年版，第 91 页。

管社区有多小——才能举行祭拜，祭拜也不是为了他个人，而是为了他所领导的社区的所有人。”[①] 在这一场所，祭祀者与祭祀对象之间进行信息交流，从而彰显出祭祀居间说话的阐释属性。祭祀过程中的全部仪式与内容，都是对自然、世界与生命的集体理解的表达，因而是对世界的公共阐释。

鲁迅说：“鬼神与人乃是隔离的，因欲人与鬼神交通，于是乎就有巫出来。”[②] 鲜明标识出巫的信息交流、居间说话属性。信息交流、居间说话所采用的方法，只能是间接推测，也就是运用天文、历谱、五行、蓍龟、杂占、形法等知识进行演绎。[③] 如此一来，祭祀活动就超出原始宗教范围，从而在客观上具有了传播并促进公共知识的作用。

《论衡·卜筮》引俗言“卜者问天，筮者问地”，《实知》谓“鬼神用巫之口告人”[④]，《国语·楚语》载观射父所谓“上下比义”，其所蕴含的阐释学意义，就在于标明了居间说话的具体方法，那就是“问”“告”“比”“推测”等。因此，它们既具有认知天地的自然科学方法属性，又具有表征与表象行为的公共阐释属性。

正是由巫术与祭祀活动所代表的事物注经学，开辟了人类最初的知识体系，所谓“学问宗教之根本”。后世的各种政治制度、文化制度、知识门类、思想流派，均以这种最初的公共阐释行为为渊薮，从中衍生出日益庞大的系统。

所以，王国维提出“中国政治与文化之变革，莫剧于殷周之际”，因为这是一场直接关涉“旧制度废而新制度兴，旧文化废而新文化兴”的巨大变革，而如此巨变的一个重大原因，却根于由“立子立嫡”之制而生出的宗法及丧服之制，由此而进一步生出封建子弟之制、君天子臣诸侯之制，等等。“皆周之所以纲纪天下。其旨则在纳上下于道德，而

① 马伯乐：《古代中国》，肖菁译，北京理工大学出版社 2020 年版，第 156—157 页。

② 鲁迅：《中国小说的历史的变迁》，《鲁迅全集》第九卷，人民文学出版社 2005 年版，第 317 页。

③ 夏曾佑：《最新中学教科书中国历史》，杨琥编：《夏曾佑集》，上海古籍出版社 2011 年版，第 824 页。

④ 王充：《论衡》，上海人民出版社 1974 年版，第 369、402 页。

合天子、诸侯、卿、大夫、士、庶民以成一道德之团体。周公制作之本意，实在于此。”① 换言之，周公改革了旧的公共性，树立了新的公共性，从而使得整个国家的运作被置于一个新的阐释系统当中。今天我们之所以看重它们，当然不是由于其宗教性的内容，而在于发现其中的文化信息，从而建立起历史演变之间的流变关系。

前面我们已经揭示，清人钱大昕关于“礼兴”缘由的论述②，义蕴极其丰富，具有揭示中国古代文化密码的功用。它表明，人间的“礼”与非人间的鬼神不仅相通，而且前者即来自后者。“礼”的生成史，也就是文化的形成史。人间之“礼”无非是鬼神之“礼”的落实，其表征就是祭祀。因此，祭祀的作用就仿佛“形而下者谓之器”，发挥的乃是人文教化作用，标识的是人与禽兽的区别，是文明的阶梯性进步，也是原始公共阐释行为由比较单纯的公共性向具有更加复杂的社会性内容演进的表征。总之，由鬼神到祭祀、到卜筮、到居间说话，最后到文化制度（礼）兴起、生活的社会秩序达成，均以公共性的祭祀活动为开端，同时以其为主轴而展开。

对此，前文所引姜亮夫先生的论述，同样很有说服力。由于巫祝是古代学术的中心人物，因此公共空间“明堂清庙瞽宗辟雍成了国家的重地”，由此又继续生出乐礼文物制度。再其后，墨、儒、道、阴阳、五行乃至各种数术之学，无不以此为源。③ 司马谈《论六家要指》说阴阳、儒、墨、名、法、道德六家均是“务为治者”，“直所从言之异路”，④ 意思说他们的最终目的都是为政治治理，并非单纯地讨论学问，所表达的正是他们之间所共同具有的公共性。

这样一来，我们就很容易理解，为什么古代经书把“丧礼”看得那么重要，为什么许多思想家总是讨论祭祀的事情，为什么中国历朝历代的经学家们总是那么不厌其烦地阐释丧葬的各类细节与重大意义。今文

---

① 王国维：《殷周制度论》，谢维扬、房鑫亮主编：《王国维全集》第八卷，浙江教育出版社 2010 年版，第 303—304 页。

② 陈文和主编：《嘉定钱大昕全集》（增订本），第七册，凤凰出版社 2016 年版，第 73 页。

③ 姜亮夫：《中国学术原衍阐微》，姜昆武选编：《姜亮夫文录》，云南人民出版社 1999 年版，第 127 页。

④ 司马迁：《史记（修订本）》第十册，中华书局 2014 年版，第 3993 页。

经学家与古文经学家甚至不惜为此刀笔相加，大打出手。原因就在于，他们认为祭祀直接与文化存亡相关，是文化的公共性能否成立的关键所在，更直接关系到他们所主张的阐释系统是否成立的问题，直接关系到他们的饭碗。依照周予同先生的总结，今文经学家认为社稷所奉享皆天神；天子有太庙，无明堂；七庙皆时祭；禘为时祭，有祫祭。古文经学家则认为社稷所奉享皆人鬼；天子无太庙，有明堂；七庙祭有日月时之分；禘大于郊，无祫祭。[①] 这类问题在今人看来或许多少有些无聊，但在经学家们看来，却是原则性的大问题。中国古典阐释学的两大系统即由此生发出来。自然，他们所谓阐释的公共性，亦建基于此。

四 结语

近十年来，我国的阐释学研究有了突飞猛进的进展，各种喜人现象不断。特别是大量外文图书的系统性译介，让我们不仅对于阐释学本身，而且对于与阐释学相关的一系列领域有了越来越真切的了解，这样就为我们更加深入地考察本国资源提供了可参照物。令笔者印象尤深的是各类西方哲学著作、语言学著作（尤其是语义学著作）、古典学著作（包括语文学、校勘学等）、人类学著作、史学理论著作，促使学者们极大地扩大了阐释学的关注范围，从而正在改变阐释学研究单纯专注于义理探析的格局。在这种显而易见的格局变化中，回归中国的古典古代又具有某种潮流性。许多学者纷纷涉足先秦子学，试图通过先秦子学来实现中西观念的融通。这种做法既不属于以西释中，也不属于以中释西，而是融通对话、交流互鉴。由张江、王宁先生共同推动的训诂阐释学建设，应即属于这一努力的一部分。不过，总起来看，在回归先秦子学的学潮中，人类学与原始宗教学的介入显然还不够。尽管许多人最担心的就是把哲学阐释学搞成人类学，从海德格尔退回到卡西尔，但我们认为这种担心是多余的。恰恰相反，建构当代中国阐释学，包括我们思考阐释的公共性这类问题，都不应缺少人类学与原始宗教学的视角。

① 朱维铮编：《周予同经学史论著选集》，上海人民出版社 1983 年版，第 26 页。

第九章

“绝地天通”与人类传话活动的肇始

阐释学来自人类的传话活动，故被称为“赫耳墨斯之学”。人类为什么要传话？是什么人在传话？在什么之间传话？传什么话？传话过程中发生了什么？传话活动肇始于什么时候？以什么为传话活动开始的界碑标志？要回答这些问题，就不能不讲到“绝地天通”。

“绝地天通”是上古史研究领域的一个重要概念，是一座隐喻的界碑。学界公认，在此概念和隐喻背后，蕴含着上古社会的深层暗码。对这种深层暗码，需要以原始宗教转型为线索，进而去窥测人类社会首次政教大转型的基本意涵，揭示其阐释学意义。

前面已经说过，作为人类文明的始源，上古社会具有整全的特点。由于整全性，故上古社会政教合一，无法划分。但是，整全性的特点又集中体现在宗教性上。所以，对原始宗教的分析，就是对上古社会全部奥秘的揭示。

总体看，“绝地天通”标识着原始宗教从民神杂糅形态向民神不杂形态的转型，显示了人类社会的首次政教分离。由于“民神杂糅”，故无须第三者传话。在此阶段，不存在公共巫师，叙事主体是神。由于绝地天通，形成“民神不杂”形态，故政教分离，人神关系由亲密而转为规训，叙事主体转为人王。在此阶段，必然出现传话的第三者，即公共巫师。他们在人与神之间传话。所以，绝地天通是人神关系的更新，由此而成为人类传话活动的肇始，构成阐释学诞生的起点。

一 从《吕刑》到观射父

原始宗教是一个很宽泛的概念。在“原始”这个单一概念下，其实包含宗教本身前后形态的重大变化，反映社会的不同内容与阶段。原始宗教的密码，既存于考古遗存，也深藏在观念遗存当中。观念遗存通过古文献保留下来，从而具有文本暗码的内涵。“绝地天通”就是古人传递给我们的这样一个暗码。

这四个字最早出现于《尚书·吕刑》。徐旭生先生说：“这是宗教里面从低级向高级上升的一个大进步，关系颇大。”① 顺着徐先生的提示分析下去，会发现这四个字实则对于现代人具有始源奠基的意义。

但是，非常遗憾，《吕刑》原文充满互文性与暗示性，甚至各家断句都不同。因此要破解它的确切涵义，相当困难。

先看《尚书·吕刑》部分原文：

> 王曰：
>
> 若古有训，蚩尤惟始作乱，延及于平民；罔不寇贼，鸱义、奸宄、夺攘、矫虔。
>
> 苗民弗用灵，制以刑，惟作五虐之刑曰法。杀戮无辜，爰始淫为劓、刵、椓、黥，越兹丽刑，并制罔差有辞。民兴胥渐，泯泯棼棼，罔中于信，以覆诅盟。虐威庶戮方告无辜于上。上帝监民，罔有馨香德，刑发闻惟腥。皇帝哀矜庶戮之不辜，报虐以威，遏绝苗民，无世在下。②
>
> 乃命重黎绝地天通，罔有降格。群后之逮在下，明明棐常，鳏寡无盖。③

---

① 徐旭生：《中国古史的传说时代》，广西师范大学出版社2003年版，第95—96页。

② 徐旭生先生认为，此节与前面“若古有训”一节相连接，说的是两件事，故单独作为一个段落。徐旭生：《中国古史的传说时代》，广西师范大学出版社2003年版，第121页。

③ 全文用的是刘起釪先生的断句。顾颉刚、刘起釪：《尚书校释译论》第四册，中华书局2005年版，第1901页。

很明显，整个文本被包裹在一个互文的网格当中。一重互文性体现在“王曰”上，表明整个文本已经是一个传话。二重互文性体现在“若古有训”上，表明它不仅是一个传话，还是一个传说。三重互文性体现在现有文本的呈现上，表明对于传话与传说的表述难免有所走漏。三重互文性叠加，加之文字古奥、信息简省、隐喻性强，所以不仅史事模糊，而且观念恍惚，使得整个文本处于“所传闻异辞”的极端疏离状态之中。

文中最明确的是反派人物蚩尤，通常认为同黄帝处于同一时期。蚩尤处于敌对方的叙事框架中，身份明确，指称清晰，表明《吕刑》具有鲜明的政治立场。

至于正面人物，却只有三个指示代词，即“上”“上帝”“皇帝”。从修词看，三个指称词显然是层层递进关系，由泛指而强化修饰性，可据纸面直义理解为上面、上面的帝、伟大的帝。因此，它指称的应是同一个对象，而非三个不同对象。这种层次递进的修饰手法，符合上古人的讲话习惯，在听话人那里不言自明，但对后人来说，却会生出理解困难。那么，这三个指称仅是泛称，抑或还包含具体人物呢?

对此，只能先就字面信息作直义理解。既然字面上没有其他信息，自然不好随意将后世才有的信息附加上去。因此，屈万里先生将这三个指称分别今译为“上天”“上帝”“伟大的上帝”。①

关于文中的“皇帝”概念，徐旭生先生说，“皇帝”就是“上帝”，“并不是指哪一位人帝”。② 刘起釪先生进一步解释：“‘皇帝’作为人君称呼，始于秦始皇帝。战国后期已有‘五帝’之词指古代人君，然出于追拟，古‘帝’字只指上帝。‘皇’为形容词，大也，美也。”“《吕刑》篇成于西周，其时‘帝’只是上帝，‘皇’为美好伟大之意。故本篇之‘皇帝’，指伟大美善的上帝。”③

上述解读，可称严谨。只有这样处理，暂时避开人物关系上的麻烦，

① 屈万里：《尚书今注今译》，新世界出版社 2011 年版，第 150—151 页。

② 徐旭生：《中国古史的传说时代》，广西师范大学出版社 2003 年版，第 124 页。

③ 顾颉刚、刘起釪：《尚书校释译论》第四册，中华书局 2005 年版，第 1948、2078 页。

在逻辑上才顺畅，也才符合《吕刑》的字面意思。

《吕刑》明确使用“上帝”一词，足见该概念此时已经定型、通用。它表明，西周时期已经彻底具备哲学上第一规定的理念。

关于“上帝”一词，据陈梦家考证，最早出现于卜辞：“帝而称上者，似商人已有帝在天上之说”，同时简称为“帝”或“上”。其功能，则既降祸，也赐福。他还说：“商人上帝之能力，其精神与《旧约·圣经》希伯来人之上帝相吻合，盖亦古今中外人心之所同也。”[①] 胡厚宣、胡振宇父子也指出，殷人相信在天上存在着一个具有人格和意志的至上神，名叫“帝”或“上帝”。[②]

由此可见，将“帝”与“上”关联起来，形成上帝概念，至少不晚于商。形成上帝观念的原因，应与《周易·系辞》所谓“仰则观象于天”有关。由于“仰观”，因而产生“上”面有“帝”的观念。

但是，商人心目中的上帝具有“降祸”功能，因此从逻辑上看，其“上帝”观念必出于“绝地天通”之后。尽管说“殷人以为帝在天上，能够下降人间，入于城邑宫室，带来灾祸困穷”，[③] 似乎尚未绝地天通，但单就“带来灾祸困穷”而言，则应归于绝地天通之后。这是因为，就上帝最初的本质而言，应该只赐福，不降祸。《吕刑》中的“帝”，即还保持着这种纯粹性质，即保民赐福，不降祸。可见，《吕刑》的帝观念，应是商人之前的帝。

徐旭生先生说：“帝就是神，单称‘帝’或加一字作‘皇帝’，而下面不系专名的，均指天神，并无真实的人格。如《尚书·吕刑》篇所说‘皇帝清问下民’的‘皇帝’，就是这样，可是帝下带着专名的却是指的人神，他们虽说‘神’气十足，而人格却并非子虚。必须兼这两种性质来看，才近真实。”[④] 因此，“帝”的属性与内涵，是变化的。不仅变化，还具有谱系性。

---

① 陈梦家：《古文字中之商周祭祀》，《陈梦家学术论文集》，中华书局 2016 年版，第 46、48 页。

② 胡厚宣、胡振宇：《殷商史》，上海人民出版社 2019 年版，第 470 页。

③ 胡厚宣、胡振宇：《殷商史》，上海人民出版社 2019 年版，第 488 页。

④ 徐旭生：《中国古史的传说时代》，广西师范大学出版社 2003 年版，第 86 页。

《吕刑》还提到一个执行者角色，即重黎。刘起釪说："重黎原为一人，分化为二人，是神话故事传说中正常现象，不应去辨其孰是孰非。"[①] 为此，刘先生作了很周详的考证，令人信服。

与上述指称相纠葛，《吕刑》还提到两大处于对立状态的群体，即"平民"与"苗民"。这两个不同的称呼，显然具有价值属性。前者暗指公民，后者隐喻异端。二者之关系，是我国上古史领域的一个重大问题，涉及华夏族的来源与结构，故一向受学界重视。

文中说"苗民弗用灵"，属于胜方语言，隐喻性极强，显示双方绝非单纯的经济或利益之争，而是宗教、文化及习俗信仰的价值冲突。结果，苗民战败，不断从北方向南方迁徙，但始终未遭灭族。苗民的世系，通常以蚩尤、九黎、三苗为线索。从"九"到"三"，预示其群体单位与人口数量的减少。而由"黎"到"苗"，则意味着其社会、标识及组织状态的改变。

据郑玄说，九黎战败后，其子孙被分流，成为三苗。其后，这些人始终不服气，接连造反，直到春秋时期，还在被镇压。[②] 可见，苗民文化应非常发达且自成体系，不然不会如此顽强。旧籍一致认为，蚩尤善制金属兵器，或暗示其生产力之发达。李约瑟即认为，九黎、三苗或代表"从事金属加工的部族团体"。[③] 迹象显示，三星堆文化或即九黎、三苗遗存。总之，上古中国存在文化信仰不同且对立的群体，发生过极其严酷的战争。

在淆乱的人物关系与故事情节中，最后的结局是"乃命重黎绝地天通，罔有降格"。这句话没有明确主语，但很明显是上帝下了"绝地天通"的"命"。依常理，只有上帝才有权下此旨令。

上帝下达此令，起因在于苗民制作五虐之刑，杀戮无辜，导致平民纷纷到上帝那里去告状。因此，需要拨乱反正，重新制定刑法。以《吕刑》名篇，即因其主题是刑法。通观《吕刑》，有两层意思相当明显。

---

① 顾颉刚、刘起釪：《尚书校释译论》第四册，中华书局 2005 年版，第 1951 页。

② 顾颉刚、刘起釪：《尚书校释译论》第四册，中华书局 2005 年版，第 1935—1938 页。

③ ［英］李约瑟：《中华科学文明史》，江晓原主持，上海交通大学科学史系译，上海人民出版社 2014 年版，第 84 页。

一是改革法治，二是权力下放。所谓权力下放，即将司法权与执法权下放至人间。民众原可直达上帝，“方告无辜于上”，现在绝地天通，权力下放，则人间事由人类自行处置。《吕刑》接下去的文字，均围绕“王”怎样慎重执法的告诫而展开，表达的正是权力下放后人间治理的基本原则。因此，绝地天通等于变换了天人交通的方式。原先是“方告无辜于上”，现在则是“惟克天德，自作元命，配享天下。”“敬逆天命，以奉我一人。”“今天相民，作配在下”，即上帝只做精神导师，不再管行政事务。

显然，与《创世记》中的上帝一样，出于对突发事件可怕后果的评估，《吕刑》中的上帝不再喜欢人类蜂拥进入他的宝地。倘若继续允许“告无辜于上”，必然会如《西伯戡黎》所说“乃罪多参在上”，不仅劳身伤神，还会殃及自身。尤重要的，是下界之人可能上天夺权。[①] 因此，干脆“命重黎绝地天通，罔有降格”，断绝地上百姓与天上神祇来往；既不允许上升，也不允许下降。[②] 这样一来，就阻挡了老百姓直接上访。其显而易见的好处在于，下面做得好，是上帝的功劳；下面做得不好，自有人去做替罪羊。道法两家所主张的“主逸臣劳”，奥妙就在这里。至于说到天上夺权，更不要想。

这便是《吕刑》所讲述的完整故事。它讲了到上帝那里告状，讲了绝地天通，并没有具体讲述“民神不杂”一类事情。

但是，它隐含着一个治理模式或政教变化的界碑，那就是绝地天通。在此之前，老百姓可以直接到上帝那里去告状，而现在，不行了。

四五百年后，也就是到孔子活着的春秋时期，故事发生了变化。

原因是，曾试图“以书社七百封孔子”的楚昭王读到《吕刑》，居然弄不明白其中的一些意思了。特别是对“绝地天通”四字想不明白，便向大臣观射父进行询问。《国语·楚语》清晰记载了问答的过程与内

---

① ［英］詹姆斯·乔治·弗雷泽：《〈旧约〉中的民间传说：宗教、神话和律法的比较研究》，叶舒宪、户晓辉译，陕西师范大学出版总社有限公司 2012 年版，第 158 页。

② 按徐旭生说，绝地天通之后，“大约除了帝颛顼及南正重以外，群巫就不能再有升天的机会”。此种解读还可再议。徐旭生：《中国古史的传说时代》，广西师范大学出版社 2003 年版，第 95 页。

容。对此，有学者解读道："大概公元前五百年的一天，春秋霸主楚国国君楚昭王（公羊前515—前489年）在读完《尚书·吕刑》篇后陷入了沉思。该篇据称为公元前十一世纪末周穆王诰封吕侯的诏书，其中提及帝颛顼'命重、黎绝地天通'。读到这里，楚昭王深感疑惑，转而问臣子：'如果重、黎没有隔绝天帝，人民就能通天吗?'于是，臣子就给他讲述了'绝地天通'的神话故事。"[①] 显然，在这篇"周穆王诰封吕侯的诏书"中，并未提及帝颛顼。所谓"陷入了沉思"，则是解读者的合理想象（拟想）。于此可见，实证主义史家在解读史料时，并不完全实实在在，倒是大有后现代主义的意味。

所谓"臣子"，就是大夫观射父。《楚语》写道：

> 昭王问于观射父曰：《周书》所谓重、黎寔使天地不通者，何也？若无然，民将能登天乎？对曰：
>
> 非此之谓也。古者民神不杂。民之精爽不携贰者，而又能齐肃衷正，其智能上下比义，其圣能光远宣朗，其明能光照之，其聪能听彻之，如是则明神降之，在男曰觋，在女曰巫。……有天地神民类物之官，是谓五官，各司其序，不相乱也。民是以能有忠信，神是以能有明德，民神异业，敬而不渎，故神降之嘉生，民以物享，祸灾不至，求用不匮。
>
> 及少皞之衰也，九黎乱德，民神杂糅，不可方物。夫人作享，家为巫史，无有要质。民匮于祀，而不知其福。烝享无度，民神同位。民渎齐盟，无有严威。神狎民则，不蠲其为。嘉生不降，无物以享。祸灾荐臻，莫尽其气。
>
> 颛顼受之，乃命南正重司天以属神，命火正黎司地以属民，使复旧常，无相侵渎，是谓绝地天通。
>
> 其后，三苗复九黎之德，尧复育重、黎之后不忘旧者，使复典之。

---

① ［美］张光直：《艺术、神话与祭祀》，刘静、乌鲁木加甫译，北京出版社2017年版，第37页。

以至于夏、商，故重、黎氏世叙天地，而别其分主者也。

其在周，程伯休父其后也。

当宣王时，失其官守，而为司马氏。宠神其祖，以取威于民，曰：“重寔上天，黎寔下地。”遭世之乱，而莫之能御也。不然，夫天地成而不变，何比之有?①

显然，观射父并未向昭王作单纯的名词解释，而是导出一大篇基本原理和专门史。这样，观射父便成了阐释《吕刑》的第一人，绝地天通的故事也因此而有了第二个版本。由第二个版本可知，一方面，观射父确实提供了许多出自两千多年前的珍贵信息；另一方面，也让问题变得愈加复杂。他不仅在原本就复杂的互文性上增添互文性，还添加了许多新的人物与讲法。但是，这些讲法真实吗？依据何在？统统难以验证。因此，后人在研究绝地天通的时候，既不能绕过他，又难以分辨清楚他所说的真实性程度。可以这样说，观射父为我们提供了一个揭示文本阐释规律的极佳案例。

在观射父口中，最大的变化是出现了《吕刑》中原本没有的颛顼。

徐旭生说：“在古代各帝里面，最难明了而关系又颇为重要的莫过于帝颛顼”；“颛顼没有显著的武功，却是声名远扬，超过黄帝”；“帝颛顼特别重要是因为他在宗教进化方面有特别重大的作用”。徐先生作此判断的一个重要依据，应该就是《楚语》。但是，徐先生点明，颛顼应与《吕刑》无关，因为正如孔颖达所说，帝颛顼按古书只与九黎有关，与三苗毫无关系。“后人因为事情的相类，就把它们混成一事，是错误的。”② 徐先生这个观点非常重要。事实证明，从观射父开始，颛顼便堂而皇之地成了《吕刑》所言绝地天通的主角。包括徐先生，后世许多解

① 按《史记·历书》截取其中的内容，作“少皞氏之衰也，九黎乱德，民神杂扰，不可放物，祸菑荐至，莫尽其气。颛顼受之，乃命南正重司天以属神，命火正黎司地以属民，使复旧常，无相侵渎”。省略掉“绝地天通”一语，显然有司马迁的用意。《太史公自序》开篇说司马氏即重、黎之后，借以自重。

② 徐旭生：《中国古史的传说时代》，广西师范大学出版社 2003 年版，第 85、86、124—125 页。

读“绝地天通”的学者，都加入了颛顼。

“重黎”则由一个人变成了重、黎两个人，还有了官职。

徐旭生写道：“帝颛顼出来，快刀斩乱麻，使少昊氏的大巫重为南正‘司天以属神’……是说只有他，或者说只有他同帝颛顼才管得天上的事情，把群神的命令会集起来，传达下来，此外无论何巫全不得升天，妄传群神的命令。”这是在解读观射父，不是在解读《吕刑》。“快刀斩乱麻”属于文学想象与修词，但符合史学规范。

徐先生接着进一步谈到绝地天通的具体办法：“大约是把登葆山（灵山）、青要之山、肇山各名山——昆仑之墟，当日已离开太久，几乎成了绝域，并且非仁羿不能上——封起来，是群巫不能随便往来。”[①] 这是对故事的史实性解读与添加，也是合理的。

在徐先生解读下，观射父对原始宗教的解读虽然已与《吕刑》不同，但同样具有经典性，而且还超过《吕刑》的经典性。这样定位观射父，有其合理性，但忽略了观射父的主观目的性。

此外，观射父口中还出现了其他人名、朝代名等，而“蚩尤”“苗民”以及“上”“上帝”“皇帝”统统不见了。在概念使用上，则出现了“古者民神不杂”“民神异业”“民神杂糅”“民神同位”等重大命题和新讲法。这些新讲法虽然含有观射父的价值立场，但依然不失其作为原始宗教隐喻密钥的价值，因此向来受到学者高度关注。

在观射父的权威释读之下，《吕刑》遭到严重变形。不仅其历史内容改变了，而且文字的符号意义都改变了。对此，顾颉刚先生看得十分清楚。他指出，在《吕刑》中，下令绝地天通的是“上帝”，而在《楚语》中，搞绝地天通的则是“人王”，“此为以人事解释神话之好例”。他进一步指出，楚昭王的发问，表明“理性发达、对于固有之神话已不能接受，故解释故事者必以人事解释神话，乃能符合当时之理性要求。此可见《吕刑》之作必在极端信神之世，而《楚语》之作已在不甚信神之时”[②]。目光如炬，令人感佩。

---

① 徐旭生：《中国古史的传说时代》，广西师范大学出版社 2003 年版，第 95 页。

② 顾颉刚、刘起釪：《尚书校释译论》第四册，中华书局 2005 年版，第 1950—1951 页。

很明显，分析绝地天通概念，必须严格辨析《吕刑》与《楚语》两个文本的异同，然后找出其原因。特别要考虑观射父的时代特点及其特定的立场和身份。他的职业与身份立场、知识与认知结构，都使得他对《吕刑》的解读必然具有主客因素的交融。因此，两篇文献既需相互释读，又要独立阅读。前人往往完全以观射父为依据和准则去释读《吕刑》，因此难免讹误。其实，应以《吕刑》为基准去看观射父增加了什么。对于这些增加的内容，应结合史料以及人类学与原始宗教学等理论，予以综合研判。

二 《吕刑》故事的完整化

以观射父为依据去释读《吕刑》，一方面会使《吕刑》的内容得到扩充；另一方面则使故事完整化。相关释读内容，必然充盈着合理性与非科学性的双重叠加，需要加以辨析。

刘起釪先生在释读“蚩尤”一词时说：“九黎之族作乱，才使少皞亡，九黎之君蚩尤据有了少皞之地。……还破坏了原有的宗教秩序……后来……经过颛顼的整顿，恢复了原来的宗教秩序。”① 这里明显加入了观射父的解读。所谓“破坏了原有的宗教秩序”，就出自观射父，不属于《吕刑》本文。

再如《吕刑》中的一段关键文字，刘先生翻译道：“由于三苗的虐政淫威，庶民被冤受害，只好呼天抢地把无辜冤气控告到上帝那里，上帝看到所有被害苗民，没有德行的馨香，只有刑戮的腥臭。上帝哀怜被刑戮的庶民是无罪的，就对那些肆行虐刑的人报之以威严的惩处，断绝那些肆虐之苗人的世系，不让他们有后代留在下界。过去由于苗民受尽苦难，无处申诉，只好诉诸上帝相救。家家以巫术直通上天。为了纠正这种巫风盛行现象，就命重黎分别民、神事务，严格禁止民神杂糅，厉行‘绝地天通’（断绝地下庶民直接与上天相通），不再有民与神上下交往之事。于是诸侯及其臣下们便都尊奉明德，不复像往日那样失去常理，

① 顾颉刚、刘起釪：《尚书校释译论》第四册，中华书局2005年版，第1919页。

就连矜寡无告小民也没有受到伤害。”[①] 这里所谓“家家以巫术直通上天”“为了纠正这种巫风盛行现象”“于是诸侯及其臣下们便都尊奉明德，不复像往日那样失去常理”云云，均是据《楚语》添加，非《吕刑》原文。这实际等于将观射父的解读部分地坐实了，但其添加的内容却不见有其他史料加以印证。

尤其重要的是，由于观射父将“上帝”理解为“人王”，所以《吕刑》中“皇帝”一词的词性、词义随之改变。但是，与上述“添加”不同，这种改变却并非没有道理。

比如童书业说，“皇帝”就是“黄帝”；“遏绝苗民”即“黄帝灭蚩尤之故事”。他还说，古“皇帝”本指上帝，故《吕刑》以“皇帝”“上帝”为互文。[②] 实则，不仅《吕刑》，甚至观射父都没有提及黄帝。那么，童书业这样讲的道理又在哪里？他并没有展开论证，我们加以推断。

传世文献中，黄帝与蚩尤的牵连最密切。提到蚩尤，必涉及黄帝。《吕刑》既明确提到蚩尤，则“皇帝”具有黄帝指向，并非无据。这是史料方面的依据。

那么，黄帝是否具有《吕刑》中“上帝”的属性呢？显然有。因为，商代祭祀的人王先公，已具有“天帝”神性。此种观念下逮及周，成为习惯。所以，《吕刑》中的上帝与人间的黄帝在属性上可以匹配。

请看陈梦家先生的考证。他说：“古人以帝在上，而先王亦在上，此思想于周人尤流行。卜辞有‘上帝’又有‘上甲’，皆谓高高在上也。”又说：“商人仅称天神为上帝若帝，至周于上帝若帝外，更以实质的‘天’为天神之代称……盖商人神人不分，对天神先祖惟一混沌在上之观念而已，周人则确指天神先祖所居者为‘天’，而以天概括天神。”由彝器可知，“天又称皇天，故王称天子，又称皇天王，故臣工亦称皇天尹。天子在下，与上帝对称为‘上下帝’，故上帝对天子又称为‘上天

---

① 顾颉刚、刘起釪：《尚书校释译论》第四册，中华书局2005年版，第2078页。

② 童书业：《春秋左传考证·黄帝》，《童书业著作集》第一卷，童教英整理，中华书局2008年版，第319页，又第595页。

子’，上帝皇天高高在上，而先祖亦在上天。先祖既在上，故所在即帝所，故祖考与诸神同享。是为神人合一之思想，古代先祖之拟天神化，与天神之拟人格化，异途同归，遂混神人为一团，此在卜辞已然”[①]。

这就说明，在创制《吕刑》文本的时候，已具有将人神与人王合一的社会条件与观念背景。因此，以皇帝代指黄帝，并非不可能。假如陈梦家的考据不成立，则童书业的解读失去可能性。假如陈梦家的考据成立，则屈万里、徐旭生、刘起釪的“皇帝”释读依然成立。毕竟，具备社会条件与观念背景不等于必然如此。“皇帝”虽然已经具备人王属性的社会条件与观念背景，不等于《吕刑》一定采用。但是，也不能反过来说童书业的词义附加没有道理。

人君上帝化是原始宗教信仰的一个通则。此种通则反映在记载中，即形成柯林武德所定义的一种准史学形式——神权史学，其特征为：“神是仿照人间君主进行类推而设想出来的，神指挥着国王和领袖的行动，就像国王和领袖指挥他们的人间下属一样，政府的等级制度是以一种外化作用而在向上推的。”[②] 经典阐释过程中，歧见并出而各有理据，反映的恰恰是经典的开放性与理解的丰富性。童书业越出了《吕刑》的文本边界，但不能说其解读不合理。同样，围绕“绝地天通”，各种释读可谓五花八门，但无不各有其理。

耐人寻味的是，《吕刑》中有重黎，《楚语》中则有重、黎。前者是上帝面对的一个人；后者则是颛顼手下的两个人。此种时代错乱，于《吕刑》并不构成问题，因为观念形态的上帝可以穿越时间。所以，即使《吕刑》中还出现了三位人王，即伯夷、禹、稷，也不会产生矛盾。但是，一旦将《吕刑》中的上帝赋予黄帝的属性，便会立即产生与其他人物的时间对接问题。

既然我们不能完全依据观射父去解读《吕刑》，又不能彻底废弃观射父，那么，就须将二者有机衔接起来。这种衔接，须是一个完整故事

① 参见陈梦家《古文字中之商周祭祀》，《陈梦家学术论文集》，中华书局2016年版，第22、48、49—50页。

② ［英］R. G. 柯林武德：《历史的观念》，何兆武、张文杰译，中国社会科学出版社1986年版，第15页。

的衔接。所谓故事完整，即史料依据与逻辑秩序相统一。因此，须将《吕刑》与《楚语》以及相关文献以共同主题化的方法，或修改，或添加，或引申，消除其中的史料与逻辑扞格，从而将故事完整地显现出来。修改、添加、引申，要么有史料依据，要么有理论依据，最终必须满足“故事完整”的要求。为此，学者们做了许多工作。其中，袁珂先生的处理方式，笔者以为最为可取。

袁先生首先点明“颛顼是黄帝的曾孙”，端出时代背景，确立一个时间轴的起点，为后续故事演变做好铺垫。然后指出颛顼具备“上帝”的属性，而他以上帝身份“首先做的一件大事情，就是派了大神重和大神黎去把天和地的通路阻隔断。”显然，这里既考虑到了观射父的意见，又突破了观射父的限制；他不仅像童书业那样将上帝身份赋予黄帝，还进一步赋予了颛顼。

接着，袁先生便开始解释“天”与“地”在绝地天通之前的彼此关系。解释过程中，袁先生对观射父的理论架构作了修正。他说：“原来这以前天和地虽然是分开的，但还是有道路可以相通。”这句话的前半句，是众所周知的事实与常识。显然，任何时候天和地都不可能连在一起。楚昭王之所以有疑问，正是基于这个基本事实与常识。后半句则是回到神话本身。它表明，袁先生并不认可观射父的认知框架，因为在观射父看来，天地之间不应该有道路可以相通，至少不应该有可供老百姓来往的道路。

既然天地之间有路可通，袁先生说，道路就是“各个地方的天梯”。“天梯固然是为神人、仙人、巫师三种人而设”，但下方人民“也可以攀登天梯，直达天庭。”“人民有了痛苦，可以直接到天上去向神诉说，神也可以随随便便地到人间来游玩，人和神的界限并不是很严格的。”这句话实际在弥合《吕刑》与《楚语》双方的内容。可是，两个文本中均无“天梯”之说。但加入“天梯”，却非无端。因为，西方神话中原有“天梯”。著名的“巴别塔诅咒”即以梯子为主题道具。由此启端，“天梯”已具道具本体的意涵。

实际上，中国神话中上天的方法是登山。所以，登山之处成为上古观念史研究的一个问题。顾颉刚说：“天上的神和地下的人彼此都有交通的办法。他们怎样的往来呢？那就是从地面上最高的地方一直往上走去。”具体说，就是攀登到昆仑山的最上层，即增城，“就真上了天了。”[①] 在徐旭生笔下，则是“上插云霄的高山”。“按着当时人的思想，天地相隔并不太远，可以相通。交通的道路就是靠着‘上插云霄’的高山。”[②] 到底是登梯，还是登山，固然非常重要，但就上天的目的而言，却非首要，故袁先生加入“天梯”，并不影响故事的全局。

但是，袁珂先生将蚩尤定性为“恶神”，值得特别注意。他写道：“据有的书上说，天上出了一个恶神叫‘蚩尤’的，就利用这机会，偷偷到下方来，煽动下方的人民跟他造反。当初南方的苗民独不肯跟从他，蚩尤就做出了种种残酷的刑罚，来逼迫苗民跟从他。久而久之，苗民受不过了这种种酷刑，又兼眼见行善的受罚，作恶的有赏，就渐渐在罪恶的空气里泯灭了善良的天性，都跟着蚩尤作起乱来了。这一变，就变得比一般最初跟蚩尤作乱的人都要凶，那目的恐怕就是要帮助蚩尤夺过上帝的神座。这样一来，据说大多数善良的百姓，因此便首先遭受了他们的祸害。”

照理说，绝地天通之前，天上不应有恶神。凡是神，应都是善的。只要是恶神，就应出现于绝地天通之后。那么，何以解释绝地天通之前却出现了蚩尤这样的恶神呢？其一，在中西神话中，天神均为众神，总称“百神”；有许多帝，总称“众帝”。这些小神小帝的善恶，并不影响主神上帝的纯善。蚩尤与上帝作对，甚至试图“夺过上帝的神座”，显然很“恶”。但是，由于主神上帝是善的，因此并不影响绝地天通的界碑属性。其二，绝地天通之前，蚩尤应该并不是神。顾颉刚先生说，蚩尤原本应是“下界人”，[③] 明确点出他本不是神。所谓“原本”，笔者认为只能是绝地天通之前。其三，蚩尤被称为神，应出自“弗用灵”的苗民。换在敌对一方口中，即成为“恶神”。所以，袁珂先生称蚩尤为恶

① 顾颉刚：《中国上古史讲义》，《顾颉刚古史论文集》卷三，中华书局 2011 年版，第 445 页。

② 徐旭生：《中国古史的传说时代》，广西师范大学出版社 2003 年版，第 90 页。

③ 顾颉刚：《中国上古史讲义》，《顾颉刚古史论文集》卷三，中华书局 2011 年版，第 446 页。

神，是说得通的。

由于蚩尤带着苗民作恶，“于是那些无辜被杀戮死掉的冤魂，都跑到做上帝的黄帝面前去诉冤。黄帝派人去查了一查，果然查出苗民的罪恶实在臭不可挡。为了保护善良百姓，黄帝就点齐天兵天将，到下方去给苗民一场痛剿。结果蚩尤被诛，苗民被灭，剩下少数的孑遗，再也不成部落，完成了上帝的‘天讨’”。这就凸显了上帝与平民的亲善关系，表明上帝值得信赖。为了保护老百姓，不惜发动“天讨”。

等到颛顼继承黄帝做了上帝，他便思考，“神和人不分出界限，混居在一起，总是弊多利少的，将来难免没有第二个蚩尤起来煽动人民，和他作对。于是他便命他的孙子大神重和大神黎去把天和地的通路阻隔断，叫人上不了天，神也下不了地：虽然大家牺牲自由，却维持了宇宙的秩序和安全，应该是公认的好办法。从此大神重就专门管理天，大神黎就专门管理地。……这样一来，神人不杂，阴阳有序，人间天上，据说都各保平安了”①。至此，袁珂先生的释读完毕。很明显，在袁先生貌似轻松随意的解说中，蕴含着对《吕刑》与《楚语》的相互弥合，更蕴含着对史料的细腻分析和深刻理解，还蕴含着对神话理论的娴熟运用，可称极见功力。

最关键的一点，是袁先生将《吕刑》中的“上”“上帝”或“皇帝”一词分别赋予了黄帝与颛顼。剿灭蚩尤的是黄帝，痛定思痛采取绝地天通措施的是颛顼。他们共用“上帝”之名，但各有分工，界限清晰。这样一来，“上帝”便具有了“上帝→黄帝・颛顼”的内在结构。一旦将上帝赋予此种语义结构，则《吕刑》和《楚语》两篇文献立即不再冲突，而是实现了双方内容的顺畅统一，达致圆通。“上帝”“黄帝”“颛顼”的层级与时间关系，也达到了逻辑上的顺畅。整个故事顺理成章。

仔细阅读还会发现，袁先生在大量采用观射父讲法的同时，却修正了观射父的叙事框架，也就是以“绝地天通”为分界点，真正厘清了“民神杂糅”与“民神不杂”时间先后及形态区隔。

---

① 袁珂：《中国古代神话》，华东师范大学出版社 2017 年版，第 62、63—64 页。

在观射父看来，“民神不杂”在前，“民神杂糅”在后；民神杂糅之后，“使复旧常”，又恢复了民神不杂，颇似一个否定之否定的三段论。

袁珂却否定了这种三段论，在解读中实际提出了自己所主张的两段论，即“民神杂糅”在前，“民神不杂”在后。这一重大修正，是原则性的，极为关键。

对此，在另一处文字中，袁先生作了言简意赅的说明。他提出，远古社会处于所谓“民神杂糅”状态。正因为民与神杂糅在一起，所以作为神的蚩尤才能跑到民当中来“作乱”，民也才能跑到皇天上帝那里去告状。同样作为皇天上帝，黄帝“遏绝苗民”，颛顼“绝地天通”。观射父所说“颛顼受之，乃命南正重司天以属神，命火正黎司地以属民，使复旧常，无相侵渎”，则是神话历史化之饰词。“旧常”谓天人相通，“绝地天通”正使“旧常”破坏，“旧常”已不可“复”矣。“无相侵渎”者，正以防民“作乱”。他还提出，《山海经・大荒西经》所谓“颛顼生老童，老童生重及黎。帝令重献上天，令黎邛下地”。是此神话之本貌。[①]

这样一来，袁先生便非常明确地肯定了“民神杂糅”的原生性，否定了观射父将其视为次级或次生形态的讲法。绝地天通的界碑意义，由是凸显。

绝地天通之后，老百姓依然要上天，又当如何呢？在西方是变乱语言，在中国是安装大门拦住。顾颉刚说：“天门有九重，每一重都有虎豹守着，它们一见下界的人走进，就跳起来把他咬死；咬死之后还有许多竖生眼睛的豺狼走来，先把尸首玩弄一回，玩厌了便抛弃在深渊里，再到上帝面前去复命。”[②] 很明显，这种严格措施，恰好为巫师在人神之间发挥传话的中介作用打开了大门。

三 民神杂糅所标识的宗教原初形态

观射父提到的“民神杂糅”，正是原始宗教最初形态的核心特征。

① 袁珂编著：《中国神话传说词典》，上海辞书出版社1985年版，第427页。

② 顾颉刚：《中国上古史讲义》，《顾颉刚古史论文集》卷三，中华书局2011年版，第446页。

它的具体表现，用观射父的话说，就是“家为巫史，无有要质”；“不可方物”；“民匮于祀”；“蒸享无度，民神同位”“神狎民则，不蠲其为”。

接续这一最初形态的第二形态，则是“民神不杂”。显然，当代人所理解的原始宗教，大都属于第二形态。殊不知，它并非原始宗教的本色。第二形态的基本特征，观射父总结说是“有天地神民类物之官，是谓五官，各司其序，不相乱也”。换言之，上帝的归上帝，恺撒的归恺撒。由此导致的效果是“民是以能有忠信，神是以能有明德，民神异业，敬而不渎，故神降之嘉生，民以物享，祸灾不至，求用不匮”。亦即政教分离，社会与政治秩序井然。

章太炎曾提出，“绝地天通”乃“古来大事”，实质在于“分裂政教”①，所依据的正是观射父的描述。

观射父赞成的是“民神不杂”，坚决反对“民神杂糅”。所以，他一方面把“民神不杂”说成原生形态，另一方面竭力攻击“民神杂糅”。观射父之所以如此主张，固然不能排除其真实认知原本如此，但是，也具有维持现有秩序及其巫师身份特权的考量。

因为，在“民神杂糅”的原生形态中，不可能存在专业公共巫师。即使有巫师，也属于“家为巫史”，无须专职公共巫师出场。所谓“无有要质”，正指没有专业巫师加以规范。“蒸享无度”就是没有统一标准。“民神同位”就是缺乏公共巫师居间调度。显然，观射父所代表的完全是专业公共巫师立场。因此，在他看来，“绝地天通”绝不是开新局，而是“复旧常”。

然而，观射父虽生活于两千多年前，他对原始宗教的阶段划分却是错误的。

宗教何来？人为何要造出宗教？宗教与神话、巫术、原始信仰等是什么关系？诸如此类的问题，向来吸引着宗教学、社会与哲学人类学诸领域学者的关注。在各种见解中，有一种观点最值得关注，即宗教不是神恐吓人类的产物。从这一观点出发去考察原始宗教的形态变化，会发

① 章太炎：《尚书二十九篇·吕刑》，《章太炎全集》第十五册，上海人民出版社 2018 年版，第 820 页。

现它恰好与“绝地天通”所显示的界标意义一致。

恩格斯指出：“亲属关系在一切蒙昧民族和野蛮民族的社会制度中起着决定作用。”[①] 这句话是破解上古历史奥秘的一把钥匙，也是破解原始宗教奥秘的一把钥匙。我们不仅应以恩格斯的观点去考察上古人类的实际社会结构，还应将其应用于对上古人类精神世界与观念世界的考察。这样一来，“亲属关系”在原始宗教领域是怎样表现的，便不能不引起注意了。

从恩格斯的基本观点出发，我们自然会联想到卡西尔所引用的罗伯森—史密斯的一段话：“把人与他们的神统一起来的那种不可分解的纽带也就是血缘关系的纽带，这种血缘关系在早期社会中是人与人之间的一种有约束力的联系纽带，也是一种神圣的道德责任原则。”[②]

“血缘关系”是“亲属关系”的前提与基础。二者可视为一回事。它给人们所带来的，当然不是恐怖，只能是亲密。对此，《吕刑》已经泄露消息。普通人到上帝那里告状，不仅由于上帝有权力，还由于它值得信赖和倚靠，即所谓“哀矜庶戮之不辜”。上帝之所以值得信赖和倚靠，在远古人类看来，正因为他们之间具有血缘或亲属关系。

涂尔干已经证明，人之所以造出神，不是为了恐惧它，而是为了倚靠它。人不会造出一个专门吓唬自己的第一力量，只会造出一个能让自己克服恐惧、获得幸福的最终港湾。“告无辜于上”印证了这一观点。然而，“绝地天通”割断了这种亲密关系。它意味着人与上帝的关系开始变味与变质。

柏拉图《普罗泰戈拉篇》说：“只有人与诸神有亲戚关系。”[③] 涂尔干说：“原始人并没有把他的神视为陌生人、敌人，或者是必须不惜任何代价让它满意的名副其实的恶毒的东西。恰恰相反，诸神是朋友，是亲戚，是他天然的保护者。……它与人很接近……恐怕在历史上神祇从

① ［德］恩格斯：《家庭、私有制和国家的起源》，《马克思恩格斯文集》第四卷，人民出版社 2009 年版，第 40 页。

② ［德］恩斯特·卡西尔：《符号形式的哲学》，赵海萍译，吉林出版集团股份有限公司 2018 年版，第 96 页。

③ 《柏拉图全集》第一卷，王晓朝译，人民出版社 2002 年版，第 443 页。

来没有像这个时期这样接近人类……总之，根植于图腾制度的情感是愉快的信念，而不是恐惧和压抑。……可怕而褊狭的神是在宗教的发展过程中慢慢出现的。”①从《吕刑》到《楚语》，验证了涂尔干的见解。团词提挈，即所谓民神杂糅。

因为“民”与“神”是亲戚，具有血缘关系或亲属关系，所以才“杂糅”在一起。反过来说，他们的“杂糅”，乃是亲属性质的“杂糅”，不是其他性质的“杂糅”。

涂尔干的观点相当于《尚书·皋陶谟》所谓“臣哉邻哉，邻哉臣哉”。此即费尔巴哈所说：“宗教的对象是自身内在的对象，因此它像人的自我意识，人的良心一样，从来不离开人，它是亲密的、最亲密的、最亲近的对象。”②

在巴比伦人的创世史诗中，太阳神马杜克神（Marduk）创造了人。对此神话，英国学者凯伦·阿姆斯特朗（Karen Armstrong）解释道：“由于第一个人是从神祇身上的物质创造产生，因此不论程度是如何有限，他都分享到神圣的本质。人与神间没有任何鸿沟。自然世界、人类与众神本身都分享同样的本质，而且是从同样神圣的物质中衍生出来的。……神性与人性基本上并无不同……”

她特别强调，“这种整全的视阈观点并非仅限于中东地区，而是古代社会共通的特点”。比如公元前6世纪，品达（Pindar）就表达了古希腊人的类似观念：“族类只有一个，神与人是同一族类；由同一个母亲所生，我们同样呼吸。……”③

这显然与涂尔干的观点异曲同工，给“民神杂糅”提供了注脚。

李约瑟注意到，汉字“天”像人形，头部特别大，“表示原始神人同形同性的神”④。果真如此的话，那么阿姆斯特朗的解释显然完全符合

---

① ［法］涂尔干：《宗教生活的基本形式》，渠敬东、汲喆译，《涂尔干文集》第四卷，商务印书馆2020年版，第306页。

② ［德］费尔巴哈：《基督教的本质》，荣震华译，商务印书馆1984年版，第42页。

③ ［英］凯伦·阿姆斯特朗：《神的历史》，蔡昌雄译，海南出版社2013年版，第16—17页。

④ ［英］李约瑟：《中华科学文明史》，江晓原主持，上海交通大学科学史系译，上海人民出版社2014年版，第104页。

“天”的词义。

人们在荷马史诗中所看到的，就是一个民神杂糅的世界，只是背景换作了希腊及相关形式。而且，荷马所描述的黑暗时代（约前1200年至前750年）虽然在青铜时代（约前3100至前1200年）之后，却是希腊文明意义上最早的时代，因为“青铜时代的希腊尚未进入拥有传世文献记载的历史时期。”①

与荷马史诗相迎合，古希腊宗教的一个重要特点，就是民神杂糅。策勒说，“古希腊人与其诸神的关系是自由而幸福的”，不仅“每一个个人为他自己，每一个公社为它自己，都有献祭和祈祷的权利”，而且“与宗教仪式有关的一整套事务不是交给祭司，而是交给由选举或抽签指派的公职人员——部分与公社或城邦的官员一起——交给个人和家长。因此，祭司作为一个阶级在希腊永远不可能获得一个与他们在东方民族中所享有的差可比拟的有影响地位”。策勒认为这是古希腊宗教与东方宗教的一个重要区别。② 其实，在民神杂糅之前，东方人与其诸神的关系，同样是自由而幸福的。

民神杂糅状态下，既不存在公共巫师，也不应有祭司。因为此时还没有出现他们存在的社会条件与基本前提。古希腊虽存在祭司，但由于他们在献祭和祈祷时不发挥作用，因此可视为不存在。弗雷泽认为，“古代巫术奠定了宗教的基础”，“巫术要早于宗教登上历史舞台”，“在宗教发展的较早阶段，祭司和巫师的职能是合在一起的”。③ 同时，他又将巫术分为个体巫术与公众巫术两种。④ 他所说的宗教，既非绝地天通之前最初形态的原始宗教，也非其后出现的以巫师代表的第二形态的原始宗教，而是现代意义上的西方宗教。在绝地天通之前，应该存在

---

① 目前学者一般不再使用黑暗时代概念，代之以早期铁器时代（约前1070—前800年）。黄洋、晏绍祥：《希腊史研究入门》，北京大学出版社2021年版，第9—10页。

② ［德］爱德华·策勒：《古希腊哲学史》第一卷上册，聂敏里等译，人民出版社2020年版，第36、37页。

③ ［英］詹姆斯·乔治·弗雷泽：《金枝》上册，赵昍译，陕西师范大学出版总社有限公司2010年版，第58页。

④ ［英］詹姆斯·乔治·弗雷泽：《金枝》上册，赵昍译，陕西师范大学出版总社有限公司2010年版，第50页。

巫术，但不会有公共巫师。所谓“家为巫史”，说明当时还只能存在个体巫术。

对照中国史料，会发现民神杂糅的情况直到西周尚有遗存。童书业说：“西周宗教为多神教，一部分为氏族图腾所转化者，然已有最上之神上帝，下有社、稷、日、月、星辰、山川等神，观《山海经》等书记载，不特人神混杂，人兽亦混杂，此种宗教尚甚原始也。”① 可见，“民神杂糅”“民神同位”较之“民神不杂”“民神异业”，确是更原始的宗教形态，这是世界的通例。

需指出的是，将“民神杂糅”视为原初形态，已经具有共识性。徐旭生认为，观射父所言“史实”，“大致是不错的”，“不过他看不到从低级的宗教、巫术而进于高级的宗教是人类知识演进时候必经的阶段；在演进的过程中，‘民神杂糅’也或者是必不可免的现象；帝颛顼的处置是有进步意义的，并不是复古的。”这就明确肯定了民神杂糅的原初性，纠正了观射父的看法。

但是，在徐先生看来，在民神杂糅阶段，同样存在巫觋。这就迫使我们必须追问：这些巫觋的性质是什么？到底是公共专职的，还是个体自主的？倘若是公共专职的，那就与“民神杂糅”相矛盾了。

从徐先生的具体论述看，他显然认为这些巫觋并非公共性的专职专业，而是“全由牧人或农人兼作”，这就把事情的逻辑关系理顺了。

所谓巫觋“全由牧人或农人兼作”，正属于“家为巫史”，即个体巫术。徐先生说：“人人祭神，家家有巫史，是原始社会末期，巫术流行时候的普通情形，并不是因为‘九黎乱德’才成了这样。”堪称卓识。他进而指出，既然家家有巫、觋，那“民神杂糅”“民神同位”是一定的结果。要之，“地天”可以相通，在当日人的精神里面，是一种非常具体的事实，绝不是一种抽象的观念。

徐先生还引出龚自珍的讲法：“人之初，天下通，人上通；旦上天，夕上天。天与人，旦有语，夕有语。”这可视为龚自珍对“家为巫史”

① 《童书业著作集》第一卷，童教英整理，中华书局2008年版，第612—613页。

的精彩释读。①

很明显，徐先生不仅点出了“民神杂糅”的原初性，还点出了个体巫术同样以“居间说话”为特点，又指出了“民神杂糅”与“家为巫史”的因果关系。特别是他引出龚自珍的精妙观点，表明龚自珍已经洞察到“民神杂糅”的原初性。这是徐先生一个原创性的发现。

徐先生并几次强调，个体群巫会“随随便便传达‘群帝’的意思”，“他们各人的传达或翻译能有相同的时候，大约是极少数的例外，而不同的时候却是很多”，因而“群言杂淆”。显然，这里已经非常接近阐释学的义理，说明“绝地天通”具有统一思想的功效。西周时期所谓官师合一、以吏为师，同样肇始于此。

但是，徐先生终究没有指明他所说的巫师到底是个体巫师还是公共巫师。因此，笔者只能依据其文义，将其理解为个体巫师。如此一来，徐先生所说绝地天通之前群巫已在天地间来往的“群巫”，便只能是“家为巫史”的“群众”了。只有这样理解，逻辑上才说得通。不过，徐先生确实存在一个逻辑上说不通的地方，那就是他既认可民神杂糅属于原初形态，却又承袭观射父的看法，认为此种状态破坏了既有社会秩序。这就令人不解了。显然，既然民神杂糅在前，那么就不存在破坏既有社会秩序的问题。

就对巫师的一般理解来说，巫师只能是专职人员。杨向奎先生说：“原始卜筮都为巫祝专职。”② 只有将巫觋理解为专职，“绝地天通”的转型与界碑意义才能够凸显出来。

杨先生的解释非常通透。他说，绝地天通之前，天地交通，人神不分，是以神话与历史混杂。“神”（申）是巫的前身，“是歌唱历史以祭祖先及上帝的人（申），祖先即上帝，神话即历史”。一旦绝地天通，则“代替神职的巫遂正式出现，重黎应当是巫职的开始，而巫是史的前身”。“重、黎而后，神职归于他们家族，是专职巫开始。”所谓“专职

① 徐旭生：《中国古史的传说时代》，广西师范大学出版社 2003 年版，第 91 页。参看第 95、97 页。

② 杨向奎：《宗周社会与礼乐文明》，人民出版社 1992 年版，第 110 页。

巫”，也就是公共巫师。

杨先生非常高明的一点，是从社会史与史学史的维度出发，将上古时期史学划分为神述历史（天人不分）、巫术历史（天人渐分）、史述历史（天人已分）三个阶段。从这三个阶段来看，《天问》便属于神职时代的历史，也就是将天与人、神话与历史杂糅在一起，并且与音乐、舞蹈相结合。《天问》的素材，只可能是具有专业知识的神职所守。没有专业知识，无法担任神职。其后，进入巫术历史阶段，历史与神话便有了区别，《周颂》便是巫术历史的代表作品。[①] 杨先生的见解，扩大了分析的视野。

陈来曾经讨论杨向奎、徐旭生的见解，然后引证 D. 博德及弗雷泽的看法，明确提出民神杂糅是“原始文明早期的普遍情形”；“中国上古曾有一个‘家为巫史’即人人作巫、家家作巫的巫觋时代”；“中国历史上的巫觋曾经历了一个专业分化的过程”。[②] 这种见解，敏锐而正确。

四 从与神生子到政教更化

“民神杂糅”的极端表现，是《诗经·大雅·生民》所描述的情景。因此，该诗具有强烈的隐喻性。诗曰：

> 厥初生民，时维姜嫄。生民如何？克禋克祀，以弗无子。履帝武敏歆，攸介攸止，载震载夙，载生载育，时维后稷。
>
> 诞弥厥月，先生如达。不坼不副，无菑无害。以赫厥灵。上帝不宁，不康禋祀，居然生子。……

李辰冬先生是这样白话转译上述诗义的：最初生人的时候，只有一

① 杨向奎：《宗周社会与礼乐文明》，人民出版社 1992 年版，第 346—347 页。

② 陈来：《古代宗教与伦理：儒家思想的根源》，生活·读书·新知三联书店 2017 年版，第 24 页。

个姜嫄。这个人怎么样呢？她能禋能祀，为的是不要没有儿子。她踩到上帝脚迹大拇指时，欣然有所感觉。她怀了孕，保护着，生下来，长大了，就是这位后稷。满了月数的时候，就像小羊一样连胞生下。衣胞既不破，也不裂，平平安安地，倒没有一点灾害，上帝为显示他的灵验，使他平平安安。由于姜嫄不断地禋祀，居然生了一个儿子。[①]

原文中“上帝不宁”的“不”，乃是“丕”，即上帝为显示他的灵验，使孩子非常安宁。“不康禋祀，居然生子”就是由于她常常地禋祀，居然生了一个儿子。不过，关于“居然生子”，高亨先生的释读是“姜嫄产前没有再去祭神，怎么生了孩子?”[②] 这样一来，诗义便大变了。其实，所谓“居然”，应据郑笺，理解为“居默然”。[③] 所以，我们遵从李辰冬先生的释读。

姜嫄在后世以高禖之神而得祭拜，山西河津至今有高禖庙。在这首以“厥初”指示远古时期的作品中，完全没有中间者，而是女生直接面对上帝，表达诉求。诗中所谓“履帝武敏歆”，顾颉刚认为“虽不可解，总是她的生育与上帝有关系的意思”[④]。杨向奎认为，此指“与天匹配。与天匹配后的姜嫄，生下大有作为的儿子‘后稷’”；“姜嫄‘其德不回，上帝是依’，依于上帝圣子”。杨先生还指出，在商与东夷的古史记载中，也有类似姜嫄后稷的故事。[⑤] 显然，两位先生指明了该作品最基本也最原初的意涵，同时点出了作品的典型案例意义，说明该作品蕴含着通则性的人类学价值。

闻一多则认为，该作品实为“祭祀仪式之一部分，疑即一种象征的舞蹈。”所谓“帝”，并非真实的上帝，而是“代表上帝之神尸”。姜嫄快乐地尾随神尸、践其迹而舞，即“履帝武敏歆”所表达的意思。“盖

---

① 李辰冬：《诗经通释》第一册，山西人民出版社 2021 年版，第 215 页。

② 高亨：《诗经今注》，上海古籍出版社 1980 年版，第 403 页。按高亨先生释读古籍，向来喜欢标新立异。

③ 参见高本汉《高本汉诗经注释》下册，董同龢译，中西书局 2012 年版，第 836—837 页。

④ 顾颉刚：《讨论古史答刘胡二先生》，《顾颉刚古史论文集》卷一，中华书局 2011 年版，第 242 页。

⑤ 杨向奎：《宗周社会与礼乐文明》，人民出版社 1992 年版，第 264、265 页。

舞毕而相携止息于幽闲之处，因而有孕也。"[①] 韦伯说："性交乃是巫术秘密祭神仪式中极为常见的内容，或者是狂欢的亢奋状态下一种非蓄意的结果。"[②] 这为闻一多的解读提供了基础，本质上依然是在表明神与人的亲密交配关系。

普鸣（Micheal Puett）同样将此诗与祭祀挂钩，但不认为姜嫄是与神尸发生关系，而是"姜嫄通过祭祀活动，可以使帝下凡。然后，她踩在帝的脚印上并吸收了帝的某种潜能（potency）"[③]。显然，即使只是吸收"帝的某种潜能"，既然"帝"的"潜能"能够进入人体，已经表明神与人处在"杂糅"的亲密关系当中。

但是，这种足以产生性行为的亲密关系，只应发生在绝地天通之前，也就是祭祀产生之前。现在，却发生在了祭祀活动当中，就说明它是一种遗存，是原初本义演变和异变的结果。在这种已经异变的状态中，原初的本义依然保留着。

在闻一多的解释中，神尸虽不是上帝，却是上帝的化身。求子者对神尸的态度，就是对上帝的态度。因此，求子者的喜悦，不仅是得子的喜悦，且是得圣子的喜悦。孩子生下后，神尸高兴，相当于上帝高兴。孩子长大后，上天"诞降嘉种"，喜获丰收，其乐融融，一派家庭般和谐。显然，这里所包裹的，正是原初意涵上的"烝享无度，民神同位"，亦即绝地天通之前的影像。

至于此事的实情，闻一多认为"只是耕时与人野合而有身；后人讳言野合，则曰履人之迹，更欲神异其事，乃曰履帝迹耳"[④]。

上帝或神与人发生性关系，最鲜明地隐喻了"民"与"神"的亲密。韦伯说中国经典中没有任何"不入流"的描述，显然"经过了一种

---

① 闻一多：《闻一多中国神话十五讲》，江苏凤凰出版社 2022 年版，第 79 页。参看该书第 217 页："苏雪林女士以'人神恋爱'解释《九歌》的说法，在近代关于《九歌》的研究中，要算最重要的一个见解，因为她确实说明了八章中大多数的宗教背景。"

② ［德］马克斯·韦伯：《马克斯·韦伯社会学文集》，阎克文译，人民出版社 2010 年版，第 326 页。

③ ［美］普鸣：《成神：早期中国的宇宙论、祭祀与自我神化》，张常煊、李健芸译，生活·读书·新知三联书店 2020 年版，第 97 页。

④ 闻一多：《闻一多中国神话十五讲》，江苏凤凰出版社 2022 年版，第 83 页。

非常有系统的净化工作”。[①] 显然不确。

弗雷泽说：“神人相恋的故事在神话中并不少见。”[②] 不过，古希腊神话中更多是女神与人间男性发生关系，如同中国的“天仙配”，但据说由赫西俄德撰写的《名媛录》讲述的却是与众神生育后代的凡间女子。由于这种行为违反后世伦理道德，故儒生纷纷异说，曲为回护，却与诗意明显不符，难以服人。为此，皮锡瑞作“论《生民》《玄鸟》《长发》《閟宫》四诗当从三家，不当从毛”，为感生说作了有力辩护。[③]

其实，除《诗经》外，这类故事在中国神话中亦非鲜见。对此，顾颉刚作过归拢和总结。他说：“凡人有饮食男女的本能，上帝鬼神也未尝不喜欢吃东西，谈恋爱。有一位上帝叫丹朱是比较放荡的，他看上了周昭王的房后，附在她的身上和她配合了，生下的儿子就是穆王。”顾颉刚说，那时，“当延接神灵的时候，满堂都是女巫，也就都是美人，神灵降下来便挑选了其中的一个和她亲好了。”所以，“所谓巫者实在是神的娼妓。神和人的情感会这等深挚，关系会这等密切。”“神们既有性生活的需要，所以他们就有了家属，有太太，有儿女。”[④] 这类故事不论其发生时间为何，但在逻辑上，统统应归于“绝地天通”之前。

实行“绝地天通”后，则情况大变。徐旭生引《淮南子·齐俗训》曰：“帝颛顼之法，妇人不避男子于路者，拂于四达之衢。”此事当然未必真实，但它说明，随着人、神关系的更新，男、女关系必然也会更新。

杨向奎对《生民》增加了社会史与史学史维度的阐释。前文已言，他将上古时期史学划分为神述历史（天人不分）、巫术历史（天人渐分）、史述历史（天人已分）三个阶段。同样从此框架出发，他认为同是歌颂周祖后稷，《天问》曰“稷维元子，帝何竺之”，表明后稷是上帝的元子，反映的是神述历史；而《生民》讲姜嫄履帝武后而生后稷，

① ［德］韦伯：《中国的宗教》，《韦伯作品集》第五册，康乐、简惠美译，广西师范大学出版社2004年版，第173页。

② ［英］詹姆斯·乔治·弗雷泽：《金枝》上册，赵昍译，陕西师范大学出版总社有限公司2010年版，第6页。

③ 皮锡瑞：《经学通论》，吴仰湘点校，中华书局2018年版，第204—207页。

④ 顾颉刚：《中国上古史讲义》，《顾颉刚古史论文集》卷三，中华书局2011年版，第448、449页。

"后稷"配天而不是天，属于巫术历史或史诗叙事。"是巫在舞蹈时的诗乐"，"是文明社会对于对偶婚前的粉饰，是巫职对于神职的订正"。他说：

> 同是歌颂周祖后稷，在《天问》中，是"稷维元子，帝何竺之"。后稷是上帝的元子，所以生下来得到鸟的卵翼，这是"神"的历史，天、人未分。而《周颂》与《大雅》，只是姜嫄履帝武后而生后稷，虽因未婚生子而被抛弃，卒因各方维护成长起来，但"后稷"也只能是配天而不是天。这还是史诗，是巫在舞蹈时的诗乐。它已经减少了神话色彩，但还没法解释"戴天头"式的婚姻生子，于是要姜嫄"履帝武敏歆"。这是文明社会对于对偶婚前的粉饰，是巫职对于神职的订正。但无论神、巫的舞诗，都还没有脱掉历史的神话部分，没有神话也就没有巫职；没有巫职，史诗唱不出来；而专职的史官出现，于是诗亡而后《春秋》作。孔子是鲁《春秋》的著作者，孔子是第一代史家，但儒家传统仍兼巫职，他们相礼，儒家与商祝息息相关。[①]

显然，这一观察极具洞察力，但其基本意涵依然在于表明历史的转型与更新。

刘起釪则认为，《生民》反映的是母系氏族社会的情况："姜嫄同上帝生下了后稷，她无夫而生子，这实际是处在母系氏族阶段的一叫做有邰氏的姜姓氏族中一位名叫嫄的姑娘生了一个儿子。"不过在诗中，"掺进了父系时代的观点"[②]。这个解释与"民神杂糅"概念是相符的。

但是，普鸣的阐释却是另一番景象。他提出，从"上帝不宁，不康禋祀，居然生子"来看，可能"帝不赞成姜嫄的行为。姜嫄通过祭祀使帝下降，而且，没有得到帝的准许，她就踏上了帝的脚印并取得了他的部分神力。换句话说，后稷是在一次僭越行为中诞生的。在这次行为中，

① 杨向奎：《宗周社会与礼乐文明》，人民出版社1992年版，第348页。参看第357页。

② 刘起釪：《古史续辨》，中国社会科学出版社1991年版，第168页。

帝的能力通过一次欺骗性的祭祀被占有了。”“也许是由于帝的不悦，姜嫄被迫放弃后稷。”“尽管帝感到不悦，后稷仍然受到世间的爱护。”

其实，所谓“欺骗性的祭祀”，在上古时期断然不可能发生。祭祀者既不可能故意欺骗上帝，上帝也不可能被欺骗。至于所说上帝感到不悦的意思，在高亨的释读中有所暗示，但认为是“巫者假托神意说的话”。《毛诗正义》提到“上帝不宁者，为生天之胤，故不安”。则是那种将为人父的不安，而非遭受女人欺骗的愤怒。因此，尽管有高亨与古文献的部分支撑，但普鸣的释读不能成立。

最明显的，是他没有将“不宁”解读为“丕宁”。在庄严神圣的祭祀活动中，不可想象会有僭越与欺骗。普鸣还说，“后稷是第一个制定正确祭祀的人，这种祭祀划明了人与神的恰当划分”；“人类与神灵由此有了确定的职分与各自的领域”。[①] 这样，他便将只有绝地天通才能导致的后果划给了祭祀。其实，所谓“正确祭祀”，只能发生于绝地天通之后。

面对同一首诗，阐释结论居然如此不同。对此，自可视为作品的开放性使然，亦可视为经典解读的规律性所在。但是，还是应该回到基本叙事上来。

《生民》的基本叙事，即顾颉刚所说姜嫄的生育终归与上帝扯上了关系。而且，“姜嫄生下后稷的过程，得到上帝神灵的充分保佑，生来顺利安全，因而上帝也很安乐，没有什么‘不祥’，而且所生胎儿也没有什么特异”[②]。既然如此，那么它所隐喻的便只能是绝地天通之前民神杂糅的状况，不可能是别的。

各家解读之所以发生分歧，就在于忽略了绝地天通的界碑性质，因而将只能在其前或其后发生的事情倒置或混淆了。

显然，闻一多的阐释视角依然在民神杂糅框架之内，普鸣却在这一框架之外。杨向奎则结合了民神杂糅与民神不杂两个视角。普鸣说：

---

① ［美］普鸣：《成神：早期中国的宇宙论、祭祀与自我神化》，张常煊、李健芸译，生活·读书·新知三联书店2020年版，第98、100页。

② 杨宽：《西周史》，上海人民出版社2019年版，第25页。

"姜嫄祭祀的时候，帝被引带下降并在地上踏步。后稷祭祀的时候，帝却留在天上，享受着飘升而上的香气。"① 从逻辑看，前者只能属于民神杂糅，后者则属于民神不杂，分界点就是绝地天通。只有将该诗置于绝地天通之前，叙事与逻辑才能得到统一。

同理，据《山海经·大荒北经》，黄帝与蚩尤打仗时，曾派一个叫"魃"的"天女"下界；蚩尤被杀后，这位天女却回不去了，"帝"便把她安置到赤水之北居住。显而易见，天女下界前，还是民神杂糅；要回去的时候，已经绝地天通。②

但是，问题的复杂性在于，同一史事在不同的叙述过程中，会随着时代演进而发生变形，因而影响到对原史事的认知。前文已言，做出绝地天通决定的主体，在不同的叙事语境中经历了从单纯的"神"到不单纯的"人神"的变化。对此，须辩证看待。一方面，虽然发生了主体转移，但绝地天通的基本叙事没有改变，因而其观念标识意义没有改变。另一方面，主体改变又映现了绝地天通所引起的实际后果。也就是说，绝地天通之前，叙事主体只能是神。之后，则必会换为人神。因此，观察叙事主体的身份变化，可以反过来验证叙事内容的时间先后。

吕思勉说，古代社会"一切丰功伟绩，皆以傅诸本族先世之酋豪。而其人遂若介乎神与人之间"③。此类史实，一望便知必然出在绝地天通之后。其表现，便是叙事中的人物，由神而变成了介乎神人之间的酋豪。

这种转移发生之后，神意决定也就随之变成了有神性的人王规定。在最高神君或君神决定下，其他小神俗君，或芸芸小民，从此开始一律处于被动受使的领受状态，宗教也由此而隶属于政治。

《论衡·辨崇》道破天机："圣人举事，先定于义。义已定为，决以卜筮，示不专己，明与鬼神同意共指，欲令众下信用不疑。故《书》列七卜，《易》载八卦。"借鲁迅的讽语，即"巫师对人见神见鬼，但神鬼

① ［美］普鸣：《成神：早期中国的宇宙论、祭祀与自我神化》，张常煊、李健芸译，生活·读书·新知三联书店 2020 年版，第 101 页。

② 按顾颉刚的解释中已经含有此意。顾颉刚：《中国上古史讲义》，《顾颉刚古史论文集》卷三，中华书局 2011 年版，第 447 页。

③ 吕思勉：《先秦学术概论》，中国大百科全书出版社 1985 年版，第 5 页。

是怎样的东西，他自己的心里是明白的”[①]。换言之，“民神杂糅”一转而为“神道设教”。“神”非但不再直接管理人间事，而且被架高为空，进一步成为政治玩偶。这一切，都是从绝地天通开始的。

所以，章太炎所谓“分裂政教”，实则意味着一次新的社会大分工与大洗牌。大分工意味着社会整全性的破裂。宗教与政治在整全性社会中分化出来，逐渐形成宗教服从政治、政治垄断宗教的新型关系，并通过“以神道设教”的方式实行起来。

从阐释学视角看，分工既意味对“中介”的呼唤，也意味着“交感”的产生。中介与交感是一事之两面。卡西尔说，“一切巫术就其起源与意义而言都是‘交感的’”[②]。因此，人神关系的阻断或破裂，既不表明尼采所谓“上帝死了”，也不表明福柯所谓“人死了”，还不表明政、教互不关联的独立发展，更不意味着形成相互对立的力量，而是意味着通过大洗牌使得人神关系、政教关系得到更新，通过巫术的中介，以交感的方式由政教混一走向以政统教。人神关系依旧在，但维持关系的纽带和方式变了。

绝地天通之后，巫师在人与神之间以交感方式发挥中介作用，于是人们便觉得只有巫师才能继续在天地之间来往。殊不知，巫师正是绝地天通的产物。顾颉刚说：“巫可以自由到上帝那边，所以死了人招魂时就得请巫，而楚巫所歌的即是巫阳受了上帝的命令，下来招那离散的魂魄的故事。”[③] 是否存在专职巫师、是否由巫师垄断神事，显然是判断是否已经绝地天通的一个重要标准。

总之，绝地天通标识远古社会的一次社会形态大转型。就文化与社会意义而言，这应该是人类所经历的第一次大转型。此种转型的意义，不是重新建立政教关系，而是分裂旧的政教关系，实现新的政教统一。所以，韦伯在谈到中国古代所谓家产官僚体制的强大时，指出这种体制未曾受到一个独立自由的教权制制衡，更不存在所谓“先知寓言”问题，也没有属

---

① 鲁迅：《通信》，《鲁迅全集》第八卷，人民文学出版社 2005 年版，第 262 页。

② ［德］恩斯特·卡西尔：《符号形式的哲学》，赵海萍译，吉林出版集团股份有限公司 2018 年版，第 105 页。

③ 顾颉刚：《中国上古史讲义》，《顾颉刚古史论文集》卷三，中华书局 2011 年版，第 446 页。

于个人的“祈祷”，宗教意识的原始性质一直未被突破；一切均由政教合一的统治者皇帝照料。[①] 这一观察显然具有启发性，但他不知道，造成这一结果的原因就是绝地天通——它更新而非废除了原始宗教。

绝地天通造成的一个最直接、最可见的后果，就是出现了祭祀与巫师这一新的业态与阶层。因此，它也揭示了巫师起源的秘密。

涂尔干说：“祭祀之所以产生，并不是为了在人与神之间制造一条人为的亲属关系纽带，而是要维持和更新最初就已经把两者结合在一起的天然的亲属关系。”[②] 可谓一语中的。从此以后，“直接前往”变为“中介代办”，“直接交往”变为“间接交感”。《尚书·微子》说：“我祖厎遂陈于上；我用沉酗于酒，用乱败厥德于下。”暗示上天与下民已经无法直接对话。既然上天不再直接管天下事，小民也就不再把老天爷当回事，以致有人“攘窃神祇之牺牷牲”，却完全“无灾”。“小民方兴，相为敌雠”，“乃罔畏畏”。由于整个社会与文化观念大转型，所以人们对神的态度由狎爱变成了敬畏。一旦由狎爱变成敬畏，则小民对老天爷必然既巴结又怨恨。只有形成这样的社会性，才利于那些在人、神之间居间说话的中间者、中介人。于是，体现为事物注经学的阐释学原初形态，也就诞生并巩固下来了。

中间或中介活动的主要载体，是祭祀仪典。仪典的主持人，就是巫师。正如姜亮夫所说，“觋巫成了传达人与天神的媒介”，他们“是智慧很高的人”。[③] 巫师最欢迎绝地天通，因为这意味着其职业身份的形成与政治、文化身份的奠基。对统治者来说，绝地天通带来了权力的集中。对文化来说，标识着文化形态的转型。对宗教来说，意味着宗教规训形态的肇始。李约瑟说：“在中国国教里皇帝代表百姓充当最高祭司。”[④]

---

① ［德］韦伯：《中国的宗教》，《韦伯作品集》第五册，康乐、简惠美译，广西师范大学出版社2004年版，第207—208页。

② ［法］涂尔干：《宗教生活的基本形式》，渠敬东、汲喆译，《涂尔干文集》第四卷，商务印书馆2020年版，第461页。

③ 姜亮夫：《中国学术原衍阐微》，姜昆武选编：《姜亮夫文录》，云南人民出版社1999年版，第127页。

④ ［英］李约瑟：《中华科学文明史》，江晓原主持，上海交通大学科学史系译，上海人民出版社2014年版，第68页。

李泽厚说，从“家为巫史”转到“绝地天通”之后，“巫”成了“君”（政治首领）的特权职能。[①] 所以，《尚书·洪范》以祭祀为八政之一，可谓用心极深。

哈贝马斯通过对韦伯的解读提出，“世界宗教毫无例外都是在高度文明的地区发展起来的，也就是说，是在有国家组织的社会当中发展起来的。因为，这些地方有了独立于血亲关系的生产方式和相应的经济剥削形式。当然，先知必须利用冲突的力量，‘把那些到处都受制于巫术的大众带入具有伦理特征的宗教运动当中’”。在韦伯看来，巫术“阻碍了在文化核心领域信徒与上帝或神圣的存在之间形成一种人际交往关系”[②]。这个看法显然既不适合原始宗教，也不适合中国，只适合西方现代宗教的原初情形。

事实上，文明高度发展、具有国家组织的地区，其生产方式和相应的经济剥削形式不一定能够从血亲关系中独立出来。相反，国家组织、血亲关系、巫术祭祀活动与高度文明在许多地区可以紧密结合，并且以立法形式固定下来，因此无法产生能够冲破巫术制约而具有伦理特征的纯宗教运动。这一点，从绝地天通的后续结果即可看出。

绝地天通导致的是国家组织更加强大，是对巫师以及祭祀活动的催生与维持，是通过保持宗教性而对纯宗教的拒斥。有宗教性但无法成为独立宗教形态的祭祀活动，由此而发挥精神教化作用，成为政治工具，发挥世俗法作用，并建构出文化、思想及知识系统，进一步深化为政治与社会价值。由巫师所主导和主持的祭祀活动，成为集政治功能与社会功能、宗教功能与文化功能、实践功能与教化功能、伦理观念与精神功能于一体的理性中心。这是文明的进步，也是人类苦难的新奠基。正可谓：“大道废，有仁义；智慧出，有大伪。”（《老子·十八章》）

---

① 李泽厚：《由巫到礼 释礼归仁》，人民文学出版社 2022 年版，第 6 页，参看第 100 页。按韦伯已经点明，君主同时也是最高祭司、由皇帝扮演最高祭司，这是中国与神圣罗马帝国的区别点。中国君王其实是巫术信仰中的祈雨师。［德］韦伯：《中国的宗教》，《韦伯作品集》第五册，康乐、简惠美译，广西师范大学出版社 2004 年版，第 60—61、69 页。

② ［德］尤尔根·哈贝马斯：《交往行为理论》（第一卷），曹卫东译，上海人民出版社 2018 年版，第 260、264 页。

总之，有了绝地天通，便有了原始宗教的转型，也便有了在天地之间的传话活动。有传话活动，必有传话之人。有了专门的传话之人，阐释学也就诞生了。因此，有学者释“绝地天通”为“不让民众直接与天沟通，而由祭祀人员代替”。[1] 可谓的诂。说到底，绝地天通所标识的原始宗教转型，带来了原始整全性社会的崩塌。

---

① 李民、王健：《尚书译注》，上海古籍出版社2012年版，第315页。

第十章

中国古典阐释学的语文学形式

当代西方哲学阐释学存在着本体论与方法论两种建构路线。建构当代中国阐释学应主要借鉴保罗·利科与方法论结合的路径。汉字不是象形文字。汉字的表意性质使其天然地与意义阐释交融在一起。训诂学与阐释学都围绕意义运动。训释亦为阐释，阐释必赖训释。“象”与“形”同时具有文字学与阐释学的双重属性。词义与观念交互训释，既是训诂学的特点，也是古典阐释学的特点。语义学指称关系是汉字系统的第一关系。以字词义为对象的训诂学是古典语文学形式的阐释学。《春秋》学所定释经宗旨、原则与方法，具有为古典阐释学立法之意义。

一　哲学阐释学的两条进路

张江先生认为，建构当代中国阐释学，必须解决六大问题。其中重大问题有二：一是我国阐释学的进路，到底应以本体论建构为核心，还是应以方法论建构为核心？二是中国传统阐释学的学术资源在建构当代中国阐释学的过程中是否发挥或发挥什么作用?[①] 对此，不妨提出笔者的一些思考。

首先需确定一个基本事实，那就是西方的阐释学经狄尔泰而发展到哲学阐释学形态之后，本体论（即存在论、生存论）的阐释学并没有一

① 张江：《中国阐释学建构的若干难题》，《探索与争鸣》2022 年第 1 期。

统天下，而是同样存在着本体论与方法论两种建构路线的分野。那种认为西方哲学阐释学乃是存在论一统天下或占据绝对主导地位的看法，并不符合事实。

所谓本体论或存在论的阐释学，由于其离弃方法论的立场，被卡普托（John Caputo）称为“激进阐释学”，代表人物为克尔凯郭尔、胡塞尔、海德格尔、德里达。卡普托赞同这些人的立场，认为必须走向彻底的本体论即生存论，因此他竭力为这些人张目。另一派则以保罗·利科为代表，认为阐释学即使要走向“理解的存在论”或“存在模式的理解”，也不能越过“认识模式的理解”或“阐释的认识论”这条通道；不能与“那些在方法上求助于解释的学科”脱离。利科不反对生存论本身，但认为生存论不能跨越方法论。对此，卡普托不予认同，认为保罗·利科这是在本体论与方法论之间调情，具有回到形而上学的危险倾向。

比较难以确定阵线的是伽达默尔，因为这个人既是哲学阐释学的代表人物，偏偏立场特色不那么鲜明。经斟酌，卡普托还是把这个海德格尔的学生划在了方法论阵营，尽管较之于利科要接近中间线。卡普托说：“即便《真理与方法》包含了对‘方法’的有益批判，但是，《真理与方法》中的‘真理’问题仍然属于真理的形而上学。”[①] 这样一个决然的断语，差不多一下子便将伽达默尔摆在了与海德格尔对立的位置上，显得与现象学开辟的反形而上学线路是那么格格不入。

没有人会否认伽达默尔、保罗·利科的阐释学属于哲学形态，但他们没有抛弃方法论，亦即没有抛弃认识论以及阐释学史的丰富资源，而是将后者放置在了生存论阐释学派生形式的位置予以论述。这就等于告诉我们，那种认为西方哲学阐释学早已抛弃方法论的看法，至少是片面的。

恰恰相反，正如保罗·利科所说，相对于海德格尔，伽达默尔反而“标志着从本体论再返回认识论问题的运动的开始”[②]。此话极为关键。

---

① ［美］约翰·卡普托：《激进诠释学：重复、解构与诠释学筹划》，李建盛译，北京大学出版社 2021 年版，第 8 页。

② ［法］保罗·利科：《诠释学与人文科学》，洪汉鼎译，中国人民大学出版社 2021 年版，第 22 页。

对这种返回，海德格尔既无兴趣，更为其哲学属性所不允许。但是，至少在利科看来，如不作这种返回，阐释的前结构的根本性就不能得到彻底证明；而一旦返回，则必与人文学科发生碰撞。

正是在这个地方，生发出了伽达默尔与哈贝马斯的大论辩。对此，我们暂不置评。不过，需点明的是，这种返回会导致另一个结果，即利科一针见血地指出的那种情况：生存论阐释学虽然将时间上占先的语文学在哲学结构上打成了次生的派生模式（现象学在基础程序上先行于注经学和语文学），但也因此使得语文学在生存论哲学中取得了合法地位。这真可谓无心插柳柳成荫了。

利科总括伽达默尔的意思，表示阐释学之所以变成阐释哲学，“仅仅是因为返回到注经学和语文学的可能性条件，甚至超出文本的一般理论，它致力于所有经验的语言条件——语言性”[①]。这就等于是说，在阐释哲学中，非但“经验的语言条件”未被抛弃，反而还被“致力于”；而且在阐释哲学中，注经学和语文学还得到哲学化的巩固与提升。对中国经学基本一窍不通的伽达默尔与利科，无意间将中国的古文字学，特别是训诂学捎了进去。

其实，伽达默尔本人讲得很清楚：既然阐释学可以被理解为谈话，那么，与传统谈话就是题中必有之义了；阐释学必然涉及数千年来的哲学概念。[②] 他说：“诠释学思考的本质就在于，它必须产生于诠释学实践。”[③] 所谓阐释学实践，一个重要指向，就是伽达默尔所使用的关键词“传承物”。换言之，假如他了解中国文化，一定会将传统经学装进所谓“传承物”。对于西方文化，伽达默尔就是这样做的。所以，他一方面致力于建构自己独立的阐释学理论；另一方面又颇用力于西方阐释学历史的研究。当然，就最终目标而言，伽达默尔的阐释学还是生存论的：

---

① ［法］保罗·利科：《诠释学与人文科学》，洪汉鼎译，中国人民大学出版社 2021 年版，第 34、80 页。

② ［德］伽达默尔：《古典诠释学和哲学诠释学》，洪汉鼎主编：《伽达默尔著作集》第二卷，商务印书馆 2021 年版，第 145 页。

③ ［德］伽达默尔：《在现象学和辩证法之间》，洪汉鼎主编：《伽达默尔著作集》第二卷，商务印书馆 2021 年版，第 4 页。这里所谓诠释学，与阐释学同义。下同。

"我的哲学诠释学正是试图遵循后期海德格尔的探究方向并以新的方式达到后期海德格尔所想完成的工作。"[1] 但这也恰恰说明，在伽达默尔那里，方法论与生存论是兼容的——且不论兼容的方式与位置高低。

相对于伽达默尔，保罗·利科的方法论特点更加鲜明。他的这一特点，既体现在对学术阐释的理论论述上，也体现在对思想史、学术史的广泛涉猎与分析上。这是一种高度自觉的理性行为。

对激进阐释学，利科通过分析批判海德格尔，作了清晰而有说服力的辨析。这些分析批判，既深入又富于洞见。诚然，在海德格尔的生存论阐释学中，本体论与方法论对立，但本体论只是在最基础的意义上得到讨论；"如果问题所涉及的是支配特殊对象领域、自然领域、生命领域、语言领域、历史领域的某些概念，那么它就只是一个认识论的问题"[2]。换言之，一涉具体学科，生存论的本体论必然会变成方法论。

利科鲜明地提出，不应以"理解的存在论"取代"解释的认识论"；至少，在此之前要穿越语义学结构分析的"窄门"。他说，即使"果断地走出主客问题之使人着魔的循环"，也应首先"在此在之分析面前撤退"，因为海德格尔用"存在模式"代替"认识模式"而构思的存在论，实际上只是一个"视域"或"意图"，而不是"已知材料"。这样，就造成了"意图"和"材料"的分离，而阐释行为不能与"已知材料"分离，亦即不能脱离对以往认知的反思。在不同阐释观点的辩论中，在对虚假意识的批判中，材料的价值自会显现出来。

其实，依照海德格尔本人关于阐释循环的解释，"理解的存在论"也涵蕴在"阐释的方法论"中，因而陷于阐释与阐释对象所形成的关系中。所以，讲到存在论，那只能是一种"涵蕴的存在论"，离不开主体考古学（心理分析）一类辨读活动或精神现象学（目的论）一类认知活动。没有独立不倚的存在论，只有无法避免阐释风险的存在论。"存在"

---

① ［德］伽达默尔：《在现象学和辩证法之间》，洪汉鼎主编：《伽达默尔著作集》第二卷，商务印书馆2021年版，第13页。

② ［法］保罗·利科：《诠释学与人文科学》，洪汉鼎译，中国人民大学出版社2021年版，第15页。

融贯于各种不同阐释的辩证法中。

利科说："生存只有通过对那些出现在文化世界里的所有意指进行连续的解读，才能获得言语、意义和反思；只有通过占有这个起先存在于'外面'，存在于精神生命所藉以客观化的文化作品、制度和不朽巨著中的意义，生存才能成为自身——人性的和成年的自身。"[①] 这就不仅阐明了学术史在阐释学框架内的意义，而且指明了"存在"对于文化传统的依赖性。它不仅对于我们思考当代中国阐释学的进路具有启发性，而且对于我们回首看待传统文化，同样具有启发性。

所以，建构当代中国阐释学，不能仅看海德格尔那派人，还要顾及保罗·利科这一帮；在看海德格尔那派人时，还要看到方法论问题在他们那里具体而微的实际处境。当然，绝不可因此而忽略保罗·利科这派人的生存论指向。任何事情，均忌以一种倾向掩盖另一种倾向。归根到底，与激进阐释学的本质一样，利科所主张的"合理辩证的历史观"，同样属于主观唯心主义与历史唯心主义。

哲学阐释学诚然是一种哲学，但它是一种"社会交往的哲学"；或如卡普托所说，是"从边缘书写哲学"。[②] 这就注定了它与人文学科具有不可抽离的关系。有人从伽达默尔《真理与方法》中看到"一个可能的危险"，即阐释学会变成某种基本上是"人文主义"的历史哲学，最终会成为"新康德派的那种历史哲学"。[③] 这样的担心是多余的，但担心本身映现了阐释学与人文学科无法阻断的血肉关系。

当然，虽是血肉关系，却不可相互替代。伽达默尔说，哲学阐释学不能排除单个研究者的经验领域，不针对学科具体方法，其普遍性仅在于综合整理所有学科，将所有学科所能认识的东西"都包括进我们身处于其中的理解关联之中"。换言之，它用"理解关联"提供学科应用程

---

① ［法］保罗·利科：《解释的冲突：解释学文集》，莫伟民译，商务印书馆 2017 年版，第 25 页。

② ［美］约翰·卡普托：《激进诠释学：重复、解构与诠释学筹划》，李建盛译，北京大学出版社 2021 年版，第 5 页。

③ ［意］詹尼·瓦蒂莫：《现代性的终结：虚无主义与后现代文化诠释学》，李建盛译，商务印书馆 2013 年版，第 163 页。

序的“解释”，如同柏拉图所说的修词学，仅指向“规定所有人类认识和活动的问题”，[①] 是“对种种解释进行的解释”。因此，任何学科都无须担心阐释学会侵蚀它们。某具体学科无论怎样富于阐释性，学科的主体性都不会丧失——阐释学就是这么“可爱”。

最后，还须澄清一点，即当代哲学是否已经消除本体论与方法论的二元论，已将其一锅烩地整合成了本体论？这是个具有釜底抽薪性质的问题。其最切近的源头，可追溯至现象学。

“现象学曾声称克服了唯理主义和经验主义之间的对立，甚至完全否定了主客观的区别。现象学家们主张，传统的主体和客体概念都只是哲学的构造，此类构造事实上歪曲着人类世界经验的真正性质。”[②] 许多年前，我国哲学界讨论“实践”概念，指向亦在于此，其中尤其涉及马克思《1844 年经济学哲学手稿》等文本中“实践”概念的理解。对此，我们无法展开讨论，但须指出，即使在西方，这个问题也并非像一些学者所说的那样已经得到解决。

原因很简单，恰如列斐伏尔所说，“哲学发现很难走出主体与客体两分这样的二重性——或者笛卡尔式的我思维与广延性，或者康德主义与后康德主义、新康德主义式的自我与非自我——的窠臼”。当然，人们对二重性的理解，确实大大深化了。目前对于二重性的理解，在于“运用专业化的科学并以透明化的名义，按照对立与对立体系来对可理解性（intelligibility）进行定义”。这种理解“既不能说已经具有了实质性，也不能说还完全没有成型”，但是，“当将其诉诸于思想的检视，其合理性据说可以得到自证”。二重性为什么在现实中依然大量被运用？就在于它在检视思想的时候，其合理性可得到自证，因此它依然“具有一种魔力，仅仅通过清楚的表达便能将含混的变为清晰的，并能将阴影中的‘事物’带向光明。简言之，它具有一种解码的（de-

① ［德］伽达默尔：《作为理论和实践双重任务的诠释学》，洪汉鼎主编：《理解与解释——诠释学经典文选》，东方出版社 2001 年版，第 515 页。

② ［爱尔兰］德尔默·莫兰：《现象学：一部历史的和批评的导论》，李幼蒸译，中国人民大学出版社 2017 年版，第 12 页。

code）威力”[①]。

如此说来，本体论与方法论的二分法并未失效，我们上面对于二分法的采用，也就依然有效了。

二　汉字表意性的阐释学指向

哲学阐释学的两大进路既明，当代中国阐释学的建构路径也就清晰可鉴了。我们认为，建构当代中国阐释学应主要借鉴保罗·利科的路子，当然也不可忽视海德格尔直达存在论的路子。归根结底，诚如张江所强调，我们只能走自己的路子。之所以必须走自己的路，理由很多，但其中一条亟需强调，即汉字体系的性质不仅注定我们只能走自己的路，而且为走自己的路提供了资源和质料。

讲到汉字体系的性质，首先必须明确，汉字不是象形文字。周有光早曾指出：“把汉字体系说成象形文字，对古代，对现代，都不符合事实。这一错误来自国外。”因为“国外错误地把一切非字母文字称为圣书字，中国又错误地翻译成为‘象形文字’”。[②] 就汉字本身而言，诚如吕叔湘所说：“在古时造字的原则里头，由于字体的变化，由甲骨、金文而篆而隶而楷书，象形久已不‘象’，指事和会意本来很抽象，不是一望而知，应用最广的只有形声一条，现在通用的汉字十有八九是形声字。”[③] 高名凯等先生同样指出：“汉字发展到小篆，就已经开始把原来的图形改造成一定的笔划组成的形体，形成了一种过渡状态的东西。而早在战国时代就出现了的隶书，则已经摆脱了图形的束缚。”[④]

在周有光看来，甲骨文已经不是象形文字，因为“甲、金、篆书是‘图符’，隶书、楷书和草书、行书是‘字符’”[⑤]。对此，法国汉学界马

---

① ［法］亨利·列斐伏尔：《空间的生产》，刘怀玉等译，商务印书馆 2021 年版，第 60—61 页。

② 周有光：《世界文字发展史》（第 3 版），上海教育出版社 2018 年版，第 385 页。

③ 吕叔湘：《汉字和拼音文字的比较》，《吕叔湘语文论集》，商务印书馆 1983 年版，第 80 页。

④ 高名凯、石安石：《语言学概论》，中华书局 1987 年版，第 198 页。

⑤ 周有光：《文字“三相”分类法》，《周有光语言学论文集》，商务印书馆 2004 年版，第 302 页。

伯乐早有揭示。他说，在殷代，“象形的阶段已经过去很久了，此时的每一个字都由一个特定的符号来表示。这些符号的基础是一系列形意文字”[①]。很明显，象形只是汉字的一种构成手段[②]；汉字中虽存在象形字，但不表明整个系统可定性为象形文字。陈梦家以“象形”统领六书中的“象形”“指事”“会意”和一部分“形声”，建构出以“象形”为核心的古文字系统，认为“中国字起于象形而一直保存着象形的特色，是毫无可疑的了”[③]。但即使如此，他也没有将汉字体系定性为象形文字。

从国际范围看，象形文字是不是最早的文字，也很成问题，因为“象形文字理论与现代考古研究并不相符[④]。”维柯说，最初各民族都“用象形文字来书写”[⑤]，看来未必。李约瑟说“中国文字是一直保留着象形写法的唯一一种文字”[⑥]。这是依据旧的象形文字理论得出的错误结论。

当然，所谓汉字不是象形文字，乃是就汉字体系的性质而言，不表明其中不含象形字，也不表明其不起源于象形文字。

既不是象形文字，那汉字是什么？对此，王宁先生作了颇为系统的阐述。她指出，汉字不仅属于表意体系，而且是表意体系的“典范例子”；“在数千年的历史发展中，汉字顽强地维护着自己的表意文字特点”。[⑦]

什么是表意文字？索绪尔说，有两种文字体系，一种是表音体系，一种是表意体系。表意体系的特点是：“一个词只用一个符号表示，而这个符号却与词赖以构成的声音无关。这个符号和整个词发生关系，因此也就间接地和它所表述的观念发生关系。这种体系的典范例子就

---

① 马伯乐：《古代中国》，肖菁译，北京理工大学出版社 2020 年版，第 37 页。

② 王力先生说汉字依照四个原则构成，第一是象形。《王力论学新著》，广西人民出版社 1983 年版，第 309 页。

③ 陈梦家：《中国文字学》（修订本），中华书局 2011 年版，第 22 页。

④ ［美］丹尼丝·施曼特－贝瑟拉：《文字起源》，王乐洋译，商务印书馆 2021 年版，第 11 页。

⑤ ［意］维柯：《新科学》，朱光潜译，人民文学出版社 1986 年版，第 193 页。

⑥ ［英］李约瑟：《中华科学文明史》，江晓原主持，上海交通大学科学史系译，上海人民出版社 2014 年版，第 9 页。

⑦ 王宁：《汉字构形学导论》，商务印书馆 2015 年版，第 24 页。

是汉字。”[①] 布龙菲尔德则说：“用一个符号代表口语里的每个词，这样的文字体系就是所谓表意文字，这是一个很容易引起误会的名称。文字的重要特点恰恰就是，字并不是代表实际世界的特征（‘观念’），而是代表写字人的语言的特征；所以不如叫表词文字或言辞文字。”[②]

作为表意文字，汉字在形态上显然高于象形文字，也有学者将其称为意音文字或语素文字、字符文字。由于表意的性质，故汉字“不以表音为原则，这是汉字的特色”[③]。表意通过构形来表达，故分析构形成为理解意义的通道。王宁先生说：“汉字构形的最大特点是它要根据汉语中与之相应的某一个词的意义来构形，因此，汉字的形体总是携带着可供分析的意义信息。”[④] 这句话的内容非常丰富，从中引出的一个结论就是，汉字的表意性质使其天然地与意义阐释交融在一起。

有学者说：“从功能上看，汉字可以说是一种符号意象，或者说意象符号。”“它源于物象，介以法象，成于意象，在思维认识活动中，也始终突显出意象思维的驱导影响。”[⑤] 这就从表意性质引申出了汉字思维的特性，使得表意的语言学意义向思维形式的领域延伸。

《系辞上传》：“圣人有以见天下之至赜，而拟诸其形容，象其物宜，是故谓之象。”从表达方面讲，此话揭示了由物象到意象的生成与转化。所谓“天下之至赜”，即复杂的万事万物，但最早进入人类眼帘的却无非是天、地、水、火、雷、风、山、泽等最常见的物象，即实象。将这些最常见的物象用不同的符号来表示，就形成《易经》所谓卦象。八卦之象被不断添加与推衍，使得其范围“从自然界扩大到社会现象，从具体事物发展到抽象理念。用古人的话，是增多了一些‘卦象’，又由‘卦象’变为‘卦德’”。这样一来，“解释词义”与“解答问题”便混

① ［瑞士］费尔迪南·德·索绪尔：《普通语言学教程》，高名凯译，商务印书馆 1980 年版，第 50 页。

② ［美］布龙菲尔德：《语言论》，袁家骅、赵世开、甘世福译，商务印书馆 1980 年版，第403 页。

③ 吕叔湘：《文言和白话》，《吕叔湘语文论集》，商务印书馆 1983 年版，第 68 页。

④ 王宁：《汉字构形学导论》，商务印书馆 2015 年版，第 21—22 页。

⑤ 王作新：《汉字结构系统与传统思维方式》，武汉出版社 2000 年版，第 23、25 页。

杂起来，占筮《易》就被逐渐引向了哲学《易》。①

《周易》的性质及其哲学思想，与汉字的属性无疑是相通的。有语言学家在探讨词项词义的产生过程时，将其归纳为从客体到意象、从意象到词项②，足以印证上述道理。

这种情况，显然不适用于拼音文字。因为“拼音文字从形体上看不出表示的是什么内容，它只是一些语言的符号”③。而“形”在汉字中却具有直观性。陈梦家先生说：“八世纪以前的谐声与假借根源于当时的象形字，而这些象形往往以义为主，它的音读不一定固定不易。”“字以形义为主，而音读随意而变。”④

因此，就词源学与训诂学而言，西文重词根，汉语重字形。“形”来自“画”，而图画并不就是文字。吕叔湘说：“一幅画里可能画上许多东西，表示相当复杂的意思。有人管这种图画叫‘图画文字’，其实这只能叫做图画记事或是图画书信，还不能叫做文字。图画必须跟语言挂上钩，让一个图形固定地联系着语言里的一个较小的有音有义的单位，一个词或是一个语素，这才可以叫做文字。到了这个时候，这个图形就具有双重作用：一方面用它的形状唤起人们对于事物的联想，一方面代表语言里的一个音义结合体，而后者是主要的。”⑤ 这些话语表明，从汉字创制到贯穿其中的思维形式再到汉字的成立，既以意义的先行出场与在场为前提，又以意义的最后确定与复归为归宿。

王宁说：“词义是制字的出发点，又是考字的落脚点。”⑥ 正可谓一语中的。很明显，所谓训诂学，实际上就是把“出发点”和“落脚点”及其中间的事情搞清楚、说明白。在出发点发生了什么？在落脚点又发生了什么？词义怎样从制字的出发点变成了考字的落脚点？中间都经历

---

① 李镜池：《周易探源》，中华书局 1978 年版，第 172 页。

② 周建设：《词项语义的认知研究》，见所著《语义、逻辑与语言哲学》，学苑出版社 2006 年版，第 19—26 页。

③ 高名凯、石安石：《语言学概论》，中华书局 1987 年版，第 197 页。

④ 陈梦家：《关于上古音系的讨论》，《陈梦家学术论文集》，中华书局 2016 年版，第 289、290 页。

⑤ 吕叔湘：《语言和语言学》，《吕叔湘语文论集》，商务印书馆 1983 年版，第 39 页。

⑥ 陆宗达、王宁：《训诂方法论》，中国社会科学出版社 1983 年版，第 21 页。

了什么？落脚点的词义还是出发点的词义吗？出发点的词义何以“异化”成为落脚点的词义？毫无疑问，文字本义具有变迁和歧异性。字的初义，成为词的意义，进而还会因时因地而变易。[1] 这一切都是因为什么？

凡此问题，训诂学偏重于从构形学角度给出答案，属于语言学的语义学，是为训释；阐释学偏重从认识论角度给出答案，属于哲学的语义学，是为阐释。二者偏重虽不同，却同以“意义”为贯穿，故训释亦为阐释，阐释必赖训释。训释重“形”，探寻词义的生成流变与表达；阐释重“象”，探寻词义的逻辑关系与隐喻。它们都围绕意义运动，且都贯穿于从出发点到落脚点的全过程。

中国古文字学之所以发达，即在于“象”在“形”中，由此而造成表意文字体系，并成为中华民族最伟大的符号系统。这个系统所蕴含的文化暗码是文字现象学即阐释学的无尽资源。

“象”是“存在”的显现。在文字学领域，“存在”与“意”相对应。所以，“象”是“意义的显现”。王宁说，汉字在根据意义而构形的过程中，发生了“取象”行为，即“选择形象生成字符的过程”。“取象就是构意的来源”；“构意和取象都要受到造字者和用字者文化环境和文化心理的影响”。[2] 可见“取象”是造字过程中的一个起始性程序。“取象”之后，“象”即不断地“形化”（即简化）。一旦定形，即锁定意义。这个时候，字词才成其为字词。所谓“字词”，从哲学上讲，乃属于“器”。

关于“意义”，陈梦家先生就其汉语含义作了周密分析，指出“意”就是“识”，是“隐藏于文字的形之内者，必须用心思会而后得知”；“义”则是“物象发露于物者”，“表露于文字的形之外者，目见即得”。“义”与“意”是“外物”与“心官”之对，是“施”与“受”之对。“象物字因形而得意，如因虎字而得虎义；象意字、象事字因形而得义，

① 参见陈梦家《关于上古音系的讨论》，《陈梦家学术论文集》，中华书局2016年版，第290页。

② 王宁：《汉字构形学导论》，商务印书馆2015年版，第228页。

因义而见意，如口与鸟的会合而得鸣之形义。”①

一般讲，“意义”包含意谓、意指、意蕴等。从语义学角度讲，有学者将意义划分为理性意义、非理性意义，以及词义、句义、语言义、言语义等，总之都归结于意义。作为意义的显现，“象”在汉字领域同样是有形而未定形，所以需要固定的“形”将其固定下来，以实现意义的“器”化，亦即成为一个集形、音、义于一体的词。所以在汉字中，一定是“象”与“形”相互配合。“象”显现意义，“形”固化意义，因此欲知意义，必须以形索义。

这样一来，哲学上的“象”便进入并成为语言上的“象”，实现了哲学概念的语言学应用。“象”与“形”作为表意的载体与形式，也就同时具有了阐释学与文字学的双重属性。许多人始终搞不明白“象”与“形”的关系，似乎“象”就是在形状上与某物的类似，而“形”就是在形状上与某物的象形。其实，“象”代表意义的显现，“形”是意义的固化。这个道理，是受海德格尔启发而得到的。

有学者说，汉字与象“存在着深厚执着的意绪与难分难解的情缘”。“‘象’的概念，在汉字学史上，一开始就被响亮地提了出来，昭示了它突出的地位。”② 说明学者们老早就注意到了“象”与汉字的结构性意义。但是，它们到底是怎么回事，似乎总是似明非明，模模糊糊。其实，“象”与“形”都需要从哲学上去理解，然后考察它们与汉字实现了怎样的结合。一旦进入语言学领域，它们当然就具有语言学的独立意义，但其哲学意义并没有丢失，而是依然以哲学意义为基底。

但是，即使在语言学范围内，“象”也始终保持着其哲学概念的属性，表示意义已经具有强烈的意欲并正在“冲”出来或“站”出来。它的有形而未定形，正是这种状态的反映。所以，“象”需要进一步外化，固定自己，在“形”中实现自己，从而将哲学意义与语言意义结合起来。

所谓“取象”，就是让“象”在“形”中实现自己。实现自己的途

---

① 陈梦家：《中国文字学》（修订本），中华书局 2011 年版，第 41 页。

② 王作新：《汉字结构系统与传统思维方式》，武汉出版社 2000 年版，第 18 页。

径，是“画”。因此“画”代表转达，表示转义。是“画”让“象”实现了自己，有了固定的“形”。通过“画”的转义功能，将象义转化、固定为语义。有语言学家提出，甲骨文与楔形文字、圣书字具有两个共同特点，一是“它们像记事图画似的，仍然像许多不同的图画，不过是记录了语词罢了”。二是“它们不是拼音的，而是同时使用了三种不同的造字方法”，即表形、表意、表音。① 可见，“画”的转义过程相当复杂，并非一蹴而就，中间还有许多情节需要研究揭示，但不论怎样，是“画”统领并统一了音与形。

所以，“象”与“形”浓化了汉字与阐释学的先天血缘性。“形”是“象”的固化、抽象化、形式化、几何化。“象”之“形”一旦固化，即转化为“像”，成为《周易·系辞上传》所谓“天垂象，见吉凶，圣人象之”之“象”，亦即成为语素符号。“像”就是“象之”，其作用是“示”。《系辞上传》说：“《易》有四象，所以示也。”《系辞下传》又说：“《易》者，象也；象也者，像也。”是为从自然之“象”到“立象”之“像”。从此开始，古文字学也就注定成为阐释学或观念现象学的一种语文学形式。

所以，“象”“形”二字之于汉字的意义，不是将汉字定性为象形文字，而是指向汉字表意性质的内在性质及表现形式，这种表现形式包藏着哲学的、文化的、阐释学的意义。

“象”是《周易》认识论的核心。诚如张江所说，“象”决定了汉语言民族的思维不同于西方其他民族。② 作为形而上与形而下之间的一个哲学范畴，它渗透进古文字领域，以至于成为解码汉字表意属性的一把钥匙。足见其在知识领域的重要作用。所以，许慎格外重视这个“象”。他的基本方法，是将语言学与观念史结合在一起，相互释证。其实，就文字缘起而言，它与其说受语言类型影响，毋宁说主要受文化类型影响。“文字的加工和应用一开始都会受当地文化环境中的特殊条件影响。”③

---

① 高名凯、石安石：《语言学概论》，中华书局 1987 年版，第 195 页。

② 张江：《中国阐释学建构的若干难题》，《探索与争鸣》2022 年第 1 期。

③ ［德］哈拉尔德·哈尔曼：《文字史》，励洁丹译，上海三联书店 2021 年版，第 41 页。

“象”对汉字所发挥的作用，正是如此。

《说文解字叙》七次提到“象”，“包含了由物质根源到手段中介至于符号目标的具体内涵”[①]。文章开篇即讲“观象”，然后将“指事”列为六书之首，指其为“视而可识，察而见意”，虽立足于儿童识字，但符合人的认识过程与造字程序，因此具有认识结构分析的意义。

从这个具有基点意义的始点出发，许慎在秩序井然的阐释过程中突出了指事的优先性。有文字学家认为“指事”不该在“象形”之前，因为“象形字为独体文，相叠加则为会意字；加注指点符号则为后起指事字”[②]。这就将视角局限在了文字繁杂性的顺序上，忘记了“形”从“意”出。

其实，“指事”须与“观象”结合起来理解。就造字而言，首先为顺着意义“观象”，即将符合意义的对象识别、指认、确定下来，在主体与对象之间建立起意义关联。通过对象化，将“视”与“察”、“象”与“识”贯通在一起，通过“画”，形成意义的形式固化，亦即将仅具初形的“象”转化为具有器性的“形”。

“画”在本质上属于画者意向性的体现。章太炎说：“盖象形之字，并不纤细工似，不过粗具轮廓，或举其一端而已。”[③] 意向性的展露，必然造成这种“像”而不“是”的形体效果。而且，既然依靠意向性引领，故“画”必循规则，而规则必有变例乃至漏洞，因此，当画者在意向性驱动下将意义和声音用符号形式表现并固化下来时，也就埋下了误会因而阐释的种子。

总之，上述种种，都是为表意服务的，也可视为表意属性的功能化。抓住表意这个核心属性，即可知汉字天然地与中国人的哲学理念、文化特性结合在一起，这就使得古文字学天然地具有思想史的内涵。古人强调读书必先识字，其旨归即在思想的精准领悟，而不止于识文断字。字

---

① 王作新：《汉字结构系统与传统思维方式》，武汉出版社2000年版，第20页。

② 殷寄明：《说文解字精读》，复旦大学出版社2016年版，第298页。

③ 章太炎：《小学略说（上）》，《章太炎全集》第十五册，上海人民出版社2018年版，第837页。

词义与观念交互训释，既是训诂学的特点，也是古典阐释学的特点。小学隶属于经学，常受诟病；深长思之，则良有以也。

由此出发，洪堡特的一个看法就不能不引起我们的高度重视了："各种语言之间的真正差异并不是语音或记号的差异，而是'世界观'的差异。"[①]

笔者认为，能够将"象"与"形"在文字学、哲学史上相互纠缠关系相对分梳清楚的概念，正是"指事"。"指事"就是"指物"。《庄子·齐物论》："物谓之而然。"可见"指"等于"谓"。而"谓"则是命名。《公孙龙子》中有"指物论"，其中之"指"，学者认为可译为"指谓""指称"。此外，墨经中"以名举实"之"举"，《荀子·正名》中"名足以指实""制名以指实"之"指"，均有"指称"之意。总之，"先秦哲人已经有了比较深刻的指称思想"[②]。

指事是表意的首要性能，它使得事物在语词中生成并恰如其分，故应更深刻地加以阐释。我们知道，"上""下"等独体文已经"形"化，即已从自然之"象"转化为意象之"像"，亦即章学诚《文史通义·易教下》所谓"天地自然之象"转而为"人心营构之象"。意象之"像"作为认识对象（即客体），依然是"象"。所以，识文也是"观象"，却是经过认识螺旋上升之象，是已镜像之象。"指事"之后的"象形"之"象"，其实是对"指事"的引申，即模拟、摹状。因此，从"指事"到"象形"，意味着从语义学的直接指称关系向真值模态关系转变。

"日"与"月"原是观察太阳和月亮而画的"形"，现在却依据这个"形"去固化对太阳与月亮的认知，从而将"词"实现出来。这就叫"视而可见，察而见意"。所以，"指事"不仅意谓着表意文字从图画到图形符号再到语言符号的造字程序，而且直接将语义学或意义理论中指称关系的领先性突显出来。由此出发，才会有真值模态等关系的出现。

---

① 参见［德］恩斯特·卡西尔《符号形式的哲学》，赵海萍译，吉林出版集团股份有限公司 2018 年版，第 135 页。

② 周建设：《先秦指称理论研究》，见所著《语义、逻辑与语言哲学》，学苑出版社 2006 年版，第 70、72、74 页。

这种隶属于意义理论的内涵，被文字大师章太炎一眼看穿。他说："造字之初，不过指事、象形两例"[①]，但是，"盖人类思想，由单简以至繁复，苦结绳之不足致治，乃有点画以作识记。则六书次第，以'指事'居首为最合，指事之次为'象形'"[②]。郭沫若也说："根据种种地下资料，现存民俗和文献记载等参证起来看，中国文字的起源应当归纳为指事与象形两个系统，指事系统应当发生于象形系统之前。"[③] 这就是说，语义学指称关系是汉字系统的第一关系，受此规约，以字词义为核心对象的训诂学必然是一种古典语文学形式的阐释学。

阐释学以理解为研究对象；理解是对意义的理解。训诂学以意义为研究对象；意义建基于对词义的理解。"训诂即是词义解释之学"，"是古汉语词义学"。[④] 因此，意义是阐释学与训诂学的共同对象。不同的是，阐释学以阐诠抉发文本意义，训诂学以训释探究字词意义。但是，它们都以意义为首尾。

不要忘记，发明文字之前，人类语言能力已经高度发达。房德里耶斯说："人们在写词之前是从写观念开始的。"[⑤] 不消说，文字创制之前，已经存在反反复复、没完没了地"说"，故没有文字之时，声音和意义就已存在，并被筛选葆真。

所以，这种声音不是物理学意义上的声音，而是有意义的声音；音素不是一个物理单位，而是一个意义单位；音素系统就是辨义系统。"在汉语中，音的抑扬顿挫是改变语词意义的最重要手段之一。而在其他语言中，这样的变化则并无意义。"[⑥]

---

① 章太炎：《小学略说（上）》，《章太炎全集》第十五册，上海人民出版社 2018 年版，第 841 页。

② 章太炎：《小学略说（上）》，《章太炎全集》第十五册，上海人民出版社 2018 年版，第 838 页。

③ 郭沫若：《奴隶制时代》，人民出版社 1973 年版，第 256 页。

④ 陆宗达、王宁：《训诂方法论》，中国社会科学出版社 1983 年版，第 3、5 页。

⑤ ［法］约瑟夫·房德里耶斯：《语言》，岑麒祥、叶蜚声译，商务印书馆 2012 年版，第 370 页。

⑥ ［德］恩斯特·卡西尔：《符号形式的哲学》，赵海萍译，吉林出版集团股份有限公司 2018 年版，第 140 页。

王力先生说，人在未发音说话之前，已有一种“语象”。[①] 海德格尔说：“人能够人工发明音素和符号，但只能着眼于一种已经被说的语言并且从这种语言出发来做这回事情。”[②] 他还说：“语言的本质是在存在的会集状态的采集中被发现的，所以只有当道说与倾听都涉及逻各斯之际，作为日常言谈的语言才会达到它的真理，而这个逻各斯就是在存在意义上的会集。由于在这个存在及其榫接铆合中，存在者源初性地，而且仿佛是设定标准般地预先已经成为一个被说出者，即被拢聚到的，被说出的，被诵读和被明确说出来的东西。”[③] 这里的“存在者”，可以假定为指称对象，而“预先已经”“被说出者”，就是文字的意义。造字只是把已经预先存在的意义和声音用符号固定下来。因此，意义在文字的内在结构中具有始源性和优先性。

章太炎说：“盖文字之赖以传者，全在于形。论其根本，实先有义，后有声，然后有形。缘吾人先有意想，后有语言，最后乃有笔画也（文字为语言之代表，语言为意想之代表）。”[④] 在“文”成形之前，已被赋义，词义在文义之先，即“音和义的结合在先，文字的联系在后”[⑤]。“形”只是表现形式，既发挥畅通作用，也起扰乱作用。它一旦形成，便反过来去规约“义”。原本是“按照字义来绘形”，现在却是“义”在“形”中，因而必须“以形索义”，如此而有训诂学方法的前提，如此而有训释方法之展开。[⑥]

海德格尔说：“在某种宽泛的意义上说，希腊人是从视觉出发来考察语言，亦即从书写出来的东西出发来考察。”[⑦] 这个特点，显然在汉语世

---

① 《王力论学新著》，广西人民出版社 1983 年版，第 40 页。

② ［德］海德格尔：《海德格尔文集 · 路标》，孙周兴译，商务印书馆 2014 年版，第 79 页。

③ ［德］海德格尔：《海德格尔文集 · 形而上学导论》，王庆节译，商务印书馆 2017 年版，第 208 页。

④ 章太炎：《小学略说（上）》，《章太炎全集》第十五册，上海人民出版社 2018 年版，第 837 页。

⑤ 吕叔湘：《语言和语言学》，《吕叔湘语文论集》，商务印书馆 1983 年版，第 40 页。

⑥ 参见陆宗达、王宁《训诂方法论》，中国社会科学出版社 1983 年版，第 31 页。

⑦ ［德］海德格尔：《海德格尔文集 · 形而上学导论》，王庆节译，商务印书馆 2017 年版，第76 页。

界更为突出。所谓“书写出来的东西”，就是文字。由文字而考察语言，应该是一个世界通则。但是，同样从这个通则出发，希腊人转向了语法，以语法去表象语言；中国人转向了构形，以构形去表象语言。前者推进逻辑学，后者推进训诂学，一直持续至今。

这显然是由“书写出来的东西”形态不同所造成的。因此，较之表音文字，不明其意始终是释读汉字的首要困难。自古以来，大师宿儒，不识字现象比比皆是。民间文盲，更是数不胜数。由此，文字学及字书编纂事业发达即成为汉字的宿命，训诂学与阐释学结合亦即成为汉语文化的宿命。如果说以拼音文字思考的西方阐释学尚不可离弃语言学，那么，以表意文字思考的中国阐释学，显然愈加不可离弃。对汉字文化来说，二者是不可分割的有机体。

萨丕尔说：“哲学家们完全没有意识到，在很大程度上，他很可能成为自己言语形式的捉弄对象，也就是说，其思维模式实际在很大程度上即是语言模式，并投射于它对世界的认识当中。”[①] 训诂学以至汉字构形学与阐释学，均致力于使汉字的使用者不被汉字形式所捉弄；只有不被捉弄，才能正确地理解意义。

必须高度重视、深刻认识“意义”在汉字系统中的本质性、核心性作用，对其进行语言学、哲学、符号学、文化人类学、历史学以及阐释学的综合抉发与体认。只有抓住意义这个核心，汉字的阐释学面向才能全面地释放出来。由指事、象形，到形声兼备，“以事为名，取譬相成”，到达概念层次。接下去的会意、转注、假借，就是衍生、演绎、扩展的问题了。随着时间的延长、历史的积累，整个系统也就愈加完善。一般认为，唐朝以后，随着隶书隶变为楷书，楷书与今音相互统一，汉字的符号（Symbol）性底定。[②]

令人欣慰的是，我国语言学界偏重研究语义学的一些学者，参照西方研究理论与成果，已经在建构汉语语义学的学科体系。贾彦德教授即

---

① ［美］爱德华·萨丕尔：《萨丕尔论语言、文化与人格》，高一虹等译，商务印书馆2011年版，第91页。

② 参见曹先擢《汉语汉字文化常谈》，商务印书馆国际有限公司2017年版，第226页。

提出，中外语义研究均可粗略地划分为语文学、传统语义学、现代语义学三个阶段，其中汉语的语文学时期即为训诂学时期。他说："我国语文学时期的语义研究叫做训诂学。春秋战国时期从义理辞章方面注释《春秋》的《公羊传》和《穀梁传》，是我国处于萌芽状态的训诂工作的成果。"又说："汉代以后读经的困难主要表现在字义上，这样，我国的语文学不但始于训诂学，而且始终把它当做一个重要的内容。"[①] 这是极具慧眼的卓识。

三　《春秋》学为古典阐释学立法

中国古典阐释学以经学为大宗，经学以训诂学为根基。故中国古典阐释学之规则，在在体现于经学之中。释经之规则，复以《春秋》学、特别是公羊学最为突出。《春秋》学所定释经宗旨、原则与方法，实具有为古典阐释学立法之意义。章太炎说："读《公羊传》者，宜舍短取长，知其为万世制法，非为汉一代制法也。"[②] 所言之"法"，贯穿从政治哲学到语言文字学的全域。所以，通过对《春秋》学代表著作《公羊传》《春秋繁露》的考察，可窥知古典阐释学基本规约之属性与特色。[③]

与传统经学的其他构成一样，《春秋》学具有训诂学与阐释学的双重属性，是实践性与理论性结合得非常密切的一门学问。通过训诂实践表达阐释理论，是中国古典阐释学的一个特色。

依照司马迁所转述的董仲舒的看法，孔子之所以要撰写《春秋》，原本不是出于学术目的，而是出于政治目的，所谓"以达王事"。要达到政治目的，为什么要写一部史书，不写一部政治概论呢？孔子答曰："我欲载之空言，不如见之于行事之深切著明也。"（《史记·太史公自序》）此话实为中国古代哲学乃至阐释学在著述方式方面的第一规则，不仅表明理论与学术结合的重要性，而且点出了理论的实现方式。所谓

---

① 贾彦德：《汉语语义学》，北京大学出版社 1999 年版，第 2、3 页。

② 章太炎：《经学略说（下）》，《章太炎全集》第十五册，上海人民出版社 2018 年版，第 940 页。

③ 相关研究可重点参看段熙仲《春秋公羊学讲疏》，南京师范大学出版社 2002 年版。

宋学、汉学之争、经今古文学之争，实从这一原则生发出来。前者抓住“空言”（即义理），后者抓住“行事”（即实学），闹得不可开交，却均以孔子为理论源头。一直到康有为，其阐发政治主张，依然依此路径而进行。由此，怎样理解“空言”与“行事”的关系，便成为中国思想史的一个重要线索。由于“行事”只是手段，“以达王事”才是目的，也就同时为知识领域的二元划分以及认识论上的二元关系论埋下了伏笔。

“空言”即“义理”，故与“义”对应。狭义指政治评论，广义指理论著作，进而有文本的意思（壶遂所谓“垂空文”的“空文”）。“以达王事”就是所谓“《春秋》以道义”的“义”。因为“行事”只是“手段”，“义”才是目的，故《春秋》对“行事”的记载非常简略，需要靠《左传》等释读著作的解说才能明其原委，而“意义”其实也因此而受伤，故要靠董仲舒一帮人去阐发，董仲舒也就因此而成为公羊学大师。

所以，孔子所树立的“以事见义”原则，在公羊学中得到具体而微的体现和抉发。就学术性而言，公羊学包含了语义学、逻辑学、修词学三个面向，分别对应训诂学的字（词）义、语法、修词三个方面。同时，训诂学以文字为对象，以明义为导向，通过训释的形式来服务、呼应、支撑公羊学的三个面向。

在这种规则下，阐释对象实际只发挥理论工具的作用。孔子所谓“其义窃取”，已明示此点。“义”既已取，则无妨得鱼忘筌。《论衡·正说》谓，史官记事“以善恶为实，不以日月为意”。换言之，确切性（日月表示时间的准确）并非首要考量，价值性（善恶）才居于首要位置。流风结习，延及《公羊》《穀梁》，更是“辄为意使，失平常之事，有怪异之说，径直之文有曲折之义”。这是东汉人王充的看法，从阐释学视角看，恰恰是高扬主体性的“曲折之义”标识了《春秋》学的理论意义。中国古典阐释学的基本规则，即蕴含在这些“曲折之义”当中。“曲折之义”与真实客观相对立，但绝非出自非理性，而是高度理性选择（即故意为之）的结果。因此，所谓“意使”“怪异”等，反而是立法的基本原则，是为了维护“以达王事”的大局。但是，单纯就学术考察，其为古典阐释立法的独立学术意义，还是在的。

其一，确立了以自然哲学为本的最高阐释原则。中国哲学的终极依据，乃植根于自然哲学。《春秋》学对古典阐释学立法的最高原则，同样在此。

儒家虽然对自然哲学本身并无系统理论建树，但是对“自然”却从来都是从“哲学”高度去看待。“自然”作为天然合理、无须论证、决定一切的最高本质力量，是人类生命之一切的根本。所以，天不变，道亦不变。人，必须法天而行。现实中的政治体系，就是法天的结果。所以，“革命”等于“变天”。

上述意思，弥漫于儒家的著述之中。《春秋繁露·重政》：“春秋变一谓之元。元犹原也，其义以随天地终始也。故人惟有终始也，而生不必应四时之变。故元者，为万物之本，而人之元在焉。安在乎？乃在乎天地之前。故人虽生天气及奉天气者，不得与天元本、天元命而共违其所为也。故春正月者，承天地之所为也，继天之所为而终之也，其道相与共功持业，安容言乃天地之元？天地之元奚为于此，恶施于人？大其贯承意之理矣。”这段话的本质，在于强调“随天地终始”。凡人事行为，均以天道为先天规定，故《竹林》曰：“物之所由然，其于人切近”。

从天道这一根本性的母题出发，然后展开并形成天人关系等范畴体系，形成天人感应、合一这一“无所不包的学说”，使得“主体融入客体，或者客体融入主体，坚持根本同一，泯除一切显著差别，从而达到个人与宇宙不二的状态”[①]。这是古典阐释学与训诂学的总纲。

其二，确立了阐释行为的依据原则，即必须以“据”为“根”。

“根”是“事”，“据”是“记”。“根”是客观本源，“据”是对客观本源的转述传说或记录。由“根”出发，是为“以事解经”。由“据”出发，是为“以义解经”。对阐释学来说，“据”比“根”更重要，因为“据”意味着文本权威。所以，在经学上，“公羊学”的地位实则高于“左氏春秋学”。

休斯说，史家“在他开始提出依据之前，只能先接受他人的言论”[②]。

---

① 金岳霖：《中国哲学》，金岳霖学术基金会编：《金岳霖全集》第 6 卷，人民出版社 2013 年版，第 380 页。

② ［美］斯图尔特·休斯：《历史学是什么？——科学与艺术之争》，刘晗译，北京师范大学出版社 2018 年版，第 5 页。

"他人的言论"就是"据"。巴尔特说："历史学家与其说是在搜集事实，不如说是在搜集'能指'（signifiants）。"[①]"能指"同样是"据"。《春秋公羊传》所谓"所见异辞，所闻异辞，所传闻异辞"，释典所谓"如是我闻"，均属于"据"，且言明了"据"的层次性、辗转性与复杂性。由于这些层次性、辗转性，所以生发出不同但具有关联的阐释规则。《春秋》学为中国古典阐释学所立之法，就是以"据"为"根"。所以，人们只说"理论依据"，不说"理论依根"。训诂学同样如此。许慎等语言学大师的地位，由此得以确立。

其三，表达了阐释行为的基本性征与规约。

阐释是开放的。《精华》谓"《诗》无达诂，《易》无达占，《春秋》无达辞。从变从义，而一以奉人"。"达"包含"向"的意思，即"向能够存在的被展开的可能性投开"[②]，亦即开放性。

同时，阐释又有边界。《玉英》："夫权虽反经，亦必在可以然之域。""可以然之域"就是边界。

边界之内，须尽力发挥主体性。《精华》又谓："今《春秋》之为学也，道往而明来者也。然而其辞体天之微，故难知也。弗能察，寂若无；能察之，无物不在。"突出"察"，即主体的投入。只有"察"，才能"知"与"明"，迫使"寂若无"的文本转化为"无物不在"。张江曾提出"阐释 π"一说，[③] 其意就在于说明阐释行为乃是在"可以然之域"进行最大限度地"察"。在有限性、约束性中达致无限性，俗称"棋盘内的博弈"。

同时，"察"须遵循正确方法，即孟子所谓"以意逆志"。《竹林》："《春秋》无通辞，从变而移"；"见其指者，不任其辞；不任其辞，然后可与适道矣"。相当于后世所谓不可死句参禅、死在句下；得意忘言，

---

① ［法］罗兰·巴尔特：《历史的话语》，张文杰编：《历史的话语：现代西方历史哲学译文集》，中国人民大学出版社 2012 年版，第 119 页。

② ［法］保罗·利科：《记忆，历史，遗忘》，李彦岑、陈颖译，华东师范大学出版社 2018 年版，第 485 页。

③ 张江：《论阐释的有限与无限——从 π 到正态分布的说明》，《探索与争鸣》2019 年第 10 期。

领会本质。

名称概念，则须符合公义。《深察名号》："鸣而施命谓之名。""天不言，使人发其意；弗为，使人行其中。名则圣人所发天意，不可不深观也。""天义"即公义。人替天代言、行道，亦即公义性、公共性、先天性、正当性合一。阐释的最终效果，在于将各种特质展露出来，故《楚庄王》说："成者，本末质文皆以具矣。"但是，"本末质文皆以具"，不等于失去根本，而是在根本性的约束性下，达到秩序井然的展露。所以，《春秋繁露》提出"传于众辞，观于众物，说不急之言""博而明，深而切""贵微重始，慎终推效""分科条别"以及"类""说"等命题，均具有繁杂性与集中性、多元性与统一性、开放性与约束性相统一的意思，标明阐释学的基本特征与规约，从而具有立法指向。

其四，表达了阐释循环的基本思想。

关于阐释循环，前面已经提到的内容，这里不再重复。需要指出的是，在《春秋》学，特别是在公羊学中，蕴含着阐释循环的基本思想。这一思想虽然具有独立的阐释学意义，但实则是中国哲学的重要组成部分。

《春秋繁露·重政》："惟圣人能属万物于一，而系之元也，终不及本所从来而承之，不能遂其功。"强调"终"与"本"、"一"与"万物"的循环贯通，亦即提纲挈领、连贯如一、首尾相应。尤其强调"终"（结束）必须与"本所从来"（根本之根本）能够"承之"，不然就"不能遂其功"。这就从哲学上突显了循环的重要性。从天道循环到政治运作，再到阐释循环，乃是自然之道的落实。

乾嘉朴学的治学方法，实则以此为理论依据。所以，广义地看，所谓"汉学"，本应包括公羊学在内。后世出于家法门户之见，将汉学与文字训诂之学等同起来，只取汉人学问的一部分，自设町畦，徒然局限了自己。就基本特点而言，公羊学的阐释学思想，显然属于罗蒂所谓"整体论的论证路线"，亦即它总是表明"获得理解与其说像追随论证，不如说像熟悉某个人的过程"①。这个特点，中国人称之为"传习"

---

① ［美］理查德·罗蒂：《哲学和自然之镜》，李幼蒸译，商务印书馆2011年版，第339页。

"教化"。

其五，表达了阐释行为中的修词规则。

《礼记·经解》："属辞比事，《春秋》教也。"由此规约出发，通过文法学、修词学达致阐释目标，即成为中国古典阐释学的一大特色。

胡适说："古书辨文法上词性之区别，莫如《公羊》《穀梁》两传。《公羊传》讲词性更精，不但名词、动词分别得详细，并且把状词、介词、连词之类，都仔细研究文法上的作用。所以我说《春秋》的第一义，是文法学、言语学的事业。"[①] 钱锺书则说："《春秋》之'书法'，实即文章之修词。《公羊》《穀梁》两传阐明《春秋》美刺'微词'，实吾国修词学最古之发凡起例；'内词''未毕词''讳词'之类，皆文家笔法，剖析精细处，浸浸入于风格学（Stylistics）。昔人所谓'春秋书法'，正即修词学之朔，而今之考论者忽焉。修词之法，在中国最先拈出者为史家而未为文家，所谓'书法'。"[②] 这是极有洞察力的看法，其意义在于揭示了《春秋》学为中国古典阐释学立法的修词学内容。但是，怎样细化他们的看法，还需要作更深入研究。

一般认为，《公羊传》揭示"美恶同辞"一类现象，属于辞例探索，是语法学先导。其中所涉名物训诂，实在考求"词与物"之关系，但最大宗者，还是在修词义例方面。《公羊传》所拈示的繁复例证是否符合《春秋》之实，已鲜少被人关注，因而其自在的独立价值愈发彰显。

如《春秋繁露》中的《楚庄王》篇提出："《春秋》之用辞，已明者去之，未明者著之。"《春秋》是否如此，说不清楚，但先秦古籍，确实常用此法。《左传·襄公二十一年》："然二子者，譬于禽兽，臣食其肉而寝处其皮矣。"意思清晰。到二十八年，意思相同，语言却简化了："譬之如禽兽，吾寝处之矣。"到昭公三年，意思依然相同，着语却愈简："其或寝处我乎！"这种由详而简的手法，即为"已明者去

---

① 胡适：《中国古代哲学史》，欧阳哲生编：《胡适文集》第六册，北京大学出版社2013年版，第204页。

② 钱锺书：《管锥编》第三册，中华书局1986年版，第967—968页，又第五册第21页。参见周振甫《中国修辞学史》，商务印书馆1991年版，第9、15页。按钱氏著作，"修辞"均作"修词"。

之，未明者著之”。[①] 这种情况，《左传》文本可以自证，《春秋》应该也会如此。

需强调的是，《春秋繁露》提出并初步探讨了修词中的隐喻问题。《楚庄王》：“《春秋》之辞，多所况。”“况”即隐喻。《春秋》使用隐喻，具有独立修词意义。众所周知，《春秋》学对所谓“书法”或“笔法”的分析极其细腻，可谓深入到了文本结构的各个节点与接点，但其中有一个贯穿始终的原则，即政治伦理。这个原则，在古代被称为“良知”，亦即所谓“修辞立诚”。有人说：“良知是贯穿所有修辞学的和解释学的思考和行为的必要要素。”[②] 但是，在不同时代，对“良知”的理解并不相同。古代所谓“良知”，在今天看来可能恰恰属于“反良知”。不过，从抽象继承角度看，它确实是连接古典阐释学与修词学的一个重要元素。总而言之，修词行为也是为政治伦理服务的。

关于阐释学与修词学的关系，研究阐释学的学者都很清楚。古希腊词 hermeneuein（口头阐释）就具有修词学的涵义。[③] 伽达默尔说，阐释学必须归溯到古老的修词学传统。[④] 他还说，对阐释学来说，它与修词学的关系最为重要；阐释学“完全可以被定义为一门把所说和所写的东西重新再说出来的艺术”，因此可从修词学角度来认识这门艺术。[⑤] 20 世纪以来，西方一些极端化的哲学家甚至认为，对某一哲学作品最真实的哲学解读，就是将其当作修词学构造物，[⑥] 因此发生了所谓修词学的转

① 钱锺书：《管锥编》第三册，中华书局 1986 年版，第 216 页。

② ［美］沃尔特·约斯特、［美］迈克尔·J. 海德编：《当代修辞学与解释学读本》，黄旺译，商务印书馆 2018 年版，第 2 页。

③ ［美］理查德·E. 帕尔默：《解释学能给修辞学带来什么》，［美］沃尔特·约斯特、［美］迈克尔·J. 海德编：《当代修辞学与解释学读本》，黄旺译，商务印书馆 2018 年版，第 143 页。

④ ［德］伽达默尔：《古典诠释学和哲学诠释学》，洪汉鼎主编：《伽达默尔著作集》第二卷，商务印书馆 2021 年版，第 143 页。伽达默尔关于阐释学与逻辑学关系的看法，见《真理与方法：哲学诠释学的基本特征》，洪汉鼎译，上海译文出版社 2004 年版，第 741 页。另见洪汉鼎主编《理解与解释——诠释学经典文选》，东方出版社 2001 年版，第 489 页。

⑤ ［德］伽达默尔：《作为理论和实践双重任务的诠释学》，洪汉鼎主编：《理解与解释——诠释学经典文选》，东方出版社 2001 年版，第 500 页。

⑥ ［美］罗蒂：《哲学和自然之镜》，生活·读书·新知三联书店 1987 年版，第 2、13、16、146、181 注六、340、370、376、378、400 页。

向。由今观古，《春秋》学对修词规则的揭示，其意义也就愈加彰显。当然，必须承认，对于中国古典阐释学与修词学的关联关系，我们还缺乏深入细致的研究。

其六，表达了阐释行为的叙述学规则。

《春秋》学在政治伦理统领之下，非但阐明了一整套完整的修词学原理，还通过突显“比事”即编排概念提出了一套叙述（事）学原理。这套原理的核心，在于“不乱”，即具有统一和完整的逻辑秩序。《礼记·经解》说：“属辞比事而不乱，则深于《春秋》者也。”但“比事”与“属辞”所达以“不乱”的规则并不相同。属辞之所以不乱，在于精准地选择字词。比事之所以不乱，则端赖于时间系统的厘定。因此，必须对《春秋》学中的“时间”系统予以专门考察。

其七，为古典阐释学设定了最初的时间坐标。

从今天标准看，《春秋》的最大价值，就在于给出了中国历史上最早的系统完备的编年时间系统。它对后世的影响，既远且深。

梁启超说，西周诸国各自纪年，至《春秋》而“齐万而为一”[①]。章太炎说，《春秋》之前，其他书籍均无确切的纪年坐标，“故必待《春秋》之作，方为有正式之史”[②]。海德格尔说：“如果没有一部编年史、一种时间排序，对历史现实的研究就将在根本上成为不堪设想的。”[③] 利科说：“确定日期作为一种记录铭印（inscription）的现象，是与一种确定日期的能力，一种内在于生命体验，尤其是内在于对过去的远离感和对时间深度的评估中的源初的日期确定性相关的。”[④] 综合以观，足见《春秋》统一历史时间的意义。当然，统一同时意味着限定。

《春秋》学从阐释学的角度对这套时间坐标的意义进行了阐发。《公羊传》解释隐公六年“秋七月”下虽无内容却标明时间，提出：“《春

---

① 梁启超：《纪年公理》，汤志钧、汤仁泽编：《梁启超全集》第一集，中国人民大学出版社2018年版，第737页。

② 章太炎：《〈春秋〉三传之起源及其得失》，《章太炎全集》第十五册，上海人民出版社2018年版，第494页。

③ ［德］海德格尔：《时间概念史导论》，欧东明译，商务印书馆2014年版，第7页。

④ ［法］保罗·利科：《记忆，历史，遗忘》，李彦岑、陈颖译，华东师范大学出版社2018年版，第199页。

秋》虽无事，首时过则书。首时过则何以书？《春秋》编年，四时具，然后为年。”就是说，“时间”在《春秋》中具有双重价值：既确切标识历史事件，又体现独立而发达的时间意识。就其对“明确时素”的提供而言，即体现为叙述学上的所谓被叙述时间（narrated time），即“被叙述出来的文本内以各种符号标明的时间”[①]。

章太炎说：“改古文为籀文，易纪事以编年，皆发明绝大者。”[②]《春秋》的“绝大发明”，即在其开创的历史年代书写范式，其中蕴含着划分历史阶段、区隔历史形态等意蕴，由此才使得《春秋》学能够具有丰富内容。

公羊学发明三世说：据乱世、升平世、太平世；董仲舒将《春秋》十二世细分为三等：有见、有闻、有传闻。[③] 东汉何休完成所谓衰乱、升平、太平三世说的体系化。凡此种种，使得“时间”成为叙事的秩序标尺，从而成为古典阐释学的母题，由之形塑出中国古典阐释学的逻辑秩序框架。

其八，为古典阐释学设定了最初的文本结构规则。

此一规则，集中体现在所谓《春秋》五例的阐释当中。五例为：微而显（幽而明）；志而晦；婉而成章（婉而辩）；尽而不汙，直书其事，具文见意；惩恶而劝善。一个文本是否具有经典性，即集中看这五条。因此，它同样是批评理论的基本规则。

就古典阐释学而言，它可以看作是先秦时期阐释学理论的一个结算。其所蕴含的阐释学意义，一是将“例”确定为文本阐释的固定范畴。阐释文本，就是揭示、品评义例。“例”既指向文本的组织架构，也指向架构中每个字词要素的挑选。修词服从于“例”，“例”服从于良知。二是确立了客观主义的阐释原则。这种客观主义，既体现在严肃而谨慎的校勘、修订工作上，也体现在努力恢复原初文本样貌的追求中，还体现在反对随意增饰的理论主张之中。

---

① 赵毅衡：《广义叙述学》，四川大学出版社2013年版，第147页。

② 章太炎：《经学略说（下）》，《章太炎全集》第十五册，上海人民出版社2018年版，第928—929页。

③ 《春秋繁露·楚庄王第一》。

此处所谓“反对随意增饰”，并不与前文所言“曲折之义”矛盾。这是因为，大体以战国为界，客观主义的内涵经历了变化。在此之前，凡合乎礼者，皆为客观，故“不知存疑传信，显真别幻”，“述古而强以就今，传人而借以寓己”。董仲舒《玉杯》说《春秋》“不书葬，以为无臣子也；贼不复见，以其宜灭绝也。”《玉英》：“《春秋》之书事也，时诡其实，以有避也；其书人，时易其名，以有讳也。”意思是说，可以把“愿望”当“事实”，也可故意隐瞒、张冠李戴，但不能说它不客观。战国之后，只有合乎事实者，方为客观，故孟子倡言“尽信则不如无书”，《论衡》于《书虚》之外，另立《语增》《儒增》《艺增》三篇，竭力抨击夸饰（hyperbole）。[①] 五例中的“尽而不汙”，以“真相”为文本准则，已是战国之后的观念。

胡适说，《公羊》《穀梁》“都很有字典气味。董仲舒的书更多声音通假的训诂，也有从字形上着眼的训诂”[②]。就阐释学与训诂学的关系而言，《春秋公羊传》《春秋繁露》实为将二者结合起来的元典。作为阐释《春秋》的讲稿，它们以《春秋》为文本凭借，以阐释经典的形式进行理论创制，在古典阐释学与训诂学两个方面均制定了最初的法则。

对此，王充看得很清楚。他在《论衡·案书》中评价董仲舒说，为什么董仲舒不称为“子”？就因为董氏自以为已经超过诸子。“孔子生周，始其本；仲舒在汉，终其未尽也。”“孔子终论，定于仲舒之言。”董的终极价值，就在于完成了最后的立法程序。

---

① 钱锺书：《谈艺录》，中华书局1984年版，第38页。

② 胡适：《中国古代哲学史》，欧阳哲生编：《胡适文集》第六册，北京大学出版社2013年版，第206页。

第十一章

关于“读书必先识字”

“读书必先识字”是我国古代经学、文字学、训诂学乃至古典知识论的核心主张与基本纲领。在此命题背后，蕴含着一个完整的古典知识论体系。但是，在当代哲学阐释学视域下，这一古老命题饱受质疑，被认为是一个过时、失效的陈旧理念。因此，倘若这一概念不能得到正名，那么建构训诂阐释学的设想便无从谈起。

一　社会分工与西方古典学的演变

“读书必先识字”之所以遭受质疑，与伽达默尔对西方阐释学史的梳理相关。伽达默尔很详细地考察了西方阐释学的学术史，非常清晰地为其划分了演进形态。从西方阐释学的早期形态看，它主要包括三大门类，即语文学的、神学的、法学的。从 1654 年 J. 丹恩豪威尔的《阐释学》开始，神学—语文学的阐释学与法学阐释学区分开来。[①] 其后，从浪漫主义阐释学开始，阐释学开始具有哲学阐释学所谓“理解是此在本身存在方式”的意义，从而突破了“理解是主体行为方式”的传统意义。也就是说，阐释学成了一门以生存论为主题的哲学。阐释学这个古老术语的性质与内涵已经改变了。[②]

---

① ［德］伽达默尔：《真理与方法：哲学诠释学的基本特征》，洪汉鼎译，上海译文出版社 2004 年版，第 727 页。

② ［德］伽达默尔：《真理与方法：哲学诠释学的基本特征》，洪汉鼎译，上海译文出版社 2004 年版，第 17 页；第二版 2021 年版序言，第 2、4 页；第 650 页。

伽达默尔这种清晰的形态划分，已经成为标准模式。即使保罗·利科这类思维独特的思想家，其相关论述亦与之大体相同。利科认为，阐释学的发展脉络，就是从局部阐释学（经典与圣经阐释）到一般阐释学（施莱尔马赫）；从人文科学认识论（狄尔泰）再到本体论阐释学（海德格尔）。他甚至认为这是两次“哥白尼式巨变”。特别是以海德格尔为标识，方法论退居于基本本体论之下。其核心表现，就是人们不再去问“我们怎么知道”，而是改而去问“只有在理解中才存在的那个存在者的存在方式是什么?”①

保罗·利科等人的类似梳理，强化了伽达默尔勾勒的阐释学演进模式。在他们影响下，从事阐释学研究的大部分学者便形成一个印象，那就是在生存论的本体论主题之下，“读书必先识字”这类古老的语文学方法论命题，已经在整体形态的意义上被弃置。因此，它所标识那套知识论系统，也早已淡出。如此一来，所谓建构训诂阐释学的构想便未免具有开倒车的意味了。

笔者认为，这是对伽达默尔或保罗·利科的严重误读。首先，从当代西方知识体系的整体来观察，语言学与语文学技能至今依然是整个古典学大厦的核心。“成为古典学者意味着掌握熟练阅读古典文献原文的能力。”② 它虽然未必存在于哲学阐释学的专业范围之内，但在知识体系内却存在着。其次，单纯就哲学阐释学的研究或专业而言，对这类“先前的东西”也并未弃置。正如伽达默尔所说，阐释学“总是试图通过对原始根源的追溯来对那些由于曲解、变形或误用而被破坏了的东西获得一种新的理解”③。此话至少具有三层意蕴。其一，“对原始根源的追溯”必然离不开语言学、字源学、语义学，即所谓知识考古学。其二，去除“曲解、变形或误解”（即海德格尔所谓“去蔽”），是通过追溯原始根

① ［法］保罗·利科：《诠释学与人文科学》，洪汉鼎译，中国人民大学出版社 2021 年版，第 14 页。

② ［英］内雅里·莫利：《古典学为什么重要》，曾毅译，北京大学出版社 2020 年版，第 64 页。

③ ［德］伽达默尔：《古典诠释学和哲学诠释学》，洪汉鼎主编：《伽达默尔著作集》第二卷，商务印书馆 2021 年版，第 121 页。

源而完成的。其三，所谓获得新的理解，往往就是恢复最初的理解。尽管这种追溯原始根源的学术训练未必由哲学阐释学专业来实施，但作为学术素养与理论元素，却是任何一位哲学阐释学家所必备的。换言之，它内在于哲学阐释学的系统当中。

我们知道，《存在与时间》的出发点，就是柏拉图、亚里士多德的存在论。但是，海德格尔却由此向上溯源，而非顺流而下。他认为只有这样做，才能“指出存在论概念的渊源，通过探索展示它们的‘出生证’”①。因此，海德格尔提出，关于存在问题的答案，不在于“新”或“不新”，倒在于它“老”或“不老”。只有足够“老”，“才使我们能学着去理解‘古人’已经准备好了的种种可能性”②。人们必须让源头现象先行呈现（sichvorgeben），把这个“带向先行既有”（Gegebenheit）当作进一步拆解分析的出发点。③ 不消说，追溯始源，必须依靠训诂学或语文学这类“老古董”。

在海德格尔哲学的整体建构中，“阐释学”具有三重意义。第一重意义隶属于基础存在论，重在揭示“一般存在的意义”与“此在本已存在的基本结构”；第二重意义隶属于存在条件论，也就是揭示存在论探索都需要哪些条件；第三重意义隶属于生存的存在论。也就是对此在的存在进行阐释。正是在第三重意义上，训诂学或语文学这类“老古董”登场了。请注意他下面这句极为关键的话：就第三重意义而言，“阐释学作为历史学在存在者层次上之所以可能的条件，在存在论上把此在的历史性构建起来；只要是这样，那么，只可在派生方式上称作‘阐释学’的那种东西，亦即具有历史学性质的人文学科的方法论，就植根于这第三重意义下的阐释学”④。这就是说，人文学科的方法论（当然包括

---

① ［德］海德格尔：《存在与时间》中文修订第二版，陈嘉映、王庆节译，商务印书馆2016年版，第33页。

② ［德］海德格尔：《存在与时间》中文修订第二版，陈嘉映、王庆节译，商务印书馆2016年版，第29页。

③ ［德］海德格尔：《海德格尔文集·宗教生活现象学》，欧东明、张振华译，商务印书馆2018年版，第127页。

④ ［德］海德格尔：《存在与时间》中文修订第二版，陈嘉映、王庆节译，商务印书馆2016年版，第54页。译文作了个别改动。

语文学等等）内在于哲学阐释学——尽管只能植根于第三重意义下、只可在派生方式上，但它毕竟是在的。

事实上，海德格尔本人的思想阐发，从未离开过语文学成果。在对《加拉太书》的现象学阐释中，他首先做的是选定版本与译本，并提出“需要避免的是现代立场的一种外加的解释”。他认为，解释《加拉太书》不能脱离其原本的基督教意识；“当其在神学上可能出现问题的时候，关于神学家的历史学研究就是有助益的”①。显然，这是语文学阐释行为的一般规则。同样，对《帖撒罗尼迦前书》《忏悔录》第十卷的现象学阐释，都内在地包含着语文学、释经学方法，当然，所有这些都统统被置于存在论的阐释视角之下或之内。

顺着海德格尔的思路，伽达默尔明确提出：“我觉得，从希腊的开端处去研究诠释学和文字之间的本质联系乃是很有吸引力的事情。”② 他还说：“只是由于十八和十九世纪历史意识的发展，语文学诠释学和历史学才解除了与其他诠释学学科的联系，而完全自为地把自己确立为精神科学研究的方法论。”③ 又说：“古典型概念里的规范要素事实上从未完全消失。一直到今天它仍是‘德国中等人文科学教育’观念的基础。”④帕尔默则说：“通过普遍的哲学阐释学，特殊化为独立的学科方法的解释学被超越了，而不是被取代了。”⑤

事实很清楚：语文学并没有被清除。虽然在学科划分上它确实与阐释学分了家，但这只表明语文学一方面开始独立发展；另一方面以附属的形式进入了阐释学内部。即使就最极端的生存论阐释学而言，它也不

---

① ［德］海德格尔：《海德格尔文集·宗教生活现象学》，欧东明、张振华译，商务印书馆2018年版，第69页。

② ［德］伽达默尔：《诠释学与历史主义》，洪汉鼎主编：《伽达默尔著作集》第二卷，第536页。

③ ［德］伽达默尔：《真理与方法：哲学诠释学的基本特征》，洪汉鼎译，上海译文出版社2004年版，第400页。

④ ［德］伽达默尔：《真理与方法：哲学诠释学的基本特征》，洪汉鼎译，上海译文出版社2004年版，第370页。

⑤ ［美］理查德·E. 帕尔默：《解释学能给修辞学带来什么》，［美］沃尔特·约斯特、［美］迈克尔·J. 海德编：《当代修辞学与解释学读本》，黄旺译，商务印书馆2018年版，第148页。

能不与具体学科打交道，而一旦遭逢具体学科（尽管海德格尔有意避开），语文学一类东西就会以要素的形式呈现出来；而这些要素对于生存论阐释学的论证过程来讲，是不可或缺的。所以，保罗·利科说：“如果问题所涉及的是支配特殊对象领域、自然领域、生命领域、语言领域、历史领域的某些概念，那么它就只是一个认识论的问题。”① 在认识论的意义上，今天许多西方人依然相信：“语文学技巧是一切批判思维和分析思维的理想基础。”② 这一点，在海德格尔与伽达默尔的著作中可以得到充分印证。可见，所谓“认识论问题”，与生存论问题完全无法脱钩。

正如中国的古文字学，施莱尔马赫之前那种意义上的阐释学在西方一直活着。它既存在于哲学阐释学之外，并“完全自为地”发展了自己；又存在于哲学阐释学之内，成为这种哲学样态的内在要素。因此，我们一方面不能仅仅考察阐释学向哲学阐释学发展这个单一线索，要放眼整个西方的学科布局；另一方面从阐释学这一单一线索考察时，不能仅仅看其整体形态，还要看其构成要素。

就目光的全面性而言，笔者认为伽达默尔并没有偏差。因为，他作为哲学阐释学家，在考察西方阐释学历史时突显由专门阐释学向一般阐释学再向哲学阐释学演进的主线，乃是他的本分，但他并没有否认其他线路。其实，单就伽达默尔描述的线路而言，倘若说技艺性的专门阐释学最终独立发展成为哲学阐释学，也未尝不可。伽达默尔接续狄尔泰而梳理阐释学的“前史”，实则也彰显了“技艺”的奠基性。

就更广泛的视域而言，其实我们应该将上述种种放在近代西方社会分工的整体演化过程中去加以考察。毕竟，伽达默尔或保罗·利科所言，是在西方近代社会大分工、大转型的背景之下发生的。对此，恩格斯在《反杜林论》中作了更加科学的阐述。

恩格斯将分科发展的趋势和情况，概括为形而上学化，指出随着15

---

① ［法］保罗·利科：《诠释学与人文科学》，洪汉鼎译，中国人民大学出版社2021年版，第15页。

② ［英］内雅里·莫利：《古典学为什么重要》，曾毅译，北京大学出版社2020年版，第19页。

世纪下半叶真正自然科学的开始，自然界被分解为各个部分，自然过程与自然对象被分成一定的门类，“对有机体的内部按其多种多样的解剖形态进行研究”。其后，培根和洛克将这种方法移植到哲学当中，便造成了形而上学的思维方式。形而上学思维方式最大的缺点，就是把事物与概念，看作是孤立的、应当逐个地和分别地加以考察的、固定的、僵硬的、一成不变的研究对象。一句话，它“撇开宏大的总的联系”，忽视或掩盖了“现象的总画面的一般性质”。①

显然，语文学的分化，阐释学前后形态的变化与分途发展，都是在恩格斯所阐述的这个大背景、大格局下进行的。同时，它又映现这个大背景、大格局。只有从这个大背景出发，才会明白阐释学前后形态区隔的真正原因是什么，它所造成的后果及利弊到底是什么。恩格斯充分揭示了它所带来的“弊”，但丝毫没有否定它所带来的“利”及其出现的必然性的意思，因为知识进步就是依照分工的利弊交错规律进行的。

恩格斯专门将培根提示出来，因为培根是公认的标识性、界碑性人物。恩格斯点出了培根对于造成形而上学思维方式的决定性意思，毫无疑问，在这种思维方式作用下，学科布局以及学科对象的选择必然会重新洗牌。这种重新洗牌的典型案例，就是培根死后的1678年出版的《威洛比的鸟类学》一书。这本书在内容安排上做了一件反传统的事情，也就是把鸟类学从人文学科中剔除出来。这样一来，鸟类学就不再属于人文学科了，从而人文学科也就不再统领自然科学了。对此，澳大利亚的彼得·哈里森教授作了详细考察。

哈里森教授的分析，我们在前面已经作了介绍，这里不再重复。总之，《威洛比的鸟类学》带来一个结果，那就是瓦解了传统的寓意诠释，使得“一种真正的自然科学”不再按照人文学科的规则，而是“按照新的系统化原则”而自行去开展了。此前，在公元后1500年的时间里，自然科学都隶属于人文学科，而人文学科则隶属于阐释学。自然科学同样

① 参见［德］恩格斯《反杜林论》，《马克思恩格斯文集》第九卷，人民出版社2009年版，第23—24页。

是阐释学“必不可少的组成部分”[①]。显然，哈里森的论述不仅有利于深化对恩格斯论述的理解，而且有利于扩展对西方阐释学历史的理解。

18世纪下半叶，西方古典学成为现代意义上的独立学科，中国则在20世纪初出现所谓“国学”。但是，这并不表明它们是新的学问形态，毋宁说只表明过去与社会融为一体的实践性学问，现在成了社会分工的独立部分。这种日益走向“象牙塔”的学科性学问，非但没有放弃“读书必先识字”的学术信条，反而由于传统的疏离，愈加强化了这种信条。目前，我们对西方阐释学的状况已经具有比较充分的了解，但对其古典学的情况，了解得还不那么充分。随着我们对西方古典学的了解愈加全面和深入，会发现，即使就西方的整体知识体系而言，“读书必先识字”这一命题也依然成立，因而建构训诂阐释学的构想具有普遍性的基础和意义。

二 “读书必先识字”的意蕴

“读书必须识字”原是训诂学命题，一向被乾嘉学者所信仰并提倡，影响既深且远。由于这一命题具有特定的内涵及多面向的辐射维度，因此可以从许多方面进行解读。

其一，它意味着文本阐释须以语义理解居先。

就语义学而言，中外语义研究均可粗略地划分为语文学、传统语义学、现代语义学三个阶段，其中汉语的语文学时期即为训诂学时期。贾彦德教授曾提出：“我国语文学时期的语义研究叫做训诂学。春秋战国时期从义理辞章方面注释《春秋》的《公羊传》和《穀梁传》，是我国处于萌芽状态的训诂工作的成果。”又说：“汉代以后读经的困难主要表现在字义上，这样，我国的语文学不但始于训诂学，而且始终把它当做一个重要的内容。”[②] 这是极具慧眼的卓识，不仅突显了训诂学的语义学

① ［澳］彼得·哈里森：《圣经、新教与自然科学的兴起》，张卜天译，商务印书馆2019年版，第7、14页。

② 贾彦德：《汉语语义学》，北京大学出版社1999年版，第2、3页。

意义及阐释学指向，而且道出了文本语文学的中外共通性。所以，“识字”的本质不是识文断字，而是理解语义，且以理解语义统领一切。

其二，它意味着语义与文本的密切关联。

所谓“读书”的“书”，显然是指文本。依照经古文学家的看法，“经”不一定必指儒家经书，而是可泛指“一切线装书”。[①] 因此，“读书”既指阅读经书，也指阅读一切文本。伽达默尔说，“语文学”（Philologie）这个概念的衍生涵义，就是指“包容一切的阅读艺术”。[②] 这显然与经古文学家的看法一致。

在我国，训诂学一向以“小学”的名称被视为经学附庸。“附庸”是关联的一种形式，所表明的与其说是小学的派生性或附属性，毋宁说是基础性与奠基性。就语义理解与文本阅读的关联性而言，“读书必先识字”绝非单纯与经书发生关联，而是与一切文本发生关联。所以，训诂学虽然被视为经学附庸，却一向以所有古代文本为训释对象。这样一来，“读书必先识字”的语义学涵义及其与文本的关联性，便突显出来了。它不仅可以转化成为一个阐释学命题，而且蕴含着阐释学的生成结构，即阐释学是由对文本的理解而衍生出来的。

在西方，由对古希腊罗马经典的释读而形成所谓语文学（古典学），由对《圣经》的释读而形成注释学。这两门学问可统称为语文学，性质与中国的训诂学一致，所指向的都是理解与文本的关联。

理解文本的基础是识字。在西方是熟悉希伯来文或希腊文、拉丁文，在中国是熟悉先秦文字。“字”是被固定在文本内具有特定语义的字，故“字”成为文本的基本单位。伽达默尔说，正是由文字所固定的文本提出了真正的阐释学任务。文字性（Schriftlichkeit）就是自我陌生性（selbstentfremdung），而文本阅读是对这种自我陌生性的克服，也就是“理解的最高任务”。他以碑文为例说，只有先对这块碑文进行正确辨

① 周予同：《周予同经学史论著选集》，朱维铮选编，上海人民出版社 1983 年版，第 596 页。

② ［德］伽达默尔：《真理与方法：哲学诠释学的基本特征》，洪汉鼎译，上海译文出版社 2004 年版，第 505 页。

译，才会提出阐释学任务。[①] 文本与文字、语义与文本、理解与阐释的胶合，由此彰显。

其三，它意味着文本是专指经典文本。

“读书”之“书”虽然具有指向一切文本的广泛涵义，但在阐释学语境下，却另有狭义，即专指经典文本。古之常言曰“夫学者载籍极博，犹考信于六艺”。即表明广义文本与经典文本之关系，指明经典文本是广义文本的典范与依据。小学之所以被视为经学附庸，即表明文本阅读实以经典阐释为大宗。经典文本以始源性经典为先。始源性经典以其原生性、奠基性及无遮蔽性而具有神圣性和权威性。所以“读书”便特指阅读、阐释始源性经典。

黑格尔说，原始典籍在西方是《圣经》，在希腊是荷马史诗，在中国是《易经》《书经》等经书，亦即原始直观的基本著作。[②] 夏曾佑说，中国之圣经，谓之六艺。[③] 始源性经典来自前轴心时代，所以孔子说“述而不作”；但定型于轴心时代，所以司马迁说“中国言《六艺》者折中于夫子”。这在中西，同样是一致的。有学者说：“柏拉图与亚里士多德在二十世纪依然稳稳地占据哲学世界中的崇高位置，历史写作中的修昔底德同样如此；此外，古典神话仍以不同形式渊源不断地为艺术家和作家提供有力而易于改造的素材。”[④] 始源性经典的核心价值，是其奠基性，由此才引出经学、语文学，即古典阐释学。

轴心时代之后，在西方出现古典学与基督教神学的纠葛，在中国则出现儒教与释道二家的纠葛。基督教神学阐释学利用古典学资源为自家张目，使古典学成为神学的附庸（如同小学成为经学附庸）。正因如此，

---

① ［德］伽达默尔：《真理与方法：哲学诠释学的基本特征》，洪汉鼎译，上海译文出版社2004年版，第505页。

② ［德］黑格尔：《世界史哲学讲演录：1822—1823》，《黑格尔全集》第二十七卷，第I分册，刘立群等译，商务印书馆2014年版，第115页。

③ 夏曾佑：《最新中学教科书中国历史》，杨琥编：《夏曾佑集》，上海古籍出版社2011年版，第832页。

④ ［英］内雅里·莫利：《古典学为什么重要》，曾毅译，北京大学出版社2020年版，第4—5、11页。

所以策勒强调二者的紧张关系，说中世纪的科学受到双重权威束缚，即所谓“积极宗教的神学权威”和“古代作家的哲学权威”的束缚。[①] 中世纪时期，伊斯兰教、犹太教、婆罗门教的教育，“永远无法离开神圣的或祭典的经书”[②]。儒教则与释道二家在纠葛中相互偷学渗透，由对立走向分工并立，形成以佛修心、以道养身、以儒治世的社会分工，[③] 同时共享小学方法。

不过，西方的民族与语言关系要比中国复杂。不仅在拉丁语与各民族语言之间存在解读、翻译及转化问题，而且有许多“死文字”需要破解。中国虽存在佛典翻译、少数民族语言问题，但汉语言（特别是汉字）始终居于一统地位，故只存在解读问题，不存在翻译与破解死文字问题。因此，希腊、拉丁文字只具有文化认同功能，不具备民族与国家认同功能。汉字则既具有文化认同功能，又具有民族与国家认同功能。“识字”在中国不仅意味着统一于经典之下，还意味着民族、国家、文化三大认同的合一，意味着对方言的克服。就此而言，汉字之于中华民族的一体性，实具有根本性。

其四，它意味着一种特定的思想建构形式。

思想表达的最高形式是哲学形式。哲学思想又以怎样的形式去建构呢？法国学者皮埃尔·阿多（Pierre Hadot）曾引用哲学家怀特海一句名言：“西方哲学只不过是柏拉图对话的一系列脚注。”此话有两层含义。从内容说，柏拉图提出的问题“以一种决定性的方式给西方哲学烙上了深深的印记”，相当于中国哲学中的所谓义理之学；从形式说，“西方哲学采取了一种很具体的评注形式”，即注释形式，相当于中国学术中的所谓注疏之学。

阿多说：“实际上，从公元前 4 世纪直到 16 世纪末，在这将近两千年的时间里，西方哲学首先被理解为一种注释，一种对‘权威人士’的

---

① ［德］爱德华·策勒：《古希腊哲学史》第一卷上册，聂敏里等译，人民出版社 2020 年版，第 89 页。

② ［德］韦伯：《中国的宗教》，《韦伯作品集》第五册，康乐、简惠美译，广西师范大学出版社 2004 年版，第 188 页。

③ 王志远：《唐宋之际“三教合一”的思潮》，《文史知识》编辑部编：《佛教与中国文化》，中华书局 1988 年版，第 73—74 页。

几份少数文本所进行的注释，其中又尤以对柏拉图和亚里士多德的注释为主。”从公元前1世纪初至公元3世纪，恰好与中国的两汉及曹魏经学时期大体相当，西方哲学史被称为注释阶段，特征是“文本解释成为最基本的学术训练”。到中世纪，基督教神学以注释《圣经》和《福音书》为基础，其中包含对缔造者的文本进行注释。因此，基督教神学与其他哲学并没有什么两样。[①]

中国哲学的经学建构形式，毫无疑问与阿多所言一致。显然，经典的始源性、基础性以及对它的注释、阐释，不仅是中西阐释行为的共同前提与展开形式，还是思想表达、理论著述、哲学建构的共同形式。

“读书必先识字”的“识字”就是指去认识前辈思想家写下的“字”，从而去注释它们，在注释中把自己的思想表达出来。因此，注释作为“一种由作品转化成的次级层面的文本”，也就具有了“一道光环”。[②] 它表明，任何一位哲学家的著述与表达形式，都以“识字”的扩展形式来进行。

其五，它意味着一套完整的语义阐释规则。

既然文本阐释必须以语义理解居先，那么，阐释的规则性也就必然蕴含在“读书必先识字”的命题当中了。

在西方，阐释《圣经》有所谓解经四则，其中第一条是校勘文字，即根据“直接意义”进行注释，相当于中国训诂学的本义训释。其基本原则，就是“不增加、不改变、不删减”，[③] 与中国传统的校勘原则完全一致。其次是阐明道德、探索寓意、宣示神意，相当于训诂学对文字引申义的探讨。西方还有所谓希勒尔（Hillel）解经七准则、以利沙（Ishmael ben Elisha）解经十三原则。在印度，则有阐释《吠陀》的所谓“吠陀支”，同样属于语文学。

总之，“阐释《圣经》的各种流派传统上都会传授给学生特定的解读原则，以指导他们按照本流派的传统教义来理解圣经中的词语。天主

① ［法］皮埃尔·阿多：《古代哲学研究》，赵灿译，华东师范大学出版社2016年版，第3—4、28、30、32页。

② ［德］扬·阿斯曼：《宗教与文化记忆》，黄亚平译，商务印书馆2018年版，第124页。

③ ［德］扬·阿斯曼：《宗教与文化记忆》，黄亚平译，商务印书馆2018年版，第144页。

教徒、基督教徒和犹太教徒学到的是按照各教派信仰来解读经典的方法"[①]。这些方法的范围与步骤，基本依照文字考证、语言评断、文献鉴定、源流评断、形式评断、编辑评断、历史评断的顺序展开，包括了与我国训诂学、校勘学、文体学、修词学、古文献学、史源学、版本目录学等大体相当的内容。其始点与基础，都是"读书必先识字"。我国古代经学中的所谓故、训（疏通字句）、章句（分析章节）及说、微、通（诠明大义）等，与西方的做法不仅精神气质一致，而且具体操作方法也几乎一致。

语义阐释规则背后所蕴含的，自然是对阐释行为性质的理解。阐释的目的是揭示意义，意义怎样才能得到揭示？阿多的研究表明，在古代西方，修词学家早就提出了文本注释的规则，其中有四个问题是最基本的。其一，是否必须遵循写作者的文本或意图？其二，若有两种相对立的文本，该如何择取？其三，能否通过思考这两种文本，得出一个不含在文本里的结论？其四，如何解释有歧义的文本？上述注释规则，既涉及中国所谓训诂、校勘，也涉及《春秋》五例等修词规则，还涉及"言意关系"。它们被运用到任何文本的解读当中去，"哪怕是任何细枝末节也不放过"[②]。在西方，表现为先从语法角度对文本进行考订，通过句读准确勘定文本内容。在中国，则表现为对文字的考定、训释，然后是句读。

亚里士多德曾说，理解赫拉克利特特别困难，因为人们"不知道他的句读"。所以，必须首先识读文字，然后才能理解语义。比如阅读柏拉图对话，"首先必须准确解释作者所使用的每一术语的含义，然后再解释作者是在何种意义上使用这一术语的：是在固有意义上，还是在比喻意义上；是为断言自己的学说，还是为反驳对方观点"[③]。不消说，这与阅读

---

① ［美］W. E. 佩顿：《阐释神圣：多视角的宗教研究》，许泽民译，贵州人民出版社 2006 年版，第 10 页。

② ［法］皮埃尔·阿多：《古代哲学研究》，赵灿译，华东师范大学出版社 2016 年版，第 39 页。

③ ［法］皮埃尔·阿多：《古代哲学研究》，赵灿译，华东师范大学出版社 2016 年版，第 34 页。

先秦文本的情况完全一致，正是“读书必先识字”所蕴含的要义之一。

其六，它意味着教师在古代学术传承中的知识传递作用。

“读书必先识字”命题中没有主语，但由识字到阐义，均在教师指导下进行。因此，它第一位的主语不是学生，而是教师。

韦伯曾说，中国士人“接受人文教育，尤其是书写方面的知识”，其社会地位“正是基于这种书写与文献上的知识”①。他还采纳某些汉学家的见解，提出中国古代高等教育的特点纯粹是文献性的，也就是将书写的性格发展到极端。造成这一现象的原因，“是由于中国文字的特殊性使然，并且也是因此特殊性而产生的文学艺术所造成的结果”②。

同样，作为文本的阐释者，教师（士人）在世界任何地方都首先意味着对经典的阐释权力。“无论在哪儿有正典传统，哪儿就会围绕它出现一些解释机构，随之产生一个新的知识精英阶层：以色列的经师（Sofer），犹太的拉比（Rabbi），希腊的语文学家（Philologos），伊斯兰教的族长和毛拉（sheikh and mullah），印度教的婆罗门（Brahman），佛教、儒家、道家的圣人和学者（sages and scholars）。”③ 阐释经典的权力来自其识字的能力。

另一方面，教师意味着对学生的传授关系。教师涵盖了经师、人师、教士等不同名称，不仅标识着传道、授业、解惑三种职能与功能，还标识着家法、流派与传承的迭代关系。无论前者，抑或后者，在中西古典阐释学中都是一致的。

孔子、柏拉图都拥有自己的固定教学场所和追随的学生，与学生相对自由地讨论议题。学生对老师的关系，“类似于和诸神或父母之间的关系，这是一种包含优越性的爱，双方并不平等”④。

学生成名后，又有自己的学生，螺旋性地建构新的师生关系。柏拉

① ［德］韦伯：《中国的宗教》，《韦伯作品集》第五册，康乐、简惠美译，广西师范大学出版社2004年版，第165页。

② ［德］韦伯：《中国的宗教》，《韦伯作品集》第五册，康乐、简惠美译，广西师范大学出版社2004年版，第185页。

③ ［德］扬·阿斯曼：《宗教与文化记忆》，黄亚平译，商务印书馆2018年版，第51页。

④ ［意］卡罗·纳塔利：《亚里士多德：生平和学园》，王芷若译，北京大学出版社2021年版，第102页。

图最著名的学生是亚里士多德。但是，“仲尼没后，受业之徒沈湮而不举，或适齐、楚，或入海”（《史记·礼书》）。“七十子之徒散游诸侯，大者为师傅卿相，小者友教士大夫，或隐而不见。”（《史记·儒林列传》）亚里士多德的学园则存在了数百年。孔子学生中，以子夏所体现的师承性最鲜明。司马迁说：“如田子方、段干木、吴起、禽滑厘之属，皆受业于子夏之伦，为王者师。”（《史记·儒林列传》）孔子死后，据说子夏在西河教书，弟子达到三百人，魏文侯即从他学习经艺。《荀子·非十二子》中提到“子夏氏之贱儒”，颇为瞧不上眼，但也证实其学派之盛。孔子的《易》学则传给了学生商瞿（字子木），商瞿继续向下传，一直传到汉武帝时的杨何，共八代。

老师与学生的关系，类属于武林的师徒关系。一方面，学生必须严守师教，恪守门规，既不得背叛师门，也不可违背家法。另一方面，“不同的老师之间存在嫉妒，他们尽力不让自己的学生被别人抢走”①。这样一来，教学组织也就具有了某种宗教性。组织存在的核心目的是传承教义。教义传承是否有效，传播力是否远大，是否能够形成权威性与公信力，是否具有社会势力，端赖其师生关系的传承有序。

中国经学、哲学、学术的共同特点，即体现为传承有序。唐代以前，陆德明《经典释文序录》所列线索之清晰，令人惊叹。后世所谓“渊源录”“学案”“师承记”等，更是姓名昭昭，线索连贯，如同链条。今文经学大战古文经学，其最锐利的武器，即为师承。就此而言，可知在今文经学的思想系统中，“记忆”重于“文本”。而古文经学则相反，他们无法具有师承优势，于是便努力依靠文本的权威性去压制对方。

同样，古代犹太人虽曾发生历史意识的中断，却保持了“唯一真正继续感兴趣的历史传统”，那就是“各个拉比与其前任的关系”，被称为“学识传递的历史”。② 中世纪时期，“一个知识分子阶层掌握了犹太教的

① ［意］卡罗·纳塔利：《亚里士多德：生平和学园》，王芷若译，北京大学出版社 2021 年。第 21 页。

② ［意］莫米利亚诺：《现代史学的古典基础》，冯洁音译，华东师范大学出版社 2009 年版，第 26 页。

领导权，这个阶层是被犹太教特有的典籍和礼仪熏陶出来的”[①]。“读书必先识字”所蕴含的，就是这种学识传递的历史。

教师职业身份的首要标识，就是“识字”。识字不仅是一种技能，更是一种特权，意味着对精神解释权与知识传播权的垄断，在彰显身份特权的同时，既彰显文字的文化价值，又彰显文字的社会学意义。正如一位西方学者所说：“文字是最重要的统治世界的手段，能够书写和能够管理是一回事。”“文字是一种社会化的行为，是把人类教育成一个文明的、社会存在的行为。”[②]

据记载，子路问孔子，如果老师有机会从事政治，会首先做什么？孔子回答“必也正名”。子路觉得老师未免太“迂”，结果受到孔子批评（《论语·子路》）。孔子所“正”的到底是什么“名”？各种解释中最让人瞧不起的，便是把“名”理解为文字。现在看来，这种解释保不准还最深刻呢！起码说，它与其他的解释相辅相成。

其七，它意味着“改变世界”的实践指向。

“识字”实则与“解释世界”相关联。“识字”就是“解释文本”，因而就是“解释世界”。解释文本，无论中西，均以“人”为目的。由于以“人”为目的，故解释文本必然与“应用”或“实践”相关联，从而具有“改变世界”的内涵。保罗·利科所谓“从文本到行动”，蕴含的正是此义。[③] 用伽达默尔的话说，阐释与理解总是在具体应用（Applikation）中实现，因此应用不是对理解的运用，“而是理解本身的真正内核”[④]。上述意思，显然均内在地蕴含于“读书必先识字”的命题之内。

“读书必先识字”之所以不灭，归根到底，在于它的终极关怀是“改变世界”。

---

① ［德］马克斯·韦伯：《马克斯·韦伯社会学文集》，阎克文译，人民出版社 2010 年版，第 253 页。

② ［德］扬·阿斯曼：《宗教与文化记忆》，黄亚平译，商务印书馆 2018 年版，第 135、136 页。

③ ［法］保罗·利科：《从文本到行动》，夏小燕译，华东师范大学出版社 2015 年版。

④ ［德］伽达默尔：《作为理论和实践双重任务的诠释学》，洪汉鼎主编：《理解与解释——诠释学经典文选》，东方出版社 2001 年版，第 508 页。

三 汉字文化特质的独特标识

有学者提出，我国的整个“经学时代”对“六经”本文的注释，“都属于诠释学”。[①] 笔者赞同这一观点。从这一观点可知，“读书必先识字”蕴含的实则是整个汉字文化的特质。汉字文化从训诂学到哲学，从物质形态到精神形态，无一不以汉字为基底。汉字性质所生发出来的独有的规定性，必然使得读书必先识字这一命题在指向人类精神活动的共同性的同时，也标明自身文化的独特性。对此，自然应给予探讨。

关于汉字之于理解汉字文本的重要性，古人认识得非常深刻。郑樵说：“古人之言，所以难明者，非为书之理意难明也，实为书之事物难明也；非为古人之文言难明也，实为古人之文言有不通于今者之难明也。能明乎《尔雅》之所作，则可以知笺注之所当然；不明乎《尔雅》之所作，则不识笺注之旨归也。”[②] 杭世骏说：“诠释之学，较古昔为尤难：语必溯源，一也；事比数典，二也；学必贯三才而穷《七略》，三也。”“诠释之苦心与作者之微旨，若胶之黏而漆之灂也，若盐之入水而醍醐乳酪之相渗和也。”[③] 这就将文字训释引向了更为广阔的范围，不仅突显出文字的历史性，还突显出文字指称关系及表意关系的历史性，显示出文本阐释的基本要素，以及文本与释读之间的复杂关系，彰显出识字的理论范畴意义。总之，正是“笺注”或“诠释”，使得“文字”可“识”，因而使得文本变得可以阅读和理解。

与“阐释循环”的关系

由于古人深刻体认到汉字的广义符号学意义，所以到乾嘉时期，“识字”作为一个理论范畴被建构出来。其具体展开，便是“乾嘉‘朴学’

---

① 朱本源：《朱本源史学文集》，陕西师范大学出版社 2005 年版，第 368 页。

② 马端临：《文献通考》，上海师范大学古籍所、华东师范大学古籍所点校，中华书局 2011 年版，第 9 册，《经籍考》九，第 5379—5380 页。

③ 杭世骏：《李义山诗注序》，《杭世骏集》第 1 册，蔡锦芳、唐宸点校，浙江古籍出版社 2015 年版，第 118、119 页。

教人，必知字之诂，而后识句之意，识句之意，而后通全篇之义，进而窥全书之指。”① 这一主张，通常被狭义地理解为是指单向的阅读与解读顺序，因而与阐释学中著名的阐释循环原则不相符。

关于阐释循环的基本道理，我们在前面已经讲过，不能再重复。但是，有必要回顾一下戴震讲过的三段话：“经之至者，道也；所以明道者，其词也；所以成词者，字也。由字以通其词，由词以通其道，必有渐。”“经之至者，道也。所以明道者，其词也。所以成词者，未有能外小学文字者也。由文字以通乎语言，由语言以通乎古圣贤之心志，譬之适堂坛之必循其阶而不躐等。”“余私谓《诗》之词不可知矣，得其志则可以通乎其词。作《诗》者之志愈不可知矣，断以‘思无邪’之一言，则可以通乎其志。”将这三段话单独阅读，诚如钱锺书所说，“能分见两边，特以未通观一体”，但如果将其看作一个整体，则恰好是一个完整的阐释循环。②

笔者认为，从“读书必先识字”这一命题中推导不出违反阐释循环的意思。相反，阐释循环的双向涵义已经蕴含其中。因为，这个命题虽然突显了“识字”的优先性，但又强调了“读书”的目的性与约束性。“识字”被置于“读书”的框架之内，而“书”原本是具有统一意义的整体性文本。换言之，文字既依据语境而安排，语境又决定文字的内容。“书”就是“字”的语用学处境，亦即“字”的在场性标识。因此“读书”而不顾及整体性意义，乃是不可能的。正如海德格尔在谈到诗歌性文本时所说的那样，“基本词语只有在它们被说出的那个领域的语境中才能得到理解。这个领域就是存在者之真理。”③ 伽达默尔则说，阅读文字会导致“文字性”的产生；文字性具有会使自己达到“自身的此在”。“因此以文字形式固定下来的东西就在一切人眼前提升到一种意义域之中，而每一个阅读它的人都同时参与到这个意义域之中。”④ 毕竟

---

① 钱锺书：《管锥编》第一册，中华书局 1986 年版，第 171 页。

② 所引钱锺书文字，均见钱锺书《管锥编》第一册，中华书局 1986 年版，第 172 页。

③ ［德］海德格尔：《海德格尔文集 · 林中路》，孙周兴译，商务印书馆 2015 年版，第 310 页。

④ ［德］伽达默尔：《真理与方法：哲学诠释学的基本特征》，洪汉鼎译，上海译文出版社 2004 年版，第 507 页。

“读书”的目的不是为识字，“识字”的目的是为“读书”。“读书”与“识字”已经标明“出发”与“返回”的双向性。“读书必先识字”所强调的是文字的基础性，但从中抽绎不出弃置文本意义整体性的含义。

就语言学的一般原理而言，词是语言中的意义单位，是语言的符号。词由字构成。文本中的字词，既是一个最基本的语言单元，又必然处于文本所组织的序列当中。因此，对字词意义的读取，必然要既考虑到单元的独立性，又考虑到文本的序列性。文字与文字的互为参照，就是文本。就此而言，所谓“读书必先识字”，就是搞明白这种序列性与互为参照性。所以，它既不违反阐释循环的原则，也不违反索绪尔普通语言学所规定的意义原则。

我国古代经学固然有重训诂与重义理的区别，有所谓汉宋之争，但这种区别映现的恰恰是阐释循环的双向性。刘师培说：“两汉经师说经之书以百数，而立名各不同。”之所以不同，在于它们或通旨意，或重训诂，或重章句，或重条例，或重体例，[①] 实为分工的不同与偏重，共映的却是阐释循环的整体性。所以，汉宋的相互攻讦，针对的主要是对方的片面性，而大儒、通儒之所以受推崇，则由于其兼顾两面。汉宋二家均认可“读书必先识字”，亦可见其并不与阐释循环对立。腐儒陋儒之所以遭鄙视，亦不在其理论宗仰，而在其滥竽充数，为稻粱谋。

从表意文字的特点看

由于汉字的表意性质，较之西方文字，“读书必先识字”之于汉字，显然更为契合。索绪尔说，世界上有两种文字体系，一是表音体系，二是表意体系。表意体系的特点是“一个词只用一个符号表示，而这个符号却与词赖以构成的声音无关。这个符号和整个词发生关系，因此也就间接地和它所表述的观念发生关系。这种体系的典范例子就是汉字”[②]。由于表意

① 刘师培：《国学发微》，《刘师培史学论著选集》，邬国义、吴修艺编校，上海古籍出版社 2006 年版，第 132—133 页。

② ［瑞士］费尔迪南·德·索绪尔：《普通语言学教程》，高名凯译，商务印书馆 1980 年版，第 50 页。

文字与词性关系更为密切，故布龙菲尔德称其为表词文字或言辞文字。[1]

汉字的表意性质，使得其语音、字音与语法均非首要，最重要的是词或词汇。王力说：“解决了词汇问题，古代汉语就解决了一大半问题了。”[2] 词是汉字的基本单位。词来源于字，字则由形构成。识字实为识词；识词实为辨形；辨形需要观看。识字是指在观看中辨析字形、通达词义，进而精准地领悟义理。“识字”的重要性，由此得显。

辨析字形从造字的始源出发。始源基于意义。定形成字，实为固化意义。因此，必须以形索义。中华民族的文化深层暗码，即藏于形义当中。洪堡特说：“各种语言之间的真正差异并不是语音或记号的差异，而是‘世界观’的差异。”[3] 汉字构形对意义的固化，实为中华民族世界观的生成基点，较之表音文字体系关系及作用尤大。因此，“识字”就是识得世界观。

从汉字指称（指物或指事）与表象功能的历史性看，识字还具有历史认识功能。以“睡”字为例，汉代以前，它并不指在床上睡觉，而是坐着打瞌睡。“一杯羹”则是“一盘肉”的意思。王力说，阅读古书不怕遇见太深的难字，反而最怕遇见容易的字，“由于太熟悉了，所以古今的不同就容易忽略，容易放过”[4]。章太炎说：“今人读周、秦、两汉之书，惟通小学者，为能得其旨趣。此由古今语异，声气渐差，故非式古训者，莫能理董，其词气固非有异也。”[5] 这是对所谓“古今不同”的深刻解答。因此，识字不仅意味着通贯文本词义，还意味着克服历史间距所造成的词义疏异性，从而识得历史真相。当然，就对每个词义都能做到正确释读而言，古往今来，无一人能够完全做到读书识字。因此，“读书必先识字”只是一种理想状态，其深层意涵实则指向认识的开放

---

① ［美］布龙菲尔德：《语言论》，袁家骅、赵世开、甘世福译，商务印书馆 1980 年版，第403 页。

② 《王力论学新著》，广西人民出版社 1983 年版，第 225 页。

③ 参见［德］恩斯特·卡西尔《符号形式的哲学》，赵海萍译，吉林出版集团股份有限公司 2018 年版，第 135 页。

④ 《王力论学新著》，广西人民出版社 1983 年版，第 207 页。所举例证见第 205、226 页。

⑤ 章太炎：《太炎文录初编》别录卷二《驳中国用万国新语说》，《章太炎全集》第八册，上海人民出版社 2018 年版，第 367 页。

性与无限性。

构形对意义的固化，最典型地反映出书写、观看与汉字的紧密关系。就对书写的依赖而言，表音与表意文字并无区别，故其对视觉的依赖亦无二致。海德格尔说：“在某种宽泛的意义上说，希腊人是从视觉出发来考察语言，亦即从书写出来的东西出发来考察。”① 因此，上古中国与古希腊具有视觉上的统一性。但是，“写形”与“写音”毕竟不一样。

有人说，文本中的汉字，或者说由汉字组成的文本，既不是说的语言，也不是想的语言，而是二者的中介。② 所谓“中介”，笔者认为就是指“写形”。

写形以意象为深层逻辑，写音以语法为深层逻辑。我国训诂学、语文学之所以发达，而语法学、语言学不发达，③ 正是由汉字的“写形性”所决定的。曾有语言学家指出：“从孔夫子的时代到今天，两千多年来，汉语虽然有了显著的发展，但是它的语法结构和基本词汇的发展却是相当缓慢的。”④ 这显然正是汉语的重要特性。

索绪尔说：“在大多数人的脑子里，视觉印象比音响印象更为明晰和持久，因此他们更重视前者。结果，书写形象就专横起来，贬低了语音的价值。”⑤ 这一点对于汉字来说显然更为突出。就程度而言，汉字对于视觉（而非听觉）的依赖更加强烈。这不仅是由于汉语中有大量方言，关键在于汉语中存在大量同音字，对其意义的读取主要不是依靠听取语音，而是依靠读取字形。莱布尼茨说汉字似乎是聋人创造的⑥，突显的正是汉字构形较之读音的重要性。

---

① ［德］海德格尔：《海德格尔文集·形而上学导论》，王庆节译，商务印书馆 2017 年版，第76 页。

② ［法］约瑟夫·房德里耶斯：《语言》，岑麒祥、叶蜚声译，商务印书馆 2012 年版，第378 页。

③ 王力先生认为传统中国只有语文学，没有语言学。《王力论学新著》，广西人民出版社1983 年版，第 39 页。

④ 高名凯、石安石：《语言学概论》，中华书局 1987 年版，第 18 页。

⑤ ［瑞士］费尔迪南·德·索绪尔：《普通语言学教程》，高名凯译，商务印书馆 1980 年版，第 49 页。

⑥ ［法］德里达：《论文字学》，汪堂家译，上海译文出版社 2005 年版，第 115 页。

韦伯很详细地讨论了汉字所体现的“视觉”与“听觉”的关系。他提出，由于汉字一直保留着图像的特色，因此使得文学作品对于眼睛的依赖更甚于耳朵。视觉的特性本质“与口说的语言距离遥远”。与语音相比，书写符号要丰富得多。“因此，所有的幻想与热情就自然远离贫乏且形式化主智主义的口说语言，而转向寂静优美的书写文字符号。一般诗体的口语根本上是从属于文字。具备艺术价值的，不是口语，而是书写与阅读，这也是被认为适合君子的。”“口语是属于庶民的事物。这点正好与希腊文化极端相反”。“在中国，文学艺术里最鲜丽的花朵可说是既聋且哑地交织在如丝缎般的光华中，其价值远高于戏曲。”[①] 这种观点，值得关注与思考。

总之，在“说”（以方言为典型）中不明其意，在“写”中其意自明。这是汉语的特点，也是汉字的特点。

与任何一种语言文字一样，这样的语言文字具有其自生的优点与缺点。正如布龙菲尔德所说，尽管“汉字的复合符号可以分析为214个部首（字根），但是，即使如此，学习读和写的劳力也是够艰巨的”。这可以说是其缺点。近代以来之所以兴起汉字改革运动，无非是鉴于汉字的难学。不过，汉字也有很大的优点，那就是“字符并不受词的语言形象所约束”，因此尽管存在大量方言，但在书写和印刷方面，中国人“能互相看懂彼此所写的东西”。[②] 房德里耶斯总体上对表意文字评价很低，认为“一种完全固定的表意文字无异于一件禁锢思想的硬性大衣”，但即使如此，他也承认表意文字有一个极大的好处，“就是使用不同语言都能够把它念出来”。[③]

语音在汉字体系中的地位

构形、书写、观看如此重要，那么语音在汉语中占有怎样的位置呢？

---

① ［德］韦伯：《中国的宗教》，《韦伯作品集》第五册，康乐、简惠美译，广西师范大学出版社2004年版，第185—186页。

② ［美］布龙菲尔德：《语言论》，袁家骅、赵世开、甘世福译，商务印书馆1980年版，第404页。

③ ［法］约瑟夫·房德里耶斯：《语言》，岑麒祥、叶蜚声译，商务印书馆2012年版，第377页。

文字是意义、声音、语法的统一体。因此，考察汉字的特点，除意义外，还要看它的语音和语法特点。不过，由于汉字的表意性质，导致它在语音和语法方面与表音文字产生很大差异。

黑格尔说："在我们这里，声音是表象的符号，对于这些声音我们又有符号来表示。字母因此是表象的符号的符号。在中国没有绕这个弯路，即不是通过字母表达声音、通过声音表达表象。字母的符号同时是表象的符号。"就声音而言，"我们的有声语言比书面语言多不了多少东西。中国的情况则不同。他们的有声语言是贫乏的，有声语言的有些语词甚至有25种完全不同的意思"①。这种观点，在西方具有代表性。他们普遍认为，汉语与汉字在语音方面不够丰富，甚至贫乏。

关于汉语缺乏语音数量，洪堡特（Wilhelm Von Humboldt）已经指出。洪堡特说："汉民族没有努力去使语音变得丰富多样，去造就能够促进语言和谐一致的交替变化。""汉语的内在语言意识的力量十分薄弱，没有感觉到语音联系和语音中介作用的必要性。"② 高本汉在提出汉语的单音节、孤立语性质之外，也曾提出汉语"语音贫乏"，"同音字实在太多"。③ 李约瑟说："汉语中所使用的语音的缺乏大大削减了语音的用途，至少影响了科学专业术语的发展。"例如，"在《康熙字典》中共有字47000个，但使用的音只有412个，或可以说由于使用四声增加到了1648个左右的语音，因此，平均算来每一个语音大约有30个含义"。"在发展新的科学术语的过程中，中文的确很不方便创造出新字。"④ 哈尔曼则说："汉语中的音节数量非常有限，而所有的词位又都是单音节的，因此，汉语中就出现了无数同音字（发音相同的单词），而且确切地说，有好几千个汉字词位都是同音字。这些同音字都是有着相同结构的单词，而且意义则会因为不同的声调有所不同。在汉字的表意书写方

① ［德］黑格尔：《世界史哲学讲演录：1822—1823》，《黑格尔全集》第二十七卷，第Ⅰ分册，刘立群等译，商务印书馆2014年版，第137页。

② ［德］洪堡特：《论人类语言结构的差异及其对人类精神发展的影响》，姚小平译，商务印书馆1999年版，第98、282页。

③ 高本汉：《汉语的本质和历史》，聂鸿飞译，商务印书馆2010年版，第17、51页。

④ ［英］李约瑟：《中华科学文明史》，江晓原主持，上海交通大学科学史系译，上海人民出版社2014年版，第9、11、15、16页。

式中，表意内容是至关重要的标准，因此，同音字会因其所具备的不同意义而拥有不同的写法。就此来看，在书写汉字时就没有必要标记声调差异。”①

上述观点的共同之处，就在于均指出了汉字语音的贫乏。笔者认为，这与中国古代音韵学的发达以及训诂学的声训方法并不矛盾，所反证的恰好是汉字以形为构字核心、以看为取义核心的特点。章太炎批评“清初讲小学者，止知形而不知声、义，偏而不全”，指其将文字学窄化为了字形学，② 固然揭示了古文字学之弊，但也反映出“字形”的重要。所以，汉字以写—看为立意、取义特征，不以说—听为主特征。所谓“读书必先识字”，意味着对“看”与“写”之立意、取义特征的顺从，背后所隐含的是对汉字本性的深刻把握。

语音的不丰富显然与汉字的单音性质紧密相关。章太炎说“中国语之特质为单音”，即上古汉语以单音节词为主。进一步追问造成这一特点的原因，有学者提出：“上古汉语语音的喉音、牙音和舌头音比较多；从发言方法角度来看，重唇音和浊音比较多。这种现象说明，先民的发音器官——口腔还不太灵活，发出来的音相对模糊。有人说上古汉语有复辅音，也能说明这个问题。由于发音器官不够灵活，所以，发出来的音只能是一个一个的，还不能流利地成串。这大概就是造成单音节词的根本原因。汉字被先民创造出来以后，必然是一个字一个音节。反过来，一个字一个音节又制约了汉语词的音节数量和发展变化。”③ 这种看法，耐人寻味。

也有学者提出，由于汉字在创始阶段采用记事图画形式，所重在形，因而导致表音成分没有得到很好整理。“往往同是一个音就有许多不同的图形去表示，而且它们多和表意的成分并用，单独成字的不多。”④ 这样，“音”与“词”之间的关系便常常不同位。“从汉字在中国的发展历

---

① ［德］哈拉尔德·哈尔曼：《文字史》，励洁丹译，上海三联书店 2021 年版，第 52—53 页。

② 章太炎：《小学略说（上）》，《章太炎全集》第十五册，上海人民出版社 2018 年版，第 835 页。

③ 叶正渤：《上古汉语词汇研究》，中央文献出版社 2007 年版，第 15 页。

④ 高名凯、石安石：《语言学概论》，中华书局 1987 年版，第 196 页。

史中可以看到，从未有过表意符号和音节结构之间一一对应的关系。在汉字中，文字的数量要比音节数量多得多。”① 这与黑格尔等人的观察是一致的。

从甲骨文的情况看，“人称代词还不完备，数词中还没有基数和序数的分别，介词和连词非常少，在句子中一般是单句，复句少见，在复句中一般是并列句，主从句少见。所有这些，都在相当的程度上反映出当时人们思维还比较简单、素朴”②。

语音是语言的物质构成。较之表音文字，汉字的语音数量相对较少。这一点，人们在现实生活中应该会感受到。在命名或指示的符号世界，中国人使用的常常是西文。比如停车场的“P”。

不过，章太炎或许不会同意上述看法。他说“中国声音最繁”。但章太炎也注意到，“物质之名，中国诚有未备”。为什么会这样？他没有说，只是认为此问题不难解决——“译音可也”。③ 至于说汉字为什么没有走上表音的形式，他说：“夫中国语之特质为单音，外国语之特质为复音。如中土造拼音字，则此名与彼名同为一音，不易分辨，故拼音文字不适于华夏。”④ 这个回答，透视了汉字的特质，但不能让人满意。近代以来轰轰烈烈的汉字改革运动，其总方向是将汉字推向拼音形式，其逻辑前提显然是说拼音文字并非不适合于华夏。

汉字的逻辑学意义

国际语言学界普遍认为，汉语属于孤立语。孤立语是根据语法形态特点所作的一个语言形态分类概念，是说这种语言的语法结构由词序来支撑。⑤

---

① ［德］哈拉尔德·哈尔曼：《文字史》，励洁丹译，上海三联书店2021年版，第52页。

② 高名凯、石安石：《语言学概论》，中华书局1987年版，第215页。

③ 章太炎：《与人书》，《章太炎全集·书信集》，马勇整理，上海人民出版社2017年版，第361页。

④ 章太炎：《小学略说（上）》，《章太炎全集》第十五册，上海人民出版社2018年版，第847页。

⑤ ［丹］奥托·叶斯柏森：《语言论：语言的本质、发展与起源》，柴橚译，中国社会科学出版社2021年版，第368页。

“一般把语言分为四种类型：孤立语、粘着语、曲折语、多式综合语。”一些语言学家认为它们呈现依次递进的序列关系。汉语之所以属于孤立语，从结构上来说，正由于“词序是汉语语法最为重要的组成”[①]。也就是说，它“不用词的内部形态而用词序、虚词等语法手段去表示词与词之间的关系或其他语法作用”[②]。

有语言学家写道：“在汉语中，词汇上的语素和语法上的语素之间不存在任何区别。因为汉语中不存在词性的曲折变化，也不存在语法语素。在古汉语中，一个词位对应的就是一个语素，而且每个词都是单音节的。语言表述的意义取决于语段关联中词汇语素的先后顺序，这就是所谓的单一生成的结构类型。”[③]

由于孤立语不存在“词语成分之机械衔接”，“人们在这个语言里有一个词就得学一个符号”。[④] 显然，单词与符号的直接对应，必然生发出“读书必先识字”的命题。

从语系上说，由于汉语“是从具有孤立语特点的原始汉藏语发展出来的，与人类一般语言活动的原始性无关”[⑤]。但就文字的特性而言，应该承认，“有些基本的语法概念是表意文字不能自然地表达的”[⑥]。

从语法角度研究意义，是逻辑学的语义学的核心任务。从这一视角出发，萨丕尔将语言划分为孤立型、弱式综合型、完全综合型、多式综合型四个综合性等级，从中可见汉语的位置与特性。他说：

> 汉语是孤立型语言的经典范例，它不允许词语被内部变化或前缀、后缀成分所修饰，以表达数、时、语气、格等概念。这种类型

---

① ［丹］奥托·叶斯柏森：《语言论：语言的本质、发展与起源》，柴橚译，中国社会科学出版社2021年版，第368页。

② 高名凯、石安石：《语言学概论》，中华书局1987年版，第183页。

③ ［德］哈拉尔德·哈尔曼：《文字史》，励洁丹译，上海三联书店2021年版，第51页。

④ ［美］布龙菲尔德：《语言论》，袁家骅、赵世开、甘世福译，商务印书馆1980年版，第404页。

⑤ 高名凯：《语言论》，商务印书馆2011年版，第366页。

⑥ ［法］约瑟夫·房德里耶斯：《语言》，岑麒祥、叶蜚声译，商务印书馆2012年版，第378页。

> 的语言不太多，比较有代表性的主要是一些东亚语言……过去人们认为，这类语言代表了语言进化过程中一个特别原始的阶段，但现在这种观点已经过时了，可以抛弃。所有证据都支持相反的假设：它们是原本较为综合的语言向逻辑分析性高度发展的结果。由于语音的分离，这些语言必须用分析的方式重新表达原来由一个词表达的概念组合。[1]

从逻辑学上说，汉语还有一个问题，即系词问题。王力先生认为，“先秦时期没有真正的系词”。他说：“在中国哲学得以奠基的先秦时期，‘是’完全没有作为一个判断动词进入诸子讨论的视野；并且在西汉甚至东汉，‘是’也还没有成为一个被普遍使用的判断动词。我们可以说，这种情况是中国古代逻辑思维薄弱的一个重要表现。”“是”这个判断动词的缺失，“反映了中华文化的思维与重视‘是’的西方文化思维有很大的差别”[2]。

逻辑学之外，单就语言学而论，王力认为系词并非必有不可。他说：“在逻辑命题中，系词是必需的。因此，我国语法学家也多错误地认为汉语的判断句必须有个系词：上古汉语往往不用系词，只能认为是省略。这个观点是错误的。有些语言从来不曾用过系词，有些语言虽有系词也常常不用。在印欧语正常的名句中，一般不用系词，故希腊语也不用系词。现代俄语虽有系词，但是常常不用。可见系词并非必需的。这样，上古汉语不用系词，就毫不足怪了。”[3] 但王力没有讲语言上不用系词会在逻辑学上造成什么影响。

实则，胡适早就注意到这个问题。他说：“系词在西方的逻辑中具有十分重要的地位，而在中文的命题里却被省略，它的位置仅用短暂的停

---

① ［美］爱德华·萨丕尔：《萨丕尔论语言、文化与人格》，高一虹等译，商务印书馆2011年版，第13页。

② 冀志强：《观：先秦话语及其诗性建构》，北京大学出版社2021年版，第35页。关于“是”作为系词的讨论，可参考裘锡圭《谈谈古文字资料对古汉语研究的重要性》，《裘锡圭学术文集》第四卷，复旦大学出版社2015年版，第45—46页。裘锡圭原提出系词“是”大概在战国后期就产生了，但后来修订为“应存疑”。

③ 王力：《汉语语法史》，商务印书馆1989年版，第193—194页。

顿来表示。于是，‘苏格拉底是一个人’成了‘苏格拉底，人也’。……在西方逻辑中围绕系词发生出来的一切神秘的晕就这样被消除了。”胡适特别提到霍布斯的发现，即有些民族没有和西方“is”相当的字。① 他认为，《墨子·小取》讲到形式逻辑的五种困难，其中多数困难是汉语的特点造成的。“汉语既不为复数名词提供符号，也不区分名词总称和分称的用法。”②

胡适的看法是否成立，还可进一步讨论。不过，系词问题十分重要，是肯定的。这种重要性的直接体现，即表现于西文的翻译工作中。比如海德格尔说过这样一句话：“这个教室存在（ist）。这个教室是（ist）明亮的。我们立即不假思索地承认这个明亮的教室是某种存在者。然则在整个教室里，我们哪里找得到这个‘存在/是’（ist）呢？在事物中，我们哪儿都找不到存在（Sein）。”很简单的一句话，只因为系词捣乱，所以很难转化为汉语。为此，孙周兴先生写道：“此处已经显示出欧洲语言中名词（动名词）‘存在’（On，Sein，Being）及其系动词‘是’（einai，sein，to be）之汉译的困难。我们采取的是较灵活的策略：名词（动名词）Sein，我们译为‘存在’；系动词 sein 及其变化，我们依照语境译为‘存在’或者‘是’。”③

不过，正如詹姆逊所说：“在语言学中，对强调永恒不变的、符合规范的法则的古典主义思想的偏重造成了把语言和逻辑几乎等同起来的后果，这种逻辑具体化为法则之后，就是我们大家所说的语法。”④ 当代语言学对于古典主义思想的打破是否能解决这个问题，我们就不得而知了。

文字会宰制语言

汉字是表现汉语的手段。由于孤立语中“单字词”占大多数，故每

---

① 胡适：《先秦名学史》，欧阳哲生编：《胡适文集》第六册，北京大学出版社 2013 年版，第 37—38 页。

② 胡适：《先秦名学史》，欧阳哲生编：《胡适文集》第六册，北京大学出版社 2013 年版，第 69 页。

③ ［德］海德格尔：《海德格尔文集·面向思的事情》，陈小文、孙周兴译，商务印书馆 2014 年版，第 6 页。

④ ［美］弗雷德里克·詹姆逊：《语言的牢笼》，钱佼汝、朱刚译，中国人民大学出版社 2018 年版，第 2 页。

一字词都担负着沉重的负担，因而极其珍贵。有语言学家说："词符文字的原则特别适合于汉字，因为汉字中的每个文字对应的都是一个词位（一个单词）和一个语素。同时，同一个文字还代表了一个音节。"① 这种看法无疑是正确的。古代文章学一般主张简洁、省减，即以最少的字词表达最丰富的意思，其理论根基就在于汉字具有单字词独有的意义存储优势。但是，这种优势一旦进入阅读领域，即要求阅读者必须将浓缩于字词中的丰富意义尽量释放出来。因此，"识字"就成了释放意义的同义语。

就"词"与"物"的关系而言，识字又是识物。海德格尔说："词语（名称）缺失处，无物存在。""唯当表示物的词语已被发现之际，物才是一物。唯有这样物才存在（ist）。"② 此话翻译为老子的语言，即"有名万物之母"。"识字"就这样从读取、释放意义，一直延展到名称及存在的全领域。

作为意义单位，字词原本具有"符码"功用。对字词的解读，就是对符码的破译。字词作为语义学对象，是理解文化现象的第一元素。文本中的字词，实际是言语行为或表述行为的结果。之所以选用这个字词或那个字词，已经过写作者的严格过滤。这种过滤是在特定语境和文化背景下完成的。因此，文本中的字词凝结从而蕴藏了广泛而丰富的信息。"识字"在此发挥着"见微知著"的作用。同时，较之于生动的言语行为，文字有一个天然的弱点，即它不能及时为自己纠错。因此，它"更加需要帮助"③。就此而言，训诂学就是帮它纠错的。

文字体系的功能具有独立性。文字体系所遵循的独有原则，"和语言结构之间处于部分而非完整的交互关系之中"④。依照德里达的看法，语言学发展的趋势，是文字概念正在超越语言概念，亦即不是语言包括文

---

① ［德］哈拉尔德·哈尔曼：《文字史》，励洁丹译，上海三联书店 2021 年版，第 52 页。

② ［德］海德格尔：《海德格尔文集·在通向语言的途中》，孙周兴译，商务印书馆 2015 年版，第 152 页。

③ ［德］伽达默尔：《真理与方法：哲学诠释学的基本特征》，洪汉鼎译，上海译文出版社 2004 年版，第 509 页。

④ ［德］哈拉尔德·哈尔曼：《文字史》，励洁丹译，上海三联书店 2021 年版，第 45 页。

字，而是文字包括了语言。文字发明之后，人们会依照文字的规则去说话，这样一来，言说反而会成为文字的一种要素。

德里达这种看法，倒转过来却又说明另一个道理，即语言只有在文字性中才能达致真正的精神性。德里达非常敏锐地看到，逻各斯的时代贬低文字，使文字陷入意义的外在性中。其实，在文字制约语言、言说的意义上，语言反而首先就是文字。通常人们所说文人雅士，就是偏于照文字说话的人，而俗人粗人则是用言语说话的人。人们对文人雅士的尊重、对俗人粗人的轻视，反映了文字的宰制力量，是文字遮蔽言说、反制言说的机制使然。所以，在语言现象中，文字的声威大于言语。文字“从本质上并且从一开始就破坏活生生的言语”①。就此而言，我们考察文字改革以至所谓白话文运动等，会发现它们其实都与文字所具有的社会实践作用相关。

从德里达的立场看，所谓“读书必先识字”，其实还意味着在识字中突破文字的限制，甚至是通过阅读来摧毁文字局限，既从本义向引申义延伸，又杜绝死句参禅，死在句下。

---

① ［法］德里达：《论文字学》，汪堂家译，上海译文出版社2005年版，第80页。

第十二章

历史学的原生形态与质文递变

将“历史”与“史学”严格区隔开来，具有建构史学知识论以及历史阐释理论的基础性和始源性意义，但汉语“史”字原只具有“史学”之意，而以“事”字表达客观历史。古代史家对“史”的定义，内在地蕴含着史学知识论的体系，主体属性鲜明，阐释学意蕴深厚。上古时期，以诗性思维与诗性文体记事，是为世界史学发生和演变的通则。从先秦文献透露的信息可知，以东西周为界，中国史学发生了从以诗记事到以史记事的转型。这是一个去巫术化和诗性化而走向人文化、科学化的过程。

一 “历史”与“史学”

在史学理论的概念系统中，将“历史”与“史学”严格地区隔开来，具有建构史学知识论以及历史阐释理论的基础性和始源性意义。由此出发，相应的推论才会在不断增长的复杂性中延展出一个开放的理论系统。因此，区隔这一对概念的重要性，就像区隔“精神科学”与“自然科学”概念对于新康德主义哲学的重要性一样，乃为理论全体之纲。正是基于其重要性，故思想家与史学理论家对之大都高度重视，从而清晰地将历史叙述（Historie）与历史（Geschichte）、“写史”与“历史”区隔开来。

黑格尔提出，批判哲学的出发点，乃定位于“感觉的材料”和“感觉的普遍联系”二者所形成的区别之下。一方面是知觉所包含的个别的东西；另一方面是思维所包含的普遍性与必然性，二者发生联系，从而形成先天的综合判断。基于上述原则，可想而知，黑格尔一定会对作为名词的“历史”作“客观的”和“主观的”二元辨析，对主观性与客观性的一般对立关系进行考察。

他说，在德文中，“历史这一名词联合了客观的和主观的两方面，而且意思是指拉丁文所谓‘发生的事情’本身，又指那‘发生的事情的历史’。同时，这一名词固然包括发生的事情，也并没有不包括历史的叙述。我们对于这双层意义的联合，必须看做是高出于偶然的外部事变之上的。”[①] 显然，他并不是通过划分“历史”与“史学”两个名词，而是通过赋予“历史”这个名词以“史学”的含义，也就是赋予“历史”这个名词以两种内在成分，从而表达出人类主体对于客观历史的文本重构。在1822—1823年冬季学期的世界史哲学课程中，他开篇便说，“历史”一词在德语中具有双重意义，一为 res gestae（发生的事情）；二为对这种事情的叙述。[②]

对所谓“主观的历史叙述”，黑格尔格外重视，认为假如没有纪年春秋，就会“缺少客观的历史”。他很感慨地说，尽管印度富于精神的、深湛的思想，拥有宗教古籍、灿烂诗歌和远古法典，却没有“历史”。这与中国形成鲜明对照，因为中国具有非凡卓越、能够回溯到太古的“历史”。[③] 尽管黑格尔没有通过区隔“历史”与“史学”的方式展开其论述行程，但意义是同等的。黑格尔所强调的正是历史叙述的重要性。“在世界各个古代文明中，印度文明是最没有历史感的。在流传下来的众多文献中，几乎没有历史著作。在众多的宗教文献中，没有一本记载

① ［德］黑格尔：《历史哲学》，王造时译，世纪出版集团、上海书店出版社2006年版，第56页。

② ［德］黑格尔：《世界史哲学讲演录：1822—1823》，《黑格尔全集》第二十七卷，第Ⅰ分册，刘立群等译，商务印书馆2014年版，第11页。

③ 与黑格尔不同，兰克认为中国与印度一样，有的只是自然史。格奥尔格·伊格尔斯：《二十世纪的历史学：从科学的客观性到后现代的挑战》，何兆武译，商务印书馆2020年版，第34页。

真实历史的圣经，以致后人想编写一部印度历史变得极为困难。”①

斯宾格勒说：“在印度文化中，我们看到了一种全然非历史的心灵。它的具有决定意义的表现就是婆罗门教的涅槃。没有纯粹的印度天文学，没有纯粹的印度历法，因而也没有作为有意识的精神演进之轨迹的印度历史。……佛陀死后过了整整一千年，约在公元五百年时，锡兰才第一次产生了隐约像是历史著作的作品，那就是《大统史》。”他还说：“印度人的世界意识是非历史地建构起来的，它甚至不能把某一个作者写出一本书这个现象看作是一个具有确定时间的事件。……我们所了解的印度哲学——同时也是我们所拥有的全部印度历史——就是这样一种匿名的形式。”② 当然，缺乏“主观的历史叙述”，不等于客观历史在印度没有发生过。

黑格尔值得特别关注的另外一点，是他对历史性（Geschichtlichkeit）一词的用法。这个词在历史阐释学中具有关键词的意义，因此保罗·利科对它进行了专门的概念史考察，提出这个词是 19 世纪的产物，是黑格尔赋予了它哲学上的含义，但黑格尔对这个词的使用有其特定的语境，实际上，“从赫尔德、歌德和德国浪漫派以后，Geschichte（历史）——Geschichtlichkeit 重复了它——就已经具有了历史性一词将有的深度和引力的重点。”③

黑格尔之后，对“历史”与“史学”的区隔，愈加严格。比如布莱德雷（F. H. Bradley）在名著《批判历史学的前提假设》开篇，便讨论了“历史”这个词的涵义，指出它意味着“在时间中的各种事件”，又意味着“在人们心灵中的回忆”；“历史学”既包含“客观的”又包含“主观的”成分；在“现在”看来，“历史”“只是作为知识的对象而存在”；历史知识“是从已经消逝的过去而获得其全部的真实性”④。显然，

① 吴国盛：《时间的观念》，商务印书馆 2019 年版，第 60 页。

② ［德］奥斯瓦尔德·斯宾格勒：《西方的没落》，吴琼译，四川人民出版社 2020 年版，第一卷，第 77 页。

③ ［法］保罗·利科：《记忆，历史，遗忘》，李彦岑、陈颖译，华东师范大学出版社 2018 年版，第 504 页。

④ ［英］F. H. 布莱德雷：《批判历史学的前提假设》，何兆武、张丽艳译，北京大学出版社 2007 年版，第 11、12 页。

他也是通过二分形式，将历史学中所必然包含的主观因素揭示出来。

从存在论的本体论出发，海德格尔细腻地在“历史性”“时间性”“历史追问”“历史研究”“历史学”“历史学之为历史学（Historizität）”“对历史进行历史学追问”“历史学揭示”“历史科学的历史”等概念与命题中爬梳穿梭。早年，他对“历史”与“史学”的区隔还不那么严格。[①] 到写作《存在与时间》时，则已区隔得非常严格。对此，笔者会另作专门阐释，这里就不再赘述了。

顺着海德格尔讲的伽达默尔，同样区分历史与史学。在他看来，“历史学家的历史（Historie）只能使历史（Geschichte）中的生命之流处于更高的意识层次”[②]。

在黑格尔论述的延长线上，英国的沃尔什（W. H. Walsh）则提出“历史”这个词是模棱两可的。“它包括（1）过去人类各种活动的全体，以及（2）我们现在用它们所构造的叙述和说明。这种模糊性是很重要的，因为它为历史哲学同时打开了两个可能的领域。”一个是“历史事件的实际过程”的领域；另一个是“历史思维的过程”的领域。

为加深理解，沃尔什还简单讨论了“自然哲学”与“科学哲学”的区别，提出自然科学“研究自然事件的实际过程，着眼于构造一种宇宙论或者是作为一个整体来加以说明的自然界”。而科学哲学则“对科学思维的过程进行反思，检查科学家们所使用的基本概念以及这类问题”。他说，即使反对自然哲学，也并不必然会因此而反对科学哲学。[③] 显然，他所说的自然哲学，对应历史哲学与历史理论，而科学哲学则对应史学理论。据说，前者属于思辨的学科，后者则属于批判的学科。

同为英国人的欧克肖特（Michael Oakeshott）提出了与沃尔什类似的看法，但他的论述没有沃尔什清晰。在《现在、未来和过去》一文中，

---

① 参见［德］海德格尔《海德格尔文集·路标》，孙周兴译，商务印书馆 2014 年版，第 39 页。另参看第 63 页孙周兴的译者注。

② 参见［法］保罗·利科《诠释学与人文科学》，洪汉鼎译，中国人民大学出版社 2021 年版，第 40 页。

③ ［英］沃尔什：《历史哲学导论》，何兆武、张文杰译，北京大学出版社 2008 年版，第 6—7 页。

他开篇便表明“历史”是个意义不明确的词，但一般在至少两个不同的意义上被使用。其一是“一切发生过的事情的概念大全”，或者这个大全中“发生事情的过程”，因此“历史的”意味着“实际发生的事”。其二是指对事情的探究与理解，是史学家造成的历史。他强调这两种意义虽然不同，但并不脱节，而他关心的是第二种意义。

在第二种意义下，他进一步作二元区分，区隔出“实践的过去”与“历史的过去”。他说这两种过去不是一回事。[①] 海登·怀特认为，欧克肖特对“历史”与“史学”的区隔，实则重复了休谟的原则，即不能依照逻辑从“是”的陈述中推导出“应该”的陈述，不能从科学事实中推导出伦理必要性。怀特强调，利科《记忆，历史，遗忘》一书的主要任务，就是打破欧克肖特的这种二元区隔。[②]

专业史学家在写史过程中，当然也会注意到这一点。一位德国史的学者就曾写道，史学家称过去发生的事件为 Geschichte（历史），称撰写历史为 Historie（写史）；“历史”和“写史”的差异产生出两者的张力，这种张力使从事研究工作的历史学家在描述他所探讨的对象时既起能动作用，又须采取负责态度。[③]

所谓“能动作用”，是指主体的积极介入，例如发挥想象力；“负责态度”则指主体的自觉约束，例如对史料的尊重与依赖。换言之，史学的特性必然导致史家“戴着镣铐跳舞”。“镣铐”指史料，“跳舞”指创新。

可以这样说，从海德格尔到海登·怀特，从现象学到后现代主义，在涉及史学理论时，都是从区隔“历史”与“史学”两个概念出发，从而引出历史学的性质、史家工作的性质、史学成果的性质等一系列结论出来。

---

① ［英］迈克尔·欧克肖特：《论历史及其他论文》，张汝伦译，上海译文出版社 2009 年版，第 25 页。

② ［美］海登·怀特：《叙事的虚构性：有关历史、文学和理论的论文（1957—2007）》，罗伯特·多兰编，马丽莉、马云、孙晶姝译，南京大学出版社 2019 年版，第 412 页。

③ ［德］迪特尔·拉甫：《德意志史：从古老帝国到第二共和国》（中文版），波恩 Inter Nationes 1987 年版，第 1 章导言。

在我国，李大钊先生很早就注意到这一问题，作了非常清晰、深刻的界说。他提出，有两种事实，一是“实在的事实”，也就是“客观的过往”，是“死”的固化的事实；二是“历史的事实”，也就是“解喻中的事实”，是一种“主观认识”，是“生动无已”的。

他所说两种事实，前一种对应“历史”，后一种对应“写史”。具体到“写史”，他认为又包含“记录和解喻”两部分。“只有充分的记录，不算历史的真实，必有充分的解喻，才算历史的真实。”由此出发，他甚至提出，所谓“历史的真实”，一是指“曾经遭遇过的事的纪录是正确的”；二是指“关于曾经遭遇过的事的解喻是正确的”，因此，“历史的真实”是时时变化的。①

显然，李大钊的论述已经触及历史阐释的深层话题。在他看来，不但要区分“历史”与“写史”，而且“写史”还应进一步细分，区隔出“记录”与“解喻”，也就是“记载”与“阐释”。所谓“解喻”，即史家对于历史的认识，是对历史规律的揭示，属于宏大叙事范畴，如同知识一样会增长、扩大、变化。

20 世纪 30 年代，冯友兰说，“历史有二义”，一指事情之自身；二指事情之纪述。“若欲以二名表此二义，则事情之自身可名为历史，或客观的历史；事情之纪述可名为‘写的历史’，或主观的历史。”②钱锺书在一篇文章中也表达了类似看法。他说，存在着“野蛮的事实”与“史家的事实”两种事实。③ 所谓“野蛮的事实”，即通常所说的生物学事实、物理学事实，亦即李大钊所谓“实在的事实”“客观的过往”；而所谓“史家的事实”则是“写史”活动所呈现的文本事实。

史学史家当然会更敏感地意识到这一问题。杨翼骧说：“历史有两个意义：一是指客观存在的历史事实；二是指人们编写的历史。这两种意义难以一致。前者是客观的，后一种很可能是不完全和错误的，不仅史

① 李大钊：《史学要论》，中国李大钊研究会编注：《李大钊全集》第四卷，人民出版社 2006 年版，第 403 页。

② 冯友兰：《中国哲学史》上册，华东师范大学出版社 2011 年版，第 9 页。

③ 钱锺书：《旁观者》，《大公报·世界思潮》第 29 期，1933 年 3 月 16 日。

实可能错，解释也可能错。”又说：“史学与历史不同。历史是历史事实本身，史学是怎样研究历史的学问。”[①] 前一句中的“历史”，包含了“历史”与“史学”二义；后一句，则明确区分“史学”与“历史”。这两句话极为明通。

朱本源考察了西文“历史”一词的涵义变化，指出从文艺复兴时代以后，这个词才逐渐具有双重含义，既指“过去的事件”，又指“关于过去的陈述”，因而具有了主观与客观两方面的意义。他还介绍说，康德曾提议用 Geschichte 指历史，用 Historie 来指史学，克罗齐和法国的科尔班（Henry Corbin）也曾建议用不同的词来区分“历史”和“史学”，但这些建议均没有被采纳。[②] 朱先生的考察，实际上回答了黑格尔将历史赋予双重含义的原因所在。

据方维规教授介绍，德国概念史学者科泽勒克（Reinhart Koselleck）撰写的“历史”辞条长达124 页。科氏考察了“Geschichte”的涵义演变及其与“Historie”的语义关系，表明18 世纪中叶之后，Geschichte 一词的意思发生重要变化；至1800 年，这个词不再表示特定历史进程的客观属性，而“新的流行语‘历史’具有更高的抽象度，得以表示历史运动的总括内涵。这种‘历史’更多整体性，这不是先前各种往事所具备的。这个‘时髦词’所蕴含的概念，是要把整体性看作未来事实来把握。这就打开了新的经验世界，也就是历史经验世界”。“‘历史’转变为一个认识概念，它不仅涉及历史事件及其关联，而且总是伴随着阐释，成为‘历史总和’和‘历史反思’的总括性概念。”[③]

细言之，Geshichte 成为抽象意义上集合性的单数形式，从而为德国历史主义奠定了概念基础，也为再后来现象学打破这种单数形式的历史概念栽种了根苗。就科氏而言，这种概念史考察，构成其“时间阐释学”或“历史时间理论”的重要学术资源。

---

① 《杨翼骧中国史学史讲义》，姜胜利整理，天津古籍出版社 2006 年版，第 2 页。

② 朱本源：《历史学理论与方法》，人民出版社 2006 年版，第 9—10 页。

③ 方维规：《概念史与历史时间理论》，《近代史研究》2021 年第 6 期。参见查尔斯·巴姆巴赫《海德格尔、狄尔泰与历史主义的危机》，李果译，江苏人民出版社 2021 年版，第 43 页，小注。

科泽勒克的研究受到保罗·利科高度重视。在《记忆，历史，遗忘》中，利科通过探讨科泽勒克的《历史》长文，提出了关于历史概念的语义学问题，即“历史”这个词既指“一系列事件的集合单一性”（事件总体），又指“与这一集合单一性相关的话语整体”（事件关系总体）。这种语义辨析，利科说是“属于一种历史的批判话语的先验层次”。[①]

科泽勒克是一位博学的概念史家，但他对“历史”一词的考察更偏向于学科史的视角。这二者是不同的。前者偏重于意义，后者偏重于范围。当然，二者相互交叉。从偏重学科史的视角，科泽勒克通过周详的引证来厘清“历史”一词在西方文明史中的不同用法，从中突显出18世纪的界碑性。

具体说，在18世纪，“历史”具备了当代西方人所理解的意思，成为社会和政治话语中的一个基本概念。从他的描述可知，西方人在对待“历史”或“史学”这个词时，总是伴随着比较鲜明的学科界限意识，比如通过与自然志的对比来彰显史学的变迁属性等。这与中国古代的情形显然不同。中国古代的“七科”“四部”虽然具有学科划界的属性，但综合的意味更强。

从学科对象与范围界限的角度看，有四个概念无疑非常重要。那就是自然史（Naturgeschichte）、普遍史（Universalhistorie）、综合史（allgemeine Geschichte）、世界史（Weltgeschichte）

在写史活动中，历史学家面对的已经是写史成果——历史资料或历史著作，亦即预先解释的世界。即使考古资料或遗存，用海德格尔的话说，也只能是“作为那以世内照面的方式是其自身所是的存在者而具有历史性”[②]。当文物曾在其内来照面的世界过去之后，文物也就处在了所谓“曾在状态”。所以，通常人们都接受这样的观点，即史学家无法直接面对历史，历史写作的成果不容有史实之外的重复。克罗齐所谓“一切真历史都是当代史”[③]，即显示了写史视角及史学对象认取的差异性。

---

① ［法］保罗·利科：《记忆，历史，遗忘》，李彦岑、陈颖译，华东师范大学出版社2018年版，第409页。参看第476页关于“事实整体”与“事实话语整体”的区隔。

② ［德］海德格尔：《存在与时间》，陈嘉映、王庆节译，商务印书馆2016年版，第516页。

③ ［意］贝奈戴托·克罗齐：《历史学的理论和实际》，傅任敢译，商务印书馆1986年版，第2页。

思想家米德（G. H. Mead）说："过去必定依据某个现在作为背景，从这个现在中又会出现新生的东西（the emergent），而我们必须从新生的东西的立足点来看待过去，这样，原来的过去就会成为一个不同的过去。"他还说："如果即将到来的世界不重写我们现在回顾的那个过去，它就和现在这个世界没什么两样了。"为什么"一切真历史都是当代史"？就因为"有关过去的图景会随着各种新的事件的出现而发生变化"，当"过去"被纳入一个新的"现在"的时候，"它们必须被重构，因此它们属于这个新的现在，而不再属于旧的现在。我们已经从这个旧的现在中脱身，进入了现在这个现在"①。

这正是李大钊、克罗齐要表达的意思。面对不会改变的过往历史，人类却不断地对之予以书写，不断对它进行再分配，不断地使其重现现实化，不断地向未来打开过去。"历史学家在给死者提供一个位置的同时，也给活人提供一个位置。""从前的死者是活过的人，而历史学就是通过某种方式接近这些活过的人。今天的死者是昨天的生者，他们行动着，遭受着。"② 史学对象的不变性、唯一性与历史撰述的多变性、当下性，成为历史学生命延续的不竭动力。

但是，第一，"当下"对于"过往"真的具有引领认识的意义吗？人们会质问："我们怎么可能当真地认为，对十五世纪城市纳税制度或者对爱斯基摩人的婚姻习俗的解释是从当代意识及其预期中才获得其意义的？"伽达默尔对此的回答是："这些乃是历史知识的问题，认识这些问题完全不依赖作为任务的任何当代关系。"③

第二，上述模式是否会导致对历史的辉格解释？因为辉格解释正是直接并永远以"当下"为准绳和参照去研究"过去"的。"通过以当代为直接参照系的方式，历史人物会被轻易地归入到促进进步或阻碍进步

---

① ［美］乔治·赫伯特·米德：《现在的哲学》，李猛译，上海人民出版社2003年版，第4、6、39页。

② ［法］保罗·利科：《记忆，历史，遗忘》，李彦岑、陈颖译，华东师范大学出版社2018年版，第516页。

③ ［德］伽达默尔：《诠释学问题的普遍性》，洪汉鼎主编：《伽达默尔著作集》第二卷，商务印书馆2021年版，第287页。

的两个群体之中。这样就有了一个非常简便的经验法则，历史学家可以据此进行选择、拒绝或强调。依据这样的参照系，历史学家必然会认为他的工作要求他关注过去与现在的相似之处，而不是关注相异之处。从而，他会很容易地说从过去中看到现在。”[①]

无疑，一旦突显“当前”“现在”“当代”时，即埋下了“将历史之当下上升为绝对”的危险。许多思想家与史学家都看到了这种危险，并将其与对整个19世纪西方史学的反思结合起来进行思考。保罗·利科即指出，一旦“历史之当下不仅被作为观察的立足点，甚至还被当作在此之前的所有形态，尤其是文化形态的法庭”[②]。那么，“当代”就不仅对“古代”具有优越感，还会轻率地将古人现代化，对古人任情评说，肆意鞭挞。

第三，克罗齐与柯林武德“径直从当前兴趣出发”的理念，是否会导致“遮蔽甚至湮没相关证据”？对此，克拉考尔作了肯定的回答。[③] 但是，他对克罗齐与柯林武德的批判未免浅薄，因为他的批判大体停留在经验层面，还没有上升到理论层次。从理论上说，克罗齐与柯林武德的看法，并不能自然而然地推导出他的结论。

那么，怎么办呢？要回到“历史”与“史学”的辨析上来。

历史永不改变，但历史叙述总在改变。历史学面对的是一个死人的世界，它为观看者提供一个满是亡灵的剧场。历史学家作为“尚处在死的缓期执行阶段的未亡人”把死者唤醒，同时在历史编纂活动中再次为死者下葬。[④] 死者是缺席而沉默的，只有历史学家在场说话。因为历史学在生者与死者之间建立意义关联，所以历史知识论的建构必须建立在严格辨析“历史”与“史学”的基础之上。对此，必须开掘前人思想资

---

① ［英］赫伯特·巴特菲尔德：《历史的辉格解释》，张岳明、刘北成译，商务印书馆2012年版，第10页。

② ［法］保罗·利科：《记忆，历史，遗忘》，李彦岑、陈颖译，华东师范大学出版社2018年版，第418页。

③ ［德］齐格弗里德·克拉考尔：《历史：终结之前的最终事》，杜玉生、卢华国译，上海人民出版社2022年版，第111页。

④ ［法］保罗·利科：《记忆，历史，遗忘》，李彦岑、陈颖译，华东师范大学出版社2018年版，第496页。

源，展开古今对话。

亚里士多德曾提出史家与诗人的差别问题。他认为："诗意在描述普遍性的事件，而历史则意在记录个别事实。"[①] 尽管亚里士多德有其特定涵义，但史学"记录个别事实"的思想却对西方影响极深。新康德主义的李凯尔特从认识论上澄清历史的概念构造的逻辑，事实上即可归结到这个定义上去。从今天看，所谓"诗意"，正是李大钊所说史学之不可缺少的"解喻"。

在现代中国，较早从建构历史知识论的视角讲"史"的，是张东荪。他说，"史"（history）与"学"（science）不同。"学"的对象是普遍的形式、共同的条理、一般的原理、普遍的法则，而"史"的对象则是"特殊的事实"。"这个事实纵使在世界上只发生一次，从不再有同样的，而亦仍有描写之必要。""史"的用处"就在描写特殊事情中藉以表现普遍原理"。不过"史""所表现的原理不是静的形式，乃是动的历程（process）。我们通常只知道形式上有一定的，于是形式乃成为普遍的，殊不知历程亦有一定的，所以历程亦可说有普遍性（universality）宿于其中。由特殊事情以表现其历程之普遍性便是史之任务"[②]。这段话混杂了亚里士多德和新康德主义，但指向的是现代历史意识。

只有首先区分开"历史"与"史学"，然后才有"历史理论"与"史学理论"的区别。关于这个问题，荷兰学者洛伦茨（Chris Lorenz）作过一段非常清晰的叙述：

> 由于"历史"这个词有双重含义，既可以是发生的事情（res gestae），也可以是对发生事情的描述（historia rerum gestarum），那么历史学的理论就既可以把历史当作对象，也可以把历史的知识当作对象。因此第一个要做的基本区分，就是（a）以历史为对象、探索其特征的理论（比如马克思的历史理论是阶级斗争的过程，黑

---

① ［古希腊］亚里士多德：《论诗》，崔延强译，苗力田主编：《亚里士多德》第九卷，中国人民大学出版社2016年版，第654页。

② 张东荪：《张东荪讲西洋哲学》，张耀南编，东方出版社2007年版，第1—2页。

> 格尔的历史理论是民族国家形成的过程)，(b) 以历史知识为对象、探讨其特征的理论 (比如，历史知识是经验性的、有类似规律的形式，或者历史知识是基于阐释性理解的、有叙述式的形式)。a 类型的理论叫做本体论的历史理论，因为它设定了历史存在的模式，而 b 类型的理论，广义上叫做认识论的历史理论，因为它说明历史知识的特征。本体论和认识论的理论是相互关联的，因为对什么组成历史的假设 (本体论或形而上学) 与对什么是历史知识 (历史认识论)、如何获得历史知识的假设是分不开的。①

在这段引文中，本体论的历史理论即我们所谓历史理论，认识论的历史理论即史学理论。

英国学者迈克尔·斯坦福 (Michael Stanford) 在《历史研究导论》开篇，同样谈到这个问题。他强调，“务必铭记作为事件的历史 (history-as-event) 与作为记述的历史 (history-as-account) 之间的重要区别”。因为“历史”一词，“既可指世间曾经发生的一连串事件，也可指通过文字或理念将发生的事件进行的基本连贯的记述，二者混淆不清也在所难免，然而二者的区别却非常明显。为了区分，若干学者采用作为事件之历史 [history (e)，简称历史事件]、作为记述之历史 [history (n)，简称历史叙述] 加以区别，其中 (e) 代表事件 (event)，(n) 代表叙事 (narrative)。其他学者则以甲类历史 [history (1)，简称历史 (甲)]、乙类历史 [history (2)，简称历史 (乙)] 为之区分，甲或乙表明其究竟属于一级或次级事实。本书在必要之处采用后一种区分”。

他总结说：“‘历史’一词有两种含义，一是这个家庭的事迹，二是这些事迹的记录。然而这些记录的特质有助于后来的事迹的形成。因此，历史整体就是事迹与记录这两股线的交织物。”我们看到，这种区分在他的书中发挥了厘清逻辑关系、清晰叙述的作用。比如在谈到“历史感”的时候，他就说，历史感实际上包含了“事件之历史”与“记载之

① [荷] 洛伦茨：《跨界：历史与哲学之间》，高思源等译，北京大学出版社 2015 年版，第 12—13 页。

历史”两种意义，“事件之历史将继续运转，唯有对它有所认识，始有历史可言”①。这是很有启发性的看法。

在我国，也有学者做了类似区分，强调历史具有三重内涵，即客观的历史，或称历史本体；主观的历史，或称历史认识，即历史学；主客观结合的历史，或称历史知识。“历史的这三重内涵之间的区别和关系不仅是历史研究必须澄清的事实，而且也造成了以它为反思对象的历史哲学的分化。”② 这是有见地的看法。

请记住，“历史本身在任何意义上不是一个文本，也不是主导文本形式或主导叙事，但我们只能了解以文本形式或叙事模式体现出来的历史，换句话说，我们只能通过预先的文本或叙事建构才能接触历史”③。

不消说，不是所有人都具有“历史”与“史学”的明确区隔意识；即使有这种意识，也不是所有人都会在严格清晰的意义上使用它们。哲学家如萨特，在《辩证理性批判》中对“历史”一词的使用，就“不容易知道他所指的是对象还是我们所具有的认识”④。美国学者诺维克（Peter Novick）说，“历史编纂学”（historiography）一词时常会造成混乱理解。在英语中，以 logy 结尾与以 graphy 结尾意义不同。Logy 偏向科学，graphy 偏向人文。偏于科学涵义的历史学（historiology）概念曾经被广泛使用，“但现在被放弃了，没有人再使用这个术语。于是，历史编纂学（historiography）这一术语不得不发挥双重的作用。既指历史科学（historical science），又指对历史写作的描述（descriptive accounts of historical writing）。严格地讲，客观性问题是历史学的（historiological）问题，但所有的历史学家都把它当作历史编纂学的（historiographical）问题来对待”⑤。换言之，就是把历史理论问题当作史学理论问题了。对

① ［英］迈克尔·斯坦福：《历史研究导论》，刘世安译，世界图书出版公司北京公司 2012 年版，导论，第 4 页；正文，第 12、42 页。

② 李秋零：《德国哲人视野中的历史》（修订版），中国人民大学出版社 2011 年版，第 10 页。

③ ［美］詹明信：《晚期资本主义的文化逻辑》，张旭东编，生活·读书·新知三联书店 2013 年版，第 120 页。按詹明信又译詹姆逊。

④ ［法］雷蒙·阿隆：《历史讲演录》，张琳敏译，上海译文出版社 2016 年版，第 87—88 页。

⑤ ［美］彼得·诺维克：《那高尚的梦想：“客观性问题”与美国历史学界》，杨豫译，生活·读书·新知三联书店 2009 年版，第 10 页。

此，我们在阅读中西文著作时，须心知其意。

二　“史”与“事”

区隔了“历史”与“史学”，回到汉语世界，会发现在汉字中，“史”字只具有“史学”的意思，而表达客观历史的汉字，不是“史”，而是“事”。

朱本源先生曾经明确指出这一点。他说：“在我国古代文献中，‘史’这个字从来就是指‘关于当前的或过去的事件的记录’，丝毫不包含历史事件本身的意思，事件本身则称为事”；“总之，‘史’这个词在古代没有双重含义，它完全指历史家的著作或历史家”。[①] 朱先生这段话具有重要的史学认识价值。

《说文》：“史，记事者也。从又，执中。”此定义用字省简，但意蕴丰富。《故训汇纂》以此统领，竟列出七十二家说法。笔者认为，该定义可析分为五个层面，每个层面又可延展出诸多环节与要素。

其一，表明了史学活动的主体——专人。

“史之一辞，本指人而言，非以指记事之书，故《说文》以记事者释之也。”[②] “又”是右手。所谓“专人”，以“史官”为大宗，可统称为史家。《史通》将“史家”“史官”并立标目，以示二者之别，依今天的分类标准，则可归一揆，统称“史家”。

史官制度，从出土彝铭看，确实存在。《汉书·艺文志》说孔子与左丘明观“史记”。《史记》之“史”，即“史官”之意。换言之，《史记》作为史学专著，其名称即含有“司马迁著”的意思。[③] 而史官之源，

① 朱本源：《历史学理论与方法》，人民出版社2006年版，第13页。

② 金毓黻：《中国史学史》，河北教育出版社2000年版，第13页。

③ 按俞正燮：《史记》署“太史公”，是司马迁署官以名其书，犹曰著书之人耳。又说：《史记》本名《太史公书》。题太史，以见职守。而复题曰公，古人著书称子，汉时称生、称公。故以公名书。见《癸巳类稿·太史公释名》，《俞正燮全集》第一册，于石、马君骅、诸伟奇校点，黄山书社2014年版，第547、550页。钱基博：《太史公书》屡称“史记”，皆指古之史记而言，非自谓所著书。“史记”者，载笔之通称，而非太史公自诩一家之言也。“史记”之名后出，而《自序》犹系题“太史公”，不曰“史记”。盖史记者，官中之记；而太史公者，一家之言也。太史公云者，盖仍司马迁扬名显父母之意，而以归美其家公焉尔。钱基博：《后东塾读书杂志》，华中师范大学出版社2014年版，第188页。

同样为巫。

鲁迅说："连属文字，亦谓之文。而其兴盛，盖亦由巫史乎。巫以记神事，更进，则史以记人事也，然尚以上告于天。"① 另有学者提出："最早的巫的占卜做出占断之后，往往便把占断何事、占断结果和占断时间等，镂刻在甲骨上，这一切都是巫祝的'工作'，这种镂刻，已经是'史'文化的萌芽了。后来有了墨的发明和使用，使得'史'进一步从巫觋那里分化出来，专门做墨涂这一件事情。"② 这种看法是可信的。

问题的复杂性在于，史官既有层级之分，又有职责之别，且在史职之外，还做其他事。据说成周之时，自太史以至小行人，都是专管官府典籍的人。总之，史官"参加其他许多事务"③。刘师培甚至认为，"周代之学术，即史官之学也，亦即官守师儒合一之学也。"④ 并与其他职官的职守有交叉。不过，就"记事"而言，史官属于专人。上述情况，对于我们考察史学独立性的缘起，造成了困难。

其二，表明了史学活动的结果——史书。

"初则以史名官，继则以史名书。"⑤ "'史'字的初意，是指一种官职和任这种官的人。后来，用以称呼历史记载。"⑥ "'史'是指史官这'人'而言，由'人'而变为指史官作的'书'乃是后来的事。"⑦

那么，应该怎样理解"史书"概念呢？《史通·因习》："史书者，记事之言耳。"将其归于"言"的范畴，只是以"事"为对象，以"记"为行为。进一步分析，会发现"史书"实有二义：一为名词，指记事的整体成果；二为动词，指书写活动。从史书内部的文字布局、组织来说，史书可以叫作"史文"。《史通》之"史"，即"史书""史文"

---

① 鲁迅：《汉文学史纲要》，《鲁迅全集》第九卷，人民文学出版社2005年版，第355页。

② 王振复：《中国巫文化人类学》，山西教育出版社2020年版，第158页。

③ 晁福林：《西周时期史学的发展和特征》，见《夏商西周史丛考》，商务印书馆2018年版，第1087页。

④ 刘师培：《古学出于史官论》，《刘师培史学论著选集》，邬国义、吴修艺编校，上海古籍出版社2006年版，第13页。

⑤ 金毓黻：《中国史学史》，河北教育出版社2000年版，第9页。

⑥ 白寿彝：《中国史学史》第一册，上海人民出版社1986年版，第3页。

⑦ 李宗侗：《士的演变》，《李宗侗文史论集》，中华书局2011年版，第91页，参看第95页。

“史学”之意。[①]

“史文”这个概念来自《孟子·离娄》，但并未构成固定词组：“王者之迹熄而《诗》亡。《诗》亡然后《春秋》作。晋之《乘》，楚之《梼杌》，鲁之《春秋》，一也。其事则齐桓、晋文，其文则史。孔子曰：其义则丘窃取之矣。”[②]《孟子》一书富于深厚意蕴的话语并不多，但此句例外，值得抽丝剥茧，仔细发掘。钱玄同说这句话是孟轲“造”的，“实在不通”。[③] 结论下得未免太过随意。朱本源指出，这段话是“关于中国历史学的起源和性质的原理”，“是对历史思维本身的一种思维”，“属于历史哲学中的历史认识论领域”。朱先生还提出，“孟子可算是中国诠释学的奠基人”。[④] 可谓老吏断狱，一眼看穿。

“史”“文”二字构成固定词组，至少在西汉时期。《史记·三代世表·序》：“孔子因史文，次《春秋》，纪元年，正时日月，盖其详矣。”《太史公自序》载司马谈临终时对儿子司马迁语：“余为太史而弗论载，废天下之史文，余甚惧焉，汝其念哉。”明确以“史文”专指历史著作，已经具有完整的当代文本（text）属性。至刘知幾，“史文”一词更是内涵固定，如《惑经》批评孔子之“史文”。

孟子、司马迁、刘知幾的观念显明，并非对历史的任何书写都可称为“史文”。这个词具有严格的政治正统、职守专业的涵义在内，包含着以史学为本体、以史家为主体的学科立场。倘若不具备正统性与专业性，纵使文本对象以历史为题材，亦不可称“史文”。《说文解字》曰：“文，错画也。”鲁迅解释：“可知凡所谓文，必相错综，错而不乱，亦

---

① 按何以书名“史通”，刘知幾自己有解释，乃是讲书名之由来，并非讲“史”字之涵义。

② 按章太炎于此句有别解。他认为《春秋》乃官史，孔子不在其位，不当私修官史；当时国史不容人看，“窃取”即偷看之意：“义者，《春秋》凡例，掌在史官，而仲尼以退吏私受其法，似若盗取，又亦疑于侵官，此其言‘罪’言‘窃’所由也。”窃取其义就是盗其凡例。太炎论学，往往以学高而故作危言，笔者不取。章太炎：《检论·春秋故言》，《章太炎全集》第三册，上海人民出版社2018年版，第415页。另参看第十五册，第495页。

③ 钱玄同：《答顾颉刚先生书》，见《顾颉刚古史论文集》卷一，中华书局2011年版，第196、197页。

④ 朱本源：《朱本源史学文集》，陕西师范大学出版社2005年版，第310、368页。

近丽尔之象。”[①]“文”的内在属性，已不许“乱”。其伦理属性，更不许“乱”。所以，“史文”意味着依照严格的规定性去完整地记录、编纂与书写。由此出发，“书写”成为中国史学与生俱来的一个重要范畴。

杨翼骧先生提出：“直到东汉以前，史都是称人和事的，而不是史书的名称。”“史书称史是从东汉末年刘若《小史》开始的。”[②]怎样理解这个看法？

首先，杨先生只说“史”没有成为史书的名称，但没有否定史书已经存在，也没有否定“史”具有史书涵义。杨先生还曾说：“殷有史官便开始有史学，由史官记事便出现了史学。”有史学，必有史家、史书，但虽有史书，却未必名“史”，而叫“坟”“典”“册”“书”“乘”“志”“梼杌”“春秋”，等等。《尚书·多士》：“惟殷先人，有典有册。”确非虚语。刘师培说：“有史即有书，故三皇五帝之书，至周犹存，掌于外史。”[③]《史通·题目》说：“自汉已下，其流渐繁，大抵史名多以书、记、纪、略为主。后生祖述，各从所好，沿革相因，循环递习。”足见，即使汉代之后，史书也未必名史。

其次，杨先生说“史”专指“事”，体会其意，此“事”亦不指客观历史，而是既指史官所做之事，又指所“记”之“事”，即“史事”。史官所做之事，为“记”，故黄侃说，“史”同“记”。[④]史官所记之事，为“史事”。所谓“史事”，就是记录在史学文本中的事。实则，在古汉语中，即使“事”字，也带有强烈的偏于主体性的意涵。

最后，表明了史家行为的基本方式——“记”。

“记”是连接“史家”“史文”的中间环节与过程，即所谓“写史”。甲骨文中已经有“记”，“用来记录甲骨的来源、数量及祭祀等事项。”其他材质上则有“记载战功和狩猎擒获之辞。”间有记事卜辞竟长

① 鲁迅：《汉文学史纲要》，《鲁迅全集》第九卷，人民文学出版社 2005 年版，第 355 页。

② 《杨翼骧中国史学史讲义》，姜胜利整理，天津古籍出版社 2006 年版，第 1 页。

③ 刘师培：《中国历史教科书》，万仕国点校，广陵书局 2017 年版，第 63 页。

④ 黄侃：《说文同文》，黄侃笺识、黄焯编次：《说文笺识四种》，中华书局 1983 年版，第 16 页。

达一百多字。[1]"记"将客观历史（事）转化成为"史文"的题材，亦即将"事"（所指物）转化为"史事"（能指），由此而形成历史著作内部的三维文本结构：史事、史文、史义。

所谓"记"，并非机械的记录，不着情感，不添枝加叶。换言之，它并不内在地蕴含客观主义的立场和态度。实则，"记"意味着对象的"被确定"，而且是确定为"永恒的而且是一切人的心灵都可以接受"的东西。历史流转不居，一旦被记录下来，就"被固定了下来"，因而成为知识的对象、"心灵的产物"。因此，从感觉要记录到实际记录下来，"其间并没有而且也不可能有自然的过渡。"[2]

古人已经自觉到"事"与"史"之间的张力或距离，但不是通过强化客观主义的维度去加以解决，而是将其消融在主体性中。因此，"记"服从于立场和价值。柯林武德说，单纯的记载不足以成为史学；当公元前5世纪希罗多德用历史学（history）命名著作时，即意味着"传说的笔录之转化为历史科学"。[3]

实则，所谓单纯的记录，只能是一种观念。凡记录，必有三个前提：记什么、不记什么，即抉择标准问题；怎样记、不能怎样记，即记录方式问题，包括格式、体例、体裁乃至文体等子问题。《史通·序例》说："夫史之有例，犹国之有法。国无法，则上下靡定；史无例，则是非莫准。""记"总是与"例"纠缠在一起，而"例"在史学史上是史学文本组织与书写的核心事项，也是历史阐释学需要仔细检视的一个事项。

由上述二端，又引出第三个前提，即"记"的内涵针对不同内容、在不同历史时段，必有相应变化。故"史记"之"记"不同于"礼记"之"记"；"史记"之"记"亦不同于"汉记"之"记"。

通常认为，古人"记"事，以"不隐"为原则，所谓"君举必书"。

---

① 白寿彝总主编：《中国通史》第二版第三卷，《上古时代》，徐喜辰、斯维至、杨钊主编，上海人民出版社2015年版，第91、92页。

② ［英］F. H. 布莱德雷：《批判历史学的前提假设》，何兆武、张丽艳译，北京大学出版社2007年版，第19页。

③ ［英］R. G. 柯林武德：《历史的观念》，何兆武、张文杰译，中国社会科学出版社1986年版，第21页。

实则，这同样仅仅是一个观念。

就客观限制而言，上古生活虽然简单，但依然无法做到“不隐”。即使已经记载之事，也无法做到甚至故意不做到对全部要素的不隐。以著名的《墙盘》铭文为例，记载周王朝历史，“与其家族有关的周王，他就着重叙述，反之则一提而过，或者根本不提”①。此类故意为之，最有分析价值。

培根《新工具》说：“自然的精微远较论辩的精微高出多少倍。”“自然的精微较之感官和理解力的精微远远高出若干倍。”历史本身的精微较之于“记”，同样如此。所以，培根接着说，“人们所醉心的一切，像煞有介事的沉思、揣想和诠释等等”，难免“实如盲人摸象”，“离题甚远”。② 这是人类思维抽象化所必须付出的代价。当史家给出客观历史的逻辑化、秩序化框架时，或许也正是其离题万里之时。为避免这一尴尬，兰克选择了回归。他说：“真实的历史比虚构的小说要有趣味得多、要美得多。”“于是，我离弃了小说，决心在我的著作里避免一切虚构和幻想而坚持写真实。”③ 然而，兰克的立场与观点是错误的。我们看到，上古之人正是通过“小说”而走进历史的真实。不消说，把历史的真实定义为“与事实相一致”，这只是在回避问题而不是解决问题。④

因此，当“隐”符合“礼”的规范时，在上古人心目中并非表明不真实。刘知幾《疑古》写道：“案《论语》曰：‘君子成人之美，不成人之恶。’又曰：‘成事不说，遂事不谏，既往不咎。’又曰：‘民可使由之，不可使知之。’夫圣人立教，其言若是。在于史籍，其义亦然。是以美者因其美而美之，虽有其恶，不加毁也，恶者因其恶而恶之，虽有其美，不加誉也。故孟子曰：‘尧、舜不胜其美，桀、纣不胜其恶。’魏

---

① 晁福林：《西周时期史学的发展和特征》，见《夏商西周史丛考》，商务印书馆 2018 年版，第 1089 页。

② ［英］培根：《新工具》，商务印书馆 1984 年版，第 9、14 页。

③ ［英］古奇：《十九世纪历史学与历史学家》上册，耿淡如译，商务印书馆 1989 年版，第 178 页。参见［德］恩斯特·卡西尔《人论》，甘阳译，上海译文出版社 1985 年版，第 220 页。又［英］约翰·H. 阿诺德《历史之源》，李里峰译，译林出版社 2013 年版，第 37 页。

④ ［德］恩斯特·卡西尔：《符号形式的哲学》，赵海萍译，吉林出版集团股份有限公司 2018 年版，第 193 页。

文帝：‘舜、禹之事，吾知之矣。’汉景帝曰：‘言学者，无言汤、武受命，不为愚。’斯并曩贤精鉴，已有先觉。而拘于礼法，限以师训，虽口不能言，而心知其不可者，盖亦多矣。”可见，古人记事并非善恶必书、实事求是，而是隐恶扬善、价值先行、以论带史。此即范文澜所谓“孔子自己‘隐’，而称赞别人的‘不隐’[①]。”韦伯说，如果《春秋》为孔子所作，那《春秋》的独特性就在于，孔子从“礼”（Schicklichkeit）的立场，“将事实做了一个有系统而具实际教训意义的修正”[②]。可谓知言。

对此，已经具备科学史学观念的刘知幾毫不隐瞒地表达了愤慨。他甚至直接将矛头对准孔子与《春秋》，更扩展到周公与六经，列出十个案例逐一批判，指出“远古之书”与“近古之史”非仅内容“繁约”不同，重要的是“向背皆殊”，即价值观不同，而他则主张“直书”，反对“曲笔”。[③] 刘知幾的基本思想换成王充的一句名言，即《论衡·正说》所谓“经之传不可从，《五经》皆多失实之说”。

刘知幾的心思，在梁启超那里表露得就毫无遮拦了。梁启超说：“汉代今文经师谓《春秋》乃经而非史，吾侪不得不宗信之。盖《春秋》而果为史者，则岂惟如王安石所讥断烂朝报，恐其秽乃不减魏收矣。”[④]

实则，董仲舒早就说过，《春秋》“于所见微其辞，于所闻痛其祸，于传闻杀其恩，与情俱也”[⑤]。“杀”者，“渐降”也。又说：“《春秋》之书事也，诡其实以有避也；其书人也，易其名以有讳也。”[⑥]“诡”者，“诡辞”也。着眼点与梁启超不同，但一个“微”字“诡”字乃至

---

① 范文澜：《中国经学史的演变》，《范文澜全集》第十卷，河北教育出版社2002年版，第53页。

② ［德］韦伯：《中国的宗教》，《韦伯作品集》第五册，康乐、简惠美译，广西师范大学出版社2004年版，第173页。

③ 按钱大昕认为，刘知幾疑古惑经、诽议上圣，乃是“阳为狂易侮圣之词，以掩诋毁先朝之迹”，“志在避祸”，“言匪由衷”。聊备一说。陈文和主编：《嘉定钱大昕全集》（增订本）第七册，凤凰出版社2016年版，第354页。

④ 梁启超：《中国历史研究法》，汤志钧、汤仁泽编：《梁启超全集》第十一集，中国人民大学出版社2018年版，第283页。

⑤ 董仲舒：《春秋繁露·楚庄王》。

⑥ 董仲舒：《春秋繁露·玉英》。

“情”字，已经不能不与“秽”相关联。

这样，到底应当怎样评价《春秋》，从大历史观看，便成了一个公案。以政治伦理为本，旧时人们赞为典范；以史学求真为本，则不免讥为不实。这种立场和心态，在胡适的两段话中得到鲜明反映。胡适写道：

> 只可惜《春秋》一书，有许多自相矛盾的书法。如鲁国几次弑君，却不敢直书。于是后人便生出许多“为尊者讳，为亲者讳，为贤者讳”等等文过的话，便把《春秋》的书法弄得没有价值了。这种矛盾之处，或者不是孔子的原文，后来被“权门”干涉，方才改了的。
>
> 《春秋》那部书，只可当作孔门正名主义的参考书看，却不可当作一部模范的史书看。后来的史家把《春秋》当作作史的模范，便大错了。为什么呢？因为历史的宗旨在于“说真话，记实事”。《春秋》的宗旨，不在记实事，只在写个人心中对于实事的评判。明是赵穿弑君，却说是赵盾弑君。明是晋文公召周天子，却说是“天子狩于河阳”。这都是个人的私见，不是历史的实事。后来的史家，崇拜《春秋》太过了，所以他们作史，不去讨论史料的真伪，只顾讲那“书法”和“正统”种种谬说。《春秋》的余毒就使中国只有主观的历史，没有物观的历史。①

胡适的结论虽有一定道理，但也暴露他缺乏一些历史主义的态度。后来，他又表达两层意思。其一，当时孔子以私人身份著史“不能不有所忌讳”；其二，赞同毛子水的看法，即“断烂朝报的性质是古初的著作体裁使然，详细的必是口传而非文字”②。这两条补充意见非常重要。前一条表明《春秋》所谓“书法”实出于迫不得已，这就让《春秋》所蕴含的阐释学自觉意义打了折扣，似乎后人是把孔子的“装聋作哑”误

---

① 胡适：《中国古代哲学史》，欧阳哲生编：《胡适文集》第六册，北京大学出版社2013年版，第206、207页。

② 胡适：《论〈春秋〉答钱玄同》，欧阳哲生编：《胡适文集》第五册，北京大学出版社2013年版，第418页。

解为了“义蕴深刻”。后一条愈加重要，既表明《春秋》写作受到当时书写条件的客观限制，也自觉地遵守了“古初的著作体裁”。这个体裁的要义之一，就是“不告不书”。因此，《春秋》不仅简要得只有标题或提要，还漏载了许多周代的大事。之所以只有标题或提要，乃由于它是口传的提示纲目；之所以漏载大事，即出于“不告不书”的“著作体裁”。[①]

不过，不论《春秋》的写作实况到底为何，从实际效果来说，胡适确实点出了古代史学的一个尴尬之处，即谨遵名教与尊重事实的关系协调问题。这个问题，依照科学史学的标准，孔子没有解决好。当然，孔子自有其一套顺理成章的看法。但是，这个问题确实给后人造成了困扰。

所以，在儒家名教与史书直笔之间如何协调，刘知幾难免有所游移。当然，刘知幾时常强调“时移世异，体式不同”，确实显明了中国史学发展形态的阶段性，揭示了史学价值立场的界标性变化。可是，刘知幾的批判还不够深刻，还缺乏维柯那种从诗性思维出发进行思维结构分析的深度。

总之，对所谓“记”，须作内部结构的深入分析。《说文》说“记”是“疏”的意思，段注：“谓分疏而识之也。”[②] 而“疏”，《说文》又说是“通”的意思。可见，“记”意味着“疏”“通”，非但不拒斥主体，还规定着主体的介入。只有沿着这样的向路去开掘，才能破解“记”的奥秘。

其四，表明了史家书写的对象——“事”。

这个“事”，就是《离娄》所谓“其事则齐桓、晋文”之“事”，是“史”“记”的对象，亦即马恩所谓“铁的历史事实”，或学者所谓“物理学事实”“生物学事实”。恩格斯说：“在自然界和历史的每一科学领域，都必须从既有的事实出发。”[③]《春秋繁露·玉杯》：“《书》著功，

---

① 这是俞正燮的看法。见《癸巳类稿·春秋不告不书义》，《俞正燮全集》第一册，于石、马君骅、诸伟奇校点，黄山书社 2014 年版，第 69—70 页。

② （汉）许慎撰，（清）段玉裁注：《说文解字注》，许惟贤整理，凤凰出版社 2015 年版，第 169 页，释“记”。

③ ［德］恩格斯：《自然辩证法》，《马克思恩格斯文集》第九卷，人民出版社 2009 年版，第 440 页。

故长于事。”这个“事”字，用得极为精准。前文已揭，“事”与“史事”不同。作为概念，前者不仅是客观的、单件的，还是演化的、联系的；后者则是对前者的提炼。马克思、恩格斯说：“历史不外是各个世代的依次交替。”①“事”的依次交替，需要“史事”去梳理和揭示。

实则，从词源看，“事”也由“史”生发出来。王国维说，殷人卜辞皆以“史”为事，是尚无“事”字。从《毛公鼎》等周初之器开始，“始别为二字”。他的结论是：“史之本义为持书之人，引申而为大官及庶臣之称；又引申而为职事之称。其后，三者各需专字，于是史、吏、事三字于小篆中截然有别。持书者谓之史，治人者谓之吏，职事谓之事。此盖出于秦汉之际，而《诗》《书》之文尚不甚区别。”②

裘锡圭说：“从甲骨文看，‘史’‘事’‘吏’‘使’四个字的写法本来并无区别。这就告诉我们，这四个语音相近、意义相关的词，应该是由一个词分化而成的。”③

章太炎依据《说文》所谓“事从史之省声”，提出“史所以记事，可知事即史也。《春秋》天子之事，犹云《春秋》天子之史记矣”④。显然忽略了“事”与“职事”“史事”的区别。“事即史”之“事”，乃是指“记事”之“事”，而“记事”是一种“职事”。如果“事即史”，毫无区别，《说文》又何必将“史”解释为“记事者”呢？但是，他说“《春秋》天子之事，犹云《春秋》天子之史记”，则是正确的，因为它恰好证明“史”之所“记”乃是“事”。很明显，太炎先生前后两语，含有内在矛盾。

需要指出的是，由上述引文可见，在古人观念中，即使客观性的“事”也来自主体之“史”的记载。这正是古人先知先觉之所在。

---

① ［德］马克思、恩格斯：《德意志意识形态》，《马克思恩格斯文集》第一卷，人民出版社2009年版，第540页。

② 王国维：《释史》，谢维扬、房鑫亮主编：《王国维全集》第八卷，浙江教育出版社2010年版，第175、176页。

③ 裘锡圭：《谈谈古文字资料对古汉语研究的重要性》，《裘锡圭学术文集》第四卷，复旦大学出版社2015年版，第47页。

④ 章太炎：《经学略说（下）》，《章太炎全集》第十五册，上海人民出版社2018年版，第932页。

在古人观念中，“事”又与“言”对应，所谓“左史记言，右史记事”。段玉裁已指出，《说文》讲“史”记事而不及记言，乃是“以记事包之”[①]。因此，“言”与“事”复统属于“事”。

刘知幾指出，“史”之“记事”，春秋之前其实重记言而轻记事。降逮《史》《汉》，方以记事为宗。《史通·疑古》是一篇极具历史认识论价值的名篇，它极其感慨地写道，上古之所以重记言轻记事，全由于史实不可靠，而言论则相对靠谱。沿袭成为习惯，以至“及左氏之为《传》也，虽义释本经，而语杂它事，遂使两汉儒者，嫉之若仇。故二《传》大行，擅名于世。又孔门之著录也，《论语》专述言辞，《家语》兼陈事业，而自古学徒相授，唯称《论语》而已”。这类议论，旧时曾饱受攻击。章学诚《文史通义·书教上》提出“古人事见于言，言以为事，未尝分事、言为二物也”[②]。因而批评刘知幾不该以《尚书》义例为不纯。其逻辑着眼点，实已与刘氏不同。盖刘氏乃着眼于事、言之整体划分，章氏则着眼于事、言各自所含之内容。我们认为，刘知幾的史识具有王充之风，极其锐利，不可轻否。

以周代彝铭中字数最多的《毛公鼎》为例，“全篇文字即由五段周王的话组成”。它“没有记载毛公的什么业迹，而是以绝大部分的文字记载了周王的训诰言辞”。[③] 遗憾的是，刘知幾没有点明重记言轻记事背后的深层原因，即中国史学最初的终极追求，目标是哲学的、义理的、伦理的，而非仅留存记忆。此即孔子“信而好古”“述而不作”“其义窃取”的内蕴所在。所谓孔子作《春秋》之“作”，并非创作，而是“因前人之意而为”。[④] “义”既已“取”，表明哲学统领了史学，也可以说政治哲学得到了历史哲学的奠基，故“作”或“不作”，也就不重要了。引申开去，《公羊》学以义释经，确乎得圣人本义；而《左传》以史释

---

① （汉）许慎撰，（清）段玉裁注：《说文解字注》，许惟贤整理，凤凰出版社 2015 年版，第 209 页，释“史”。

② 仓修良编注：《文史通义新编新注》，商务印书馆 2017 年版，第 21 页。

③ 晁福林：《西周时期史学的发展和特征》，见《夏商西周史丛考》，商务印书馆 2018 年版，第 1090 页。

④ 刘师培：《周末学术史序》，《刘师培史学论著选集》，邬国义、吴修艺编校，上海古籍出版社 2006 年版，第 522 页。

经，则无异于买椟还珠了。

因此，从今文经学的理论体系出发，必然引出对历史与史学的轻视。他们对历史与历史学的态度，更接近古希腊人，即不把历史与史学看作最紧要的事，而是认为史学“只有二等的价值”①。反倒是古文经学，把历史与史学看得最紧要，因而坚定地主张六经皆史。从中西文明比较的角度看，古文经学派更能够代表中国的文化特色。

总之，从“事”到“史事”，不仅经过了史家的主体过滤，而且在不同时段，过滤的价值标准也不同，甚至会呈现形态性的阶段区隔，形成史学史上诸多争议话题。古人注意到了这种现象，我们则要借助当代历史阐释学的理念去予以新的抉发。

其五，表明了史家记事的基本原则——“中”。

何为“中”？后世学者解释，有虚实两个指向。两个指向的关系，应该是由“实”生“虚”。

李宗侗先生指出，“较早的人只能表示有实质之物，不能表示用手拿着无形的物”，所以“中”字应该先有事物确指，后来引申为原则。笔者认为这个看法是正确的，但他认为“中”最初“不是代表钻龟所用的弓钻，而是代表祀火所用的钻燧”②，似乎值得商榷。因为，甲骨文中有“中”字，指旗帜，引申为方位中央，又指中间，还有“得到”“合适”“符合”之义。③“中”字何以从“钻燧”变成“旗帜”，中间应补充论证环节。

总之，“中”后来表示一种基本原则与立场，即“中正”。至于它的实物来源，通常认为来自一种器具，即放置射事成绩筹码的盛筭之器，

---

① 刘家和：《史苑学步：史学与理论探析》，北京大学出版社 2019 年版，第 240 页。

② 李宗侗：《读中国上古史札记》，《李宗侗文史论集》，中华书局 2011 年版，第 77、81 页。

③ 晁福林：《甲骨文“中”字说》，见《夏商西周史丛考》，商务印书馆 2018 年版，第 409、412 页。关于“中”“表示古时原始晷景的装置”之意，参见王振复《中国巫文化人类学》，山西教育出版社 2020 年版，第 157—158 页。关于“中”字之初义与用法，王晖教授作了详细探讨，提出此字其实是春秋以来古文献中所载系有铭旌的宗庙祭祀旗杆——“重”，这种“重”的铭旌旗杆制度在古代一直存在，清代尤为重视。王晖：《古文字与中国早期文化论集》，科学出版社 2017 年版，第 175 页。

盛筭之器也用来放置写字的竹简，故引申为簿书档案，即案卷。

对于“中”字的实物指向，王国维、章太炎等学者均作过精细考证。钱锺书说：“或有据《周礼》《礼记》注，因说《老子》五章‘不如守中’之‘中’为‘图籍’者；是‘竹帛’‘篇章’虽‘糟粕’而必保‘守’勿失也，岂老子柱下守藏史之故态复萌、结习难除乎？亦如以孔子说成训蒙师矣。”① 意指这种解释与老子学说相矛盾。

实则，段玉裁讲得很清楚，“中”就是“合宜”。检《故训汇纂》所列“中”字的众多义项，我们认为“合宜”最符合“史”之语境。合乎礼则合宜。射中目标为合宜，由外入内、纳于其里，亦为合宜。“中正”实与“合宜”互训。

因此，刘知幾所批判的那些不实不信之事，在上古人眼里，是合宜的，因而也是中正的，故“圣人”才不但倡之，而且为之。显然，“中正”的内涵经历了由合乎礼法、入乎义法到出乎礼法、入乎新义法的转变。

由上可知，“史”字的主体属性极其鲜明。客观事物与历史均包含在主体的范畴之内。“史”字内在地含着对历史与历史书写的严格区隔。由于这种区隔，“史”字在汉语世界天然地具有历史阐释学的意义。史家通过“读史”去了解“事”，又通过“写史”来传达“事”。在此过程中，形成对“事”的理解，再把这种理解传达出去。这样一来，“事”的意义便发生了变化。因为这种变化，史学得以创新发展。在转化“事”的意义的过程中，不同阶段的史家遵守了不同年代所形成的价值标准与书写规则。对这些规则进行认识论的核验，是历史阐释学的重要任务。

三　以“诗”记“事”

那么，怎样的“文体”才与“史”相配？支撑这种文体的思维方式是怎样的？要回答这个问题，需要再回到《孟子·离娄》中的那句话：

---

① 钱锺书：《管锥编》第二册，中华书局1979年版，第406页。

"王者之迹熄而《诗》亡，《诗》亡然后《春秋》作。"

熊十力说："《诗》亡者，非民间无诗也。周室东迁以后，皆昏庸相继，王朝采诗之典必不举，列国不复陈诗，故谓《诗》亡。《诗》亡则统治者无所警，其腐坏益甚，此《春秋》所由作也。"① 鲁迅也认为，此言表示"周室寖衰，风人辍采。"② 杨伯峻先生的白话译文为："圣王采诗的事情废止了，《诗》也就没有了；《诗》没有了，孔子便创造了《春秋》。"③ 依循某些汉人的读解，认为"迹"为"辺"之误写，而"辺"是指"遒人"，即采诗的官员。总之，他们都将孟子的话与采诗行为联系起来。

但是，许多学者并不认可这种说法。高亨先生说："先秦古书并没有记载过采诗的官和采诗的事，所以周代是否存在这种制度，还不能定论。"④ 朱东润先生甚至认为，《国风》并非来自民间。⑤ 而且，《说文》本有"迹"字，释为"步处"，《孟子》的汉人赵岐注及署名宋人孙奭的疏，在此句下均未提采诗之事，而是认为"太平道衰，王迹止熄，颂声不作，故《诗》亡"。"《诗》可以言，颂咏太平，时无所咏，《春秋》乃兴。""孟子言自周之王者风化之迹熄灭而《诗》亡，歌咏于是乎衰亡；歌咏既以衰亡，然后《春秋》褒贬之书于是乎作。""盖王者迹熄，则所存者但霸者之迹而已。言其霸，则齐桓、晋文为五霸之盛者。"⑥ 段玉裁注《说文》，也未说此字通"辺"。⑦ 因此，采诗之说本文不取。⑧

---

① 熊十力：《原儒》，《中国现代学术经典·熊十力卷》，王守常编校，河北教育出版社1996年版，第249页。

② 鲁迅：《汉文学史纲要》，《鲁迅全集》第九卷，人民文学出版社2005年版，第373页。

③ 杨伯峻：《孟子译注》上册，中华书局1960年版，第192页。

④ 高亨：《诗经今注》，上海古籍出版社1980年版，第1页。

⑤ 朱东润：《国风出于民间论质疑》，见所著《诗三百篇探故》，上海古籍出版社1981年版。

⑥ 《十三经注疏·孟子注疏》（整理本），李学勤主编，廖明春、刘佑平整理，北京大学出版社1999年版，第226页。

⑦ （汉）许慎撰，（清）段玉裁注：《说文解字注》，许惟贤整理，凤凰出版社2015年版，第124页，释"迹"。

⑧ 按许多学者还是认可采诗之说的。例如杨向奎先生就认为，"古有采诗之官"的说法可信。他并引用阴法鲁先生《诗经》（《文史知识》1982年第12期）一文的说法：假如采诗献诗的传说没有根据，那么"这些诗是怎样集中起来的呢?"因此，古书中关于公卿列士献诗的记载，"应当是可信的"。杨向奎：《宗周社会与礼乐文明》，人民出版社1992年版，第363页。笔者认为，采诗与献诗应有区别。上述观点，不能证明"遒人"之实有，但已经回答"怎样集中"的问题。

另外，所谓《春秋》，依照太炎先生的解释，乃指周《春秋》，既非百国《春秋》、鲁《春秋》，亦非孔子所修《春秋》。[①] 不过，这段话的重点并不在此，而在“王者之迹”所显明的时代性。

笔者认为，此话的更深隐含，在于暗示了两个历史阶段及转型。第一阶段是“王者之迹”时期，与之相配合、相适应的社会文化与书写形式是《诗》；第二阶段是“王者之迹”解体后，与之相配合、相适应的社会文化与书写形式是《春秋》。因此，“王者之迹”的消失，意味着记事文体从《诗》到《春秋》的转型。这是史学史上划时代的一件大事。

《淮南子·氾论训》说：“王道缺而《诗》作；周室废，礼义坏，而《春秋》作。《诗》《春秋》，学之美者也，皆衰世之造也。”鲜明地将二者看作时代巨变的标识，但文中“作”字却与《孟子》所说之“亡”相反。盖《孟子》乃偏重从事实变化立论，而《淮南子》是从政治伦理着眼，其所言“王道缺”实在突显“王道之德”的衰微，而不是讲“王者之迹”的熄灭，故二者似乎并不矛盾。

在古希腊，“某些‘诗体历史’（poetic history）作品的出现比希罗多德和修昔底德要早数十甚至数百年，另外一些则与他们同时，或者稍晚。这些诗歌的创作遍及整个希腊世界，它们的主题既有比较晚近的历史（就其作者的角度而言），也有更加古老的传说”；“诗体历史既是公元前五世纪希腊文化的显著特征，也是大多数希腊人获取历史‘知识’的重要来源”。值得注意的是，希罗多德与修昔底德均深受前辈诗人影响。前者在其家乡甚至被誉为“无韵之荷马”。[②] 古希腊的这种情况，显然为“《诗》亡然后《春秋》作”提供了极好的注脚。

前辈学者杨向奎先生已经洞察“《诗》亡然后《春秋》作”所暗示的时代更迭意义，作了意蕴极美的论述。他说：

> “诗亡，然后《春秋》作”是历史学发展的不同阶段。中国古

---

① 章太炎：《〈春秋左氏〉疑义答问》，《章太炎全集》第六册，上海人民出版社 2018 年版，第 268 页。

② ［英］丹尼尔·沃尔夫总主编：《牛津历史著作史》第一卷，陈恒等译，上海三联书店 2017 年版，第 158、177 页。

> 代历史，从原始社会到奴隶社会，都是巫祝的专职，这时无论有没有文字，历史作为诗歌保存在巫祝的心中、口中。“巫”本来是“以舞降神”者，也就是代神立言，在他们的历史中遂使神话与历史不分，表现形式是史诗与乐舞的结合，这是《诗经》中《颂》的起源，而《楚辞》中的《天问》也正好说明巫祝的祝辞是史诗。没有人能够凭空作出《天问》来。它开始问天，接着是有体系的中国上古史。从开天辟地到夏后鲧、禹的治水，它不完全是神话，是神人不分，传说与历史相结合的巫祝舞辞。巫来自神，神的时代未“绝地天通”，所以人间历史要从天地的形成开始。史是诗乐，诗乐与舞蹈结合，遂成巫祝之《天问》。二人对舞，互相唱和。
>
> 中国古代史职的演变，可分为三期，即：
>
> 一、“神”职历史时期。这时未“绝地天通”，人人通天为神，神话与历史不分。
>
> 二、“巫”职历史时期。颛顼时代，重、黎“绝地天通”，是为巫的开始。
>
> 三、春秋时代。“诗亡然后《春秋》作”，是为“史”的历史时期开始。
>
> 一直到春秋、战国的楚国，还是巫祝的史职时期。①

杨先生从《孟子》的一句话看出时代先后形态变化的内容，由此出发，不仅发现巫祝在上古文化中的中心位置，而且看出它在史学形态上的原初性，进而划出史学演进的三个早期阶段，真是了不起的发现。尽管在细节和具体问题上或许不无可商之处（例如说神职时期“人人通天为神”，而非人人可上天见神），但其意蕴与基本意思，可谓不刊。

上古时期文化形态的阶段性划分，是一项国际性课题。20 世纪 70 年代后，对于西周之前历史的研究，日益成为显学。国际上，以雅思贝尔斯提出的“轴心时代”概念为基准，人们对所谓前轴心时代的兴趣愈来愈浓厚。在中国，不仅史学界、考古界关注西周之前，而且思想史界、

① 杨向奎：《宗周社会与礼乐文明》，人民出版社 1992 年版，第 342、345 页。

文学史界同样如此。为此，维柯、卡西尔以及一大批文化人类学著作，重新得到深入解读。

维柯认为："诗性历史至少比世俗历史的开始要早九百年，即在英雄时期之后才开始。"① 所谓英雄时期，就是前轴心时代的爱琴文明时期，即荷马史诗所描写的公元前 12 世纪到公元前 8 世纪，相当于我国的商周时期。《孟子》那段话所隐含的两个历史阶段，即为从诗性历史到世俗历史的转变。其具体转变年代，应在西周与东周之交，即公元前 8 世纪，恰好是轴心时代开始的年代。

太炎先生曾说，孔子是中国"第一个宣布历史的人"，意指孔子将史书从官方垄断传播到了民间，即历史著作的世俗化与社会化。"以前民间没有历史，历史都藏在政府所管的图书馆，政府倒了，历史也就失去。自从孔子宣布到民间来，政府虽倒，历史却不会亡失，所以今日还晓得二三千年以前的事。这都是孔子赐的了。"② 这里所说的"历史"，即指史书。朱本源说，孔子"完成了由诗性的历史到科学的历史的过渡"③。意指史学性质的转型，内蕴文化形态转变的意涵。

春秋之前中国文化经历了形态性转变，这是一个无疑义的定论，但具体转变过程与不同领域的表现，尚存歧义。在观念、思想及学术领域，晚清时期的夏曾佑将战国之前称为上古之世，其中以周初为界，又分为传疑和化成两期。他认为，中国原初的文化形态乃是鬼神、五行之说，而用各种巫、史、卜、祝之法以推测之，"此为其学问宗教之根本"。此话实为破解上古文明的一把钥匙，揭示了周秦文化之所由来。为此，夏曾佑用很大篇幅勾勒了"鬼神、五行之说"的基本概貌，足见此事在他心目中占据极重要的位置。

笔者认为，夏曾佑实开 20 世纪后半期我国以近代科学方法研究前轴心时代文明之先河，启示意义重大。今人研究巫术缘起，很难说出离了夏氏划定的范围。如果将这种文化形态追溯至炎黄，那么，周公时达到

---

① ［意］维柯：《新科学》，朱光潜译，人民文学出版社 1986 年版，第 172 页。

② 章太炎：《中国文化的根源和近代学问的发达》，《章太炎全集》第十四册，上海人民出版社 2018 年版，第 80 页。

③ 朱本源：《朱本源史学文集》，陕西师范大学出版社 2005 年版，第 322 页。

最高峰。此后逐渐衰落，至老子而遭到整体性破坏。“盖自上古至春秋，原为鬼神、术数之世代。”换言之，转型期是在东西周之交：“春秋以前，鬼神术数之外无他学；春秋以后，鬼神术数之外，尚有他种学说焉。”春秋时期，以老子为代表，“反复申明鬼神、术数之误”，致使此前的文化形态遭到整体坍塌，但“老子之书有破坏而无建立，可以备一家之哲学，而不可以为千古之国教”。因此，老子遭到社会的强烈抵制与排斥。孔子弥补了老子的缺环，亦即在破坏旧文化的基础上构建了新的文化形态。“孔子去其太甚，留其次者，故去鬼神而留术数。”①

胡适则提出，老子之所以未能取得孔子的地位，是由于老子故步自封而孔子却能与时俱进：老子只代表正统老儒，反映亡国遗民的心理；孔子则超越正统的儒，怀抱“天下宗予”的东周建国雄心，“渐渐回到他所谓‘中庸’的路上去，要从刚毅进取的方面造成一种能负荷全人类担子的人格”。孔子“新儒的运动卓然成立之后，那个旧派的儒就如同满天的星斗在太阳的光焰里，存在是存在的，只是不大瞧得见了”②。总之，老与孔的标识性非常不同。

章太炎提出，老子是中国“第一个发明哲理的人”，老子推翻了自商朝伊尹、周朝太公以至管仲以来“相信天帝鬼神和占验”的传统，“并不相信天帝鬼神和占验的话”。“孔子也受了老子的学说，所以不相信鬼，只不敢打扫干净。老子就打扫干净。”“以前论理论事，都不大质验，老子是史官出身，所以专讲质验。以前看古来的帝王，都是圣人，老子看得穿他有私心。以前看万物都有个统系，老子看得万物没有统系。”“以前伊尹、太公、管仲，都有权术，老子看破他们的权术，所以把那些用权术的道理，一概揭穿，使后人不受它的欺罔。”“若人人都解得老子的意，又把现在的人情参看参看，凭你盖世的英雄，都不能牢笼得人，惟有平凡的人倒可以成就一点事业。这就是世界公理大明的时候了。”③

① 杨琥编：《夏曾佑集》，上海古籍出版社 2011 年版，第 824、828、829、832 页。

② 胡适：《说儒》，欧阳哲生编：《胡适文集》第五册，北京大学出版社 2013 年版，第 56、57 页。

③ 章太炎：《中国文化的根源和近代学问的发达》，《章太炎全集》第十四册，上海人民出版社 2018 年版，第 83—84 页。

与夏曾佑一样，章太炎认为，“中国所以维持道德者，孔氏而前，或有尊天敬鬼之说。”世无鬼神之说，发于《墨子·公孟》所记载的儒家人物公孟，“至于破坏鬼神之说，则景仰孔子”。“或者谓孔子亦有天祝、天丧、天厌、获罪于天等语，似非拨无天神者。按孔子词气，每多优缓，而少急切之言，故于天神未尝明破。然其言曰：鬼神之为德，体物而不可遗。此明谓万物本体，即是鬼神，无有一物而非鬼神者，是即斯宾诺莎泛神之说。泛神者，即无神之逊词耳。盖孔子学说，受自老聃，老子言‘象帝之先’，既谓有先上帝而存者……此儒、老皆主泛神之说也。及其言天，则本诸往古沿袭之语，而非切指天神。……及公孟拨无鬼神，儒术由此成立，非孔子造端之力欤?”[①] 章太炎认为儒道皆无宗教，恰好与夏曾佑相互发明印证。

徐复观也曾提出，“老子思想最大贡献之一，在于对自然性的天的生成、创造提供了新的、有系统的解释。在这一解释下，才把古代原始宗教的残渣，荡涤得一干二净”[②]。童书业说：“中国古代较原始之宗教，至春秋战国间而崩溃转化，此与原始之宗法制度之崩溃转化相互关系。”但“春秋时人尚言‘国之大事，在祀与戎’。可见宗教生活在春秋时尚甚重要，至后世虽怀疑鬼神，然仍重视祭祀，祭祀逐渐由宗教而礼而文化矣”。又说：“春秋时社会、政治发展，中原诸国宗教观念亦起变化，重人与重神思想相杂糅。贵族等既已疑神而重人，复不愿完全放弃原有之宗教信仰，乃成矛盾不可解之现象。”“又春秋时‘中国’疆域扩大，如齐、秦、楚、吴、越诸国皆有其异样宗教崇拜。”[③]

胡适则认为老子属于“极端的破坏派”，“是他那个时代的最大的批评者，并且他的批评总是带破坏性的和反权威性的”。他从哲学演变的角度提出：“公元前六世纪刚开始，中国由诗人时代发展至辩者（Sophists）时代。诗人时代和辩者时代构成了中国的启蒙时代。诗人和辩者是

① 章太炎：《答铁铮》，《章太炎全集·书信集》，马勇整理，上海人民出版社 2017 年版，第 257 页。

② 徐复观：《中国人性论史·先秦篇》，生活·读书·新知三联书店 2001 年版，第 287 页。

③ 《童书业著作集》第一卷，童教英整理，中华书局 2008 年版，第 519—520、644 页。

那些更有系统的思想家们的先驱。"① 他还说，老子“打破古代天人同类的谬说，立下后来自然哲学的基础”：“从前第八世纪，到前第七世纪，这两百年的思潮，除了一部《诗经》别无可考。我们可以叫他做诗人时代”。②

笔者认为，上述论述可以相互验证，其基本立意非常契合《孟子》所谓“《诗》亡然后《春秋》作”，而且无意中回答了何以是孔子而非老子成为古人心目中所谓“至圣先师”“集大成者”。

但是，从炎黄到春秋时间跨度极长，其间必然还含有若干转型阶段。最引人注目的，当然是殷周之际。《礼记·表记》借孔子的话说：“殷人尊神，率民以事神，先鬼而后礼……周人尊礼尚施，事鬼敬神而远之。”表明虽然同处夏曾佑所讲的大时段内，但殷与周的观念发生巨大变化。

学界皆知，徐中舒先生曾提出，殷周似属两种民族，丁山先生进一步论证，“夏与殷周，实亦非同族类。故其制度文物，生活习惯，颇多不同”③。王国维则指明：“中国政治与文化之变革，莫剧于殷周之际。”他拈出，从周开始，政治中心与重心发生了从东向西的转移，而夏殷之间的政治与文物变革则不大。因此，夏商可视为一系，西周则自成体系。殷周之间的大变革，王国维认为属于“旧制度废而新制度兴，旧文化废而新文化兴”；而且，新制度的设想与规模极其庞大，“迥非后世帝王所能梦见”。例如，由“立子立嫡”之制而生出宗法及丧服之制，进一步发展出封建子弟之制、君天子臣诸侯之制，等等。这些重大变革，“皆周之所以纲纪天下。其旨则在纳上下于道德，而合天子、诸侯、卿、大夫、士、庶民以成一道德之团体。周公制作之本意，实在于此”④。

王国维突显了殷周的歧异，胡适则强调二者的连续性。在名文《说儒》中，胡适提出西周民族在五六百年中充分吸收了东方古国的文化，

---

① 胡适：《先秦名学史》，欧阳哲生编：《胡适文集》第六册，北京大学出版社 2013 年版，第 16、18 页。

② 胡适：《中国古代哲学史》，欧阳哲生编：《胡适文集》第六册，北京大学出版社 2013 年版，第 170、178、191 页。

③ 丁山：《古代神话与民族》，商务印书馆 2015 年版，第 69 页。

④ 王国维：《殷周制度论》，谢维扬、房鑫亮主编：《王国维全集》第八卷，浙江教育出版社 2010 年版，第 303—304 页。

因此所谓周礼实则是“殷周混合文化”。“殷周民族同化的历史实在是东部古文化同化了西周新民族的历史——西周民族的新建设也都建立在那‘周因于殷礼’的基础之上。”所以，原本是殷人后裔的孔子并没有“那种亡国遗民的柔逊取容的心理”。反而顺应这种历史大势，以高度的理性自觉“从周”，“从一个亡国民族的教士阶级，变到调和三代文化的师儒”，成为旧儒中兴的不祧宗主。①

胡适此文博大而机智，但不知为何没有提及王国维的《殷周制度论》。胡适会怎样回应王国维，疑冰莫涣。不过，就一般道理而言，歧异与传承之间应该是不矛盾的。从周武王封纣子武庚、后又立微子于宋以续殷后的史实看，周对殷显然怀有感情，但这些并不足以抹杀或掩盖周的全盘创新性。

所以，西周之于中国历史的重大意义，可以从形形色色的史料中彰显出来。夏曾佑就曾指出：“有周一代之事，其关系于中国者至深，中国若无周人，恐今日尚居草昧。盖中国一切宗教、典礼、政治、文艺，皆周人所创也。中国之有周人，犹泰西之有希腊。”② 这是从大量史料中抽绎出来的概括之言。殷周之际巨大的政治变化在文化与观念领域所导致的直接后果，即所谓“郁郁乎文哉”的周制尚文。王国维《殷周制度论》全部文字，即孔子“周监于二代，郁郁乎文哉！吾从周”一句之注脚。所谓“王者之迹”所指称的具体年代，即西周时期。

章太炎说：“迹息者，谓《小雅》废；《诗》亡者，谓正雅、正风不作。……国史之有编年，宜自此始。”③ 又说：“王迹者，小疋、大疋。”“疋”是“雅”的古字。“疋记中朝大事，谓之王迹。周逮厉王之末，《小雅》尽废，四夷交侵，而中国微。《六月》篇义箸之。是为王者迹息，有变无正，曰《诗》亡。是时《春秋》始作，则当宣王之年，故大史年表始共和。先共和即无历谱可次。《墨子》引诸国《春秋》，亦上逮

① 欧阳哲生编：《胡适文集》第五册，北京大学出版社 2013 年版，第 40—41、44 页。

② 夏曾佑：《最新中学教科书中国历史》，杨琥编：《夏曾佑集》，上海古籍出版社 2011 年版，第 806 页。

③ 章太炎：《国故论衡》校定本《原经》，《章太炎全集》第五册，上海人民出版社 2018 年版，第 232 页。

宣王而止。始作《春秋》凡例者，必宣王时大史官也。”[①] 这就把笔者理论上的推断坐实了。

《汉书·艺文志》说儒家“祖述尧舜，宪章文武”，既表明了大历史时段的传承性，也表明了西周历史的直接性。这种直接性最突出的标识，便是“文”。

在中国古代文化中，“文”是一个具有范畴意义的重要概念，携带着从具象到抽象、从政治到文化的多层级复杂涵义。一方面，“文学者，以有文字箸于竹帛，故谓之文。论其法式，谓之文学。凡文理、文字、文辞，皆称文”。另一方面，“盖君臣、朝廷、尊卑、贵贱之序，车舆、衣服、宫室、饮食、嫁娶、丧祭之分，谓之文”。章太炎说：“夫命其形质曰文，状其华美曰小彩，指其起止曰章，道其素绚曰彰。凡彩者必皆成文，凡成文者不皆彩。”[②] 分拨得十分清晰。

就政治而言，王国维说“周人以尊尊之义经亲亲之义而立嫡庶之制，又以亲亲之义经尊尊之义而立庙制，此其所以为文也”。换言之，政治体制由相对粗疏走向严密设计，就是“文”，意味着从野蛮步入文明。

单就写作而言，“文”所具有的文化、文明标识涵义，又以文词、文本、文采为载体。后者隶属于文章学范畴。文章学中，还包含“笔法”等涵义。

“其文则史”，杨伯峻先生即译为“所用的笔法不过一般史书的笔法”[③]。胡适则说“其文则史”的“文”是指文字体裁，表明《春秋》是一部史，与别国的史性质相同。[④] 值得注意的是，在诸多解释中，对“则”字皆付阙如。事实上，“则”字在此起关键作用。该字有“等”“均”“法”等意思，即《诗经》“天生蒸民，有物有则”之“则”，故“其文则史”的本义应是：其文本、笔法、体裁均依照史官的规矩办。

---

① 章太炎：《检论·春秋故言》，《章太炎全集》第三册，上海人民出版社 2018 年版，第 416 页。又《〈春秋左氏〉疑义答问》义同。

② 章太炎：《国故论衡》校定本《文学总略》，《章太炎全集》第五册，上海人民出版社 2018 年版，第 218—219 页。

③ 杨伯峻：《孟子译注》上册，中华书局 1960 年版，第 192—193 页。

④ 胡适：《论〈春秋〉答钱玄同》。欧阳哲生编：《胡适文集》第五册，北京大学出版社 2013 年版，第 417 页。

“文”具有文字、文本、笔法、体裁等综合涵义在内；“史”指史官。[①]

孟子全句之意，钱基博先生的解释最为明晰：“推孟子之意，无亦曰仅论其事，则不过桓文之陈迹而已；若仅论其文，则不过一史官之职而已。是二者乃晋《乘》楚《梼杌》之所同也。孔子未修之《春秋》，亦犹是也。及孔子修之，而其中皆有义焉。若夫事也者，则不过假之以明义。义之既明，兼识其事可也。”[②]

这段话所谓《春秋》与晋《乘》楚《梼杌》乃一回事的意思，东汉王充已有表露。《论衡・正说》：“若孟子之言，《春秋》者，鲁史记之名，《乘》《梼杌》同。孔子因旧故之名以号《春秋》之经，未必有奇说异意，深美之据也。”换言之，在王充看来，《春秋》不仅在事、文方面与《乘》《梼杌》是一回事，即使就“义”而言，也未必有什么了不得，至少“春秋”的书名是这样的。

总之，“文”随着所指对象与内在规定性的不同，而有从广义到狭义的不同变化。就广义而言，汉语语境之“文明”实为“文”之“明”，特征在于外在的可视，即突显、张扬、旗帜、引领、标识，如同太阳，故具有标识意义的建筑属于文明。“文化”实为“文”之“化”，特征在于内在的可感，即覆盖、铺展、泛化、浸润，如同雨水，故具有基础意义的风俗属于文化。“诗”作为文化的突显，属于文明；作为文明的浸润，属于文化。所以，“文”既属于文明，又属于文化。二者合一，即隶属于“文”。但是，虽隶属于“文”，却是“文”的精华。因此，所有“文”的属性，都以“诗”为代表、为统领，属于诗的范畴。

“吟体百变，而吟情则一。”[③]“吟情”的典范，是“诗”。就狭义（即专指文章）而言，“诗”以人类母语的身份早于文、先于文。因此，任何一种“文”，都必然带有“诗”的痕迹与因素，此即章学诚《文史通义・诗教下》所谓“《六艺》惟《诗》教为至广”的意蕴所在。章太炎说：

---

① 姚永概即作此解。姚永概：《孟子讲义》，陈春秀校点，黄山书社1999年版，第144页。

② 钱基博：《经学论稿》，傅宏星校订，华中师范大学出版社2011年版，第190页。

③ 钱锺书：《谈艺录》，中华书局1984年版，第30页。

> 《虞书》曰："诗言志，歌永言，声依永，律和声。"先有志而后有诗。诗者志之所发也。然有志亦可发为文。诗之异于文者，以其可歌也。所谓"歌永言"，即诗与文不同之处。永者，延长其音也。延长其音，而有高下洪纤之别，遂生宫、商、角、徵、羽之名。律者所以定声音也。既须永言，又须依永，于是不得不有韵（急语无收声，收声即有韵，前后句收声相同即韵也）。诗之有韵，即由"歌永言"来。①

这段话不仅表明诗的母语位置，而且表明它与音乐、韵律的配套关系。语言学家说："远离文明的原始语言则更赋有激情，更像音乐或者歌曲。当代原始人的语言也证实了这一结论。""曾经有一段时间，所有的语言都是歌曲。或者说，当时的语言和歌曲无法区分。"② 钱锺书说："诗、词、曲三者，始皆与乐一体。而由浑之划，初合终离。"③ 凡此种种，无不落入"《诗》亡然后《春秋》作"的涵义之内。占卜、祭祀、婚媾、寄托、寓意、记事等，均以诗性为贯穿。

在古代文献中，有几节意义相关的话语，向来没有得到通透解释。《论语·雍也》："质胜文则野，文胜质则史。文质彬彬，然后君子。"东汉包咸注："史者，文多而质少。"宋邢昺疏："文胜质则史者，言文多，胜于质，则如史官也。"白寿彝先生也认为这里的"史"当为史官，但更进一步指出了史官何以会"文胜质"："因为史官要参加宗教活动，他所作的媚神之词，总难免华而不实，是文胜质的。"④ 换言之，史官不仅具有宗教身份，同时具有文学才能。

正如刘师培所说："巫祝之官，亦大抵工于词令。""周代司祭之官，多娴文学。"⑤《韩非子·难言》："捷敏辩给，繁于文采，则见以为史。"

---

① 章太炎：《经学略说（下）》，《章太炎全集》第十五册，上海人民出版社 2018 年版，第 906 页。

② ［丹］奥托·叶斯柏森：《语言论：语言的本质、发展与起源》，柴橚译，中国社会科学出版社 2021 年版，第 424 页。

③ 钱锺书：《谈艺录》，中华书局 1984 年版，第 27 页。

④ 白寿彝：《中国史学史》第一册，上海人民出版社 1986 年版，第 6 页。

⑤ 刘师培：《周末学术史序》，《刘师培史学论著选集》，邬国义、吴修艺编校，上海古籍出版社 2006 年版，第 118 页。

《仪礼·聘礼》："辞无常，孙而说。辞多则史，少则不达。"《论衡·量知》："能雕琢文书，谓之史匠。"都传达出一个信息，即史官或史匠，具有汉赋作者一般的才能。可见，所谓"文胜质"无非就是《史通·叙事》所谓"虚加练饰，轻事雕彩""文非文，史非史"。这在上古，既是规则，也是习惯，因而视为当然，其底蕴则为诗性。

《易·系辞》："其旨远，其辞文，其言曲而中。"是对整体文化氛围的概括。在孔子看来，最好是文质彬彬，如果必须"文胜质"就照史官的样子去做。在这里，孔子应该没有指责史官的意思。以往一些学者认为孔子含有批评史官或史书浮夸不实的涵义在内，表明孔子不认同史官的做法或做派，应是对孔子的误读。而且，孔子这里并不是在讲史，而是在讲怎样做人，讲做人的基本修养，孔子只是以"史"打比方。但是，孔子确实道出了"史"的特点，那就是"文胜质"。而"文胜质"就"史"的职责而言，是合理的，不存在受指责的问题。所以，《史通·载文》说："文之将史，其流一焉。"

上述引证同时证明了涂尔干的一个断语："诗歌是一切宗教所固有的东西。"①

但是，这种诗性所导致的写作样态在春秋时期发生了转变。以《尚书》为例，刘知幾说它"出于太古"，但"自宗周既陨，《书》体遂废"，以至"迄乎汉魏，无能继者"。这类转变对于史学的重大意义，即《史通·核才》所说："昔尼父有言：'文胜质则史。'盖史者，当时之文也。然朴散淳销，时移世异，文之与史，皎然异辙。"所谓"皎然异辙"，正是对"《诗》亡然后《春秋》作"所作的确切诠释。

这里需要再补充一句。"《书》体遂废"的"《书》体"是什么"体"？当然就是从性质上说的诗体。钱基博先生说："《尚书》之文，奇偶相生，音韵克谐，而《左传》亦整齐多偶句，《国语》则《左传》草稿，文亦如之，盖皆散中带骈者也。惟《国策》之文，句不限于长短，而气多出于纵横。班氏之文，衍《尚书》《左氏》，寓偶于奇；而史公则

① ［法］涂尔干：《宗教生活的基本形式》，渠敬东、汲喆译，《涂尔干文集》第四卷，商务印书馆2020年版，第519页。

出《国策》，化堆砌为烟云，变整齐为疏荡者也。然则就史体言，史公革编年为纪传；就史笔言，史公革排偶为雄肆。”①

卢梭早就说过：“上古的史书、演说词和法律都是用诗体写的：诗的出现早于散文。”② 叶斯柏森说：“在沿传至今的文学作品中，我们发现每个国家的诗歌都早于散文。抒情诗和宗教赞歌亦出现在科学之前”。③ 此即《史通·载言》所谓“自六义不作，文章生焉”，是文体发展的通例。

维柯对远古或所谓朦胧时期的历史做了极具思想穿透力的研究。休斯评价维柯说：“他的作品在令人难以置信的内容与公然挑战既定知识实践之间震荡，在特有的天真无邪与飞跃所有束缚的奔放思想之间波动，在浮夸的荒唐与清新明快、激动人心的景象之间徘徊。”④ 维柯的观点归结为一点，即认为世界最初的智慧是诗性智慧。

维柯认为，诗是原始人生而就有的一种功能，而能凭想象去创造的就是诗人，故诗人在希腊文中是“创造者”即作者的意思。诗的功能，一是“发明适合群众知解力的崇高的故事情节”；二是“引起极端震动，为着要达到所预期的目的”；三是“教导凡俗人们做好事”。⑤“作为感知和想象力生活的表达形式的诗歌，是原始时代特有的；随着文明的发展，当冰冷的推理开始盛行时，诗歌也变得苍白了。于是，维柯成为第一位论证诗歌是人类精神的一个动力因素、一个独立阶段的学者，这就宣告了现代美学的诞生。”⑥ 笔者认为，这些观点同样符合上古时期我国的情况。比如《礼记·乐记》就曾说：“作者之谓圣。”

据说，希伯来史家记事，并不把可靠性当作标准。“希伯来史学家不

---

① 钱基博：《后东塾读书杂志》，华中师范大学出版社2014年版，第87页。

② ［法］卢梭：《论语言的起源》，李平沤译，商务印书馆2021年版，第53页。

③ ［丹］奥托·叶斯柏森：《语言论：语言的本质、发展与起源》，柴橚译，中国社会科学出版社2021年版，第436页。

④ ［美］斯图尔特·休斯：《历史学是什么？——科学与艺术之争》，刘晗译，北京师范大学出版社2018年版，第29页。

⑤ ［意］维柯：《新科学》，朱光潜译，人民文学出版社1986年版，第162页。

⑥ ［意］卡洛·安东尼：《历史主义》，黄艳红译，格致出版社、上海人民出版社2021年版，第47页。

知道神话时代与历史时代之间的区别。”[①] 直到古希腊时期，海德格尔说“巴门尼德与赫拉克利特的运思都还是诗性的思”，即“都还是哲学地而不是科学地去运思”。其运思结果，则是思性之诗，并通过悲剧表现出来。[②]

克罗齐在论述他所认为的“假历史”时，专门分析了其中的一种形式，即“诗歌性历史”。他说这是“一种观念上居先的形式”，但没有说这种形式是不是史学的最初形式，而是认为它构成一种类型，贯穿于史学史的全过程，并以复兴运动时的史学为代表，“渗透了情操的全部最复杂的形式”，基本特点在于“用情操方面的兴趣去填补思想兴趣的匮乏，用表现手法上的美学的一贯去代替这里所得不到的逻辑的一贯”；“为了获得艺术效果不惜存心把自己的捏造和编年史及凭证所提供的资料混同起来，尽力使其被认为是历史”。

因此，这种书写形式总是与“想象”“捏造”相结合，不仅“把自己想象出来的事情描述得好像亲眼目击一样”，而且还会“把想象的、虽则是以猜想形式想象出来的细节添加到实在的材料上去”。

例如，“对非常受人爱戴和尊敬的人物的充溢感情的传记和对被人憎恶的人物的尽情挖苦的传记”，就是这种书写样式的一个品种。它受“情操”支配，以“艺术效果”的感染力为手段，破坏了历史真理。史学史上，“西塞罗和昆体良、第欧根尼和琉善都认为历史应当采取近乎诗人的语言，认为历史近乎诗，在某种程度上是不拘格律的诗，认为写作是为了说明而非为了证明，认为它具有诗意等等”。克罗齐表示，如果上述活动仅仅是一种诗歌创作，他不持异议，但如果宣称是地道的历史书写，他则表示反对。[③] 克罗齐所表达的基本意思，我们在孟子、王充、刘知幾、章学诚等人的言论中都能读到。可见，它是一种世界性的

---

① ［意］阿纳尔多·莫米利亚诺：《论古代与近代的历史学》，晏绍祥译，北京大学出版社2015年版，第199页。

② ［德］海德格尔：《海德格尔文集·形而上学导论》，王庆节译，商务印书馆2017年版，第174页。

③ ［意］贝奈戴托·克罗齐：《历史学的理论和实际》，傅任敢译，商务印书馆1986年版，第21、23、24、26、147页。

普遍现象。

克罗齐认为还有一种“假历史”的形式，即“古时候叫作演说术或修辞学的历史”。“它的目的是用范例去传授哲理，激发善行，告诉人们什么是最好的政治制度和军事制度”，“是怀抱一种实际目的叙述出来的。”“或是为了使心灵认识一种历史的、哲学的或科学的真理。”[①] 某西方学者的研究表明，“古代历史编纂不仅运用修辞学，而且它本身就被视为修辞学的一部分”。“古代历史学家们不仅以巧妙的修辞来呈现他们的研究成果，更像演说家们一样对素材进行自由的‘建构’（inventio）。即使修昔底德，也认为可以为了戏剧效果而自由地组织事实。”[②] 这种基于修词而建构的史学文本，亦即章学诚《古文十弊》所讥刺的“事欲如其文”而非“文欲如其事”。[③] 毫无疑问，这种书写风格与所谓诗歌性史学纠缠在一起。

克罗齐所揭示的现象确实存在。他的抨击如果仅仅指向希腊罗马之后的年代，则值得唱和。但是，他将上古时期置于抨击范围之内，值得商榷。由于上古时期的整体思想与思维方式与后世歧异，我们只能对之予以同情的理解。人们没有理由既把希罗多德称为史学之父，又视为谎言家。[④] 因为，我们可以用客观主义去衡量具有科学思维的人，却不可去衡量全靠诗性思维的远古之人。在此方面，刘知幾或多或少可视为克罗齐的同道。

刘知幾是一位秉持客观主义立场的史学评论家，但也会对先秦史学采用文学化的手法不持异议。《史通·言语》：“战国已前，其言皆可讽咏，非但笔削所致，良由体质素美。”而且，即使进入后世，刘知幾也

---

① ［意］贝奈戴托·克罗齐：《历史学的理论和实际》，傅任敢译，商务印书馆 1986 年版，第27 页。

② ［加］丹尼尔·沃尔夫总主编：《牛津历史著作史》第一卷，陈恒等译，上海三联书店 2017 年版，第 204 页。

③ 钱锺书：《管锥编》第五册，中华书局 1986 年版，第 144—145 页。

④ ［英］M. I. 芬利主编：《希腊的遗产》，张强等译，上海人民出版社 2015 年版，第 223 页。对希罗多德这种两极化的双重评价，阿纳尔多·莫米利亚诺在论文《希罗多德在史学史中的地位》中，作了很周详的考证。收入其论文集《历史学研究》，王晨译，北京大学出版社 2020 年版，第 164—182 页。

主张采用“用晦”一类具有文学性的写作技巧。但同时，他在《疑古》《惑经》等处阐发的观点，又显得乖剌抵牾。《曲笔》甚至说：“史氏有事涉君亲，必言多隐讳，虽直道不足，而名教存焉。”可见，他认为直道可以适当地给名教让路。但是，在照顾到名教的前提下，他像克罗齐一样，严厉抨击故意伤害史学实录本质的绮扬绣合、雕章缛彩。

刘知幾已经看出，史学的原初形态与诗歌、神话、修词纠缠在一起，史学发展的诗歌时代与小说时代均在科学时代之前。[①] 对于这种情况给史学带来的伤害，他会不分年代地予以抨击，直斥“远古之书，其妄甚矣”。

卡西尔说：“语言与神话乃是近亲”，“它们乃是同根而生的两股分枝”。[②] 必须指出，并非古人故意选择诗的语言与神话形式，而是除了诗的语言和神话形式，再没有其他讲话和表现形式。海德格尔说：“人类此在在其根基上就是‘诗意的’。”“诗是历史的孕育基础。”“诗乃是一个历史性民族的原语言（Ursprache）。”[③] 由于这种诗意的根基与孕育基础，语言学家才说：“原始人由于其语言的特性，常常不得不使用比喻性的单词、短语，他们被迫使用诗歌表达思想。同样，现代野人的话语中经常表现大量的明喻以及寓言。”[④]

乔治·哈曼说过，诗是人类的母语。[⑤] 上古之人拥有这种母语，所以生命中的一切都用这种母语去表达。此即《汉书·艺文志》所谓“《诗》以正言，义之用也”。“在原始人看来，借助仪式使土地肥沃、猪羊满圈，使自己繁盛兴旺起来，这完全是合情合理的事情，就像在我们的眼里，利用农学技术手段可以获得同样的结果一样。”[⑥] 卡西尔说：

---

① 参见吴贯因《史之梯》，上海联合书店 1930 年版，第 3 章“历史进化之历程”。

② ［德］恩斯特·卡西尔：《符号形式的哲学》，赵海萍译，吉林出版集团股份有限公司 2018 年版，第 122 页。

③ ［德］海德格尔：《海德格尔文集·荷尔德林诗的阐释》，孙周兴译，商务印书馆 2014 年版，第 45、46 页。

④ ［丹］奥托·叶斯柏森：《语言论：语言的本质、发展与起源》，柴橚译，中国社会科学出版社 2021 年版，第 436 页。

⑤ ［德］恩斯特·卡西尔：《语言与神话》，于晓等译，生活·读书·新知三联书店 1988 年版，第 164 页。

⑥ ［法］涂尔干：《宗教生活的基本形式》，渠敬东、汲喆译，《涂尔干文集》第四卷，商务印书馆 2020 年版，第 34 页。

“没有什么东西能抗拒巫术的语词，诗歌歌声能够推动月亮。”① 刘知幾与克罗齐看到了这一点，故能从上古社会的实际生活状态及整体性出发考察与定位史学原初形态，但历史主义原则落实得不彻底。

钱锺书写过一段很有名的文字，颇为激越：

> 诗者，文之一体，而其用则不胜数。先民草昧，词章未有专门。于是声歌雅颂，施之于祭祀、军旅、昏媾、宴会，以收兴观群怨之效。记事传人，特其一端，且成文每在抒情言志之后（参观 R. Wallaschek：*Anfänge der Tonkunst*，S. 257 论 Drama 最早，Lyrik 次之，Epos 又次之）。赋事之诗，与记事之史，每混而难分（参观E. Grosse：*Anfänge der kunst*，S. 239）。……诗体而具纪事作用，谓古史即诗，史之本质即是诗，亦何不可。……谓史诗兼诗与史，融而未划可也（按此即 Vico 论荷马之说，参看 Croce：*Aesthetic*，Eng. tr.，pp. 233 –235；Croce：*Philosophy of Vico*，Eng. tr. by R. G. Collingwood，ch. xiv&xvi.）。谓诗即以史为本质，不可也。脱诗即是史，则本未有诗，质何所本。若诗并非史，则离合于史，自具本质。无不能有，此即非彼。……更有进者。史必征实，诗可凿空。古代史与诗混，良因先民史识犹浅，不知存疑传信，显真别幻。号曰实录，事多虚构；想当然耳，莫须有也。述古而强以就今，传人而借以寓己。史云乎哉？直诗（poiêsis）而已。故孔子曰：“文胜质则史”；孟子曰：“尽信则不如无书，于《武成》取二三策。”王仲壬《论衡》于《书虚》之外，复有《语增》《儒增》《艺增》三篇，盖记事、载道之文，以及言志之《诗》皆不许“增”。“增”者，修辞所谓夸饰（hyperbole）；亦《史通》所谓“施之文章则可，用于简策则否”者。由是观之，古人有诗心而缺史德。与其曰“古诗即史”，毋宁曰：“古史即诗”，此《春秋》所以作于《诗》亡之后也。②

① ［德］恩斯特·卡西尔：《符号形式的哲学》，赵海萍译，吉林出版集团股份有限公司 2018 年版，第 124 页。

② 钱锺书：《谈艺录》（补订本），中华书局 1984 年版，第 38 页。

这段话同样是从上古社会的整体文化属性出发，意蕴丰富，信息量多，其基本意涵，则与刘知幾、维柯、克罗齐、卡西尔等人一致。团词提挈，就是“文胜质”。

“想当然”与“莫须有”并非完全出于文化习惯，更演变为一种高度自觉的刻意行为。董仲舒说《春秋》“不书葬，以为无臣子也；贼不复见，以其宜灭绝也”[①]。意思是说，“想当然”“莫须有”竟然成为写史的原则，以至把“愿望”当作“事实”来书写。流风结习，《春秋》之后，降至战国，“为了说明而非为了证明”的“文胜质”现象，依然严重。

梁启超说：“史官之初起，实由古代人主欲纪其盛德大业以昭示子孙，故纪事以宫廷为中心，而主旨在隐恶扬善。观《春秋》所因鲁史之文而可知也。其有良史，则善恶毕书，于是褒贬成为史家特权。”[②]

《论衡·正说》提出史官记事，“以善恶为实，不以日月为意”。也就是说，对于日期漏载之类小事完全无所谓，因为表明善恶才最重要。至于《公羊》《穀梁》，更是“辄为意使，失平常之事，有怪异之说，径直之文有曲折之义”，纯属以论代史了。可谓提要钩玄、发覆之言。寻其底蕴，则全在“其义窃取”四字之中。“义”既已“取”，“平常之事”自然也就不再重要。这种状态，大体以战国为界，才发生形态性的改变，故章学诚《文史通义·诗教上》说：“盖至战国而文章之变尽，至战国而著述之事专，至战国而后世之文体备，故论文于战国，而升降盛衰之故可知也。”[③]

当然，即使战国及其之后，此前的观念遗留与习惯也不能不在。晁福林考察战国时期古史编撰，指出其时“述史记事的目的在于提供鉴戒，阐明道理，所以对于历史事件的确切情况，如时间、地点、人物、事件经过等，则多不严格考证，而往往是点到为止、大体不错，对于细

---

① 董仲舒：《春秋繁露·玉杯》。

② 梁启超：《中国历史研究法》，汤志钧、汤仁泽编：《梁启超全集》第十一集，中国人民大学出版社 2018 年版，第 281 页。

③ 仓修良编注：《文史通义新编新注》，商务印书馆 2017 年版，第 45 页。

节的描述常常是为了阐明道理而随意剪裁，或增枝添叶。上古时代的文献记载，本无后世那种经史子集的区分。”“强烈的致用意识，常常是述史而明理，述史只是手段而非实质性的客观记载。”

他并说：“当时的古史编撰是采用改铸的方法进行的，这种改铸的重点是熔古今史影为一炉，创造出战国时人心目中的古史。”“为了说明某一个道理而依意剪裁古史以为例证，这在战国时期的著作中是经常可以见到的情况。”“战国时人以当时可以想见的场景来描绘古史，把今变成古，把古移易于今，这种情况可谓是将古今史影叠合。”“《武王践阼》篇所述古史充满周初的史影，但又不能完全信据。”[①] 这段话，可视为“其义窃取”的实证性注脚。

显然，这是世界各古老民族追述历史的通例。以古希腊为例，其显贵家族考察过去的最初动机，即来自“力图证明其谱系始于某位神灵。为此，他们竭力将自身的血统与英雄出生的祖先联系起来”[②]。

从本质讲，支配这种现象的深层原因，就是神话思维。涂尔干说：“神话的目的是诠释现存的仪式，而不是纪念过去的事件；它们是对当前的解释，而不是对历史的解释。”[③] 哈贝马斯说：“在原始社会，神话所发挥的是一种典型的建立世界观认同的功能。”“现代思维迄今为止还没有被揭示出来的一些前提，在神话思维中肯定会有所反映。”[④] 神话思维必然隐退，但深层因子会顽固地深蕴于人类观念中，并与孟子所具有的新兴信史观念混杂，从而反映转型与过渡状态的史学整体样貌。

显然，诗性或神话性的艺术性表达是上古人类的文化品质所在，史学无从例外。从后世观念看，可以说先民史识犹浅，但从历史实情看，则想当然的拟构乃属自然法则，不存在史识之问题。这种文化属性沿袭

---

① 晁福林：《从上博简〈武王践阼〉看战国时期的古史编撰》，见《春秋战国史丛考》，苏州大学出版社 2015 年版，第 193、194、198 页。

② ［英］伯里：《希腊史》第一卷，陈思伟译，吉林出版集团 2016 年版，第 82 页。

③ ［法］涂尔干：《宗教生活的基本形式》，渠敬东、汲喆译，《涂尔干文集》第四卷，商务印书馆 2020 年版，第 178 页。

④ ［德］尤尔根·哈贝马斯：《交往行为理论》第一卷，曹卫东译，上海人民出版社 2018 年版，第 67 页。

下来，即有所谓“文胜质则史”的重要命题。

因此，上古之“史”实为“诗”与“制作”的统一体。对这样的“史”，孟子认为不完全可信，那是因为战国时期的孟子已经具备后世科学史学的观念。王充斥“虚”与“增”，恰好证明“文”是一个古老的传统。所以，不可说古人有诗心而缺史德，因为诗心就是史德。当诗心与史德分离，作《春秋》的时代就到来了。

《春秋》时代到来后，一方面“文”的传统继续留于“史”内；另一方面“文”反而认“史”为宗，发展出所谓史传性小说、新历史主义等。此即夏曾佑所谓：“小说家即史之别体。”①

傅斯年有一段话颇能提要钩玄。他说：“客观史学方法，非历史初年产物，而为后起之事，大概每一个民族历史的发展，最初都是神话与古史不分，其次便是故事与史实的混合，经过此二阶段后，历史乃有单独的发展。如希腊古史之记载，最初亦与神话传说混合。”② 杨向奎先生则说：“在‘大道之行也，天下为公’的时代，是原始社会，历史人物，只见于传说，或者说这是‘史诗’时代，历史存在于神、巫口中，还没有出现史书。”③ 闻一多先生在陈梦家所作《高禖郊社祖庙通考》一文之后题跋语，写道：“夫今人所视为迷信者，即古人之科学，今人所视为神话者，即古人之历史，古代神话之存于今者，其神话色彩愈浓，其所含当时之真相亦愈多，此中无所谓荒诞不经，更无所谓作伪也。今所存古代之记载，诚亦有合于今人之历史意义者，然其价值，窃谓亦未必高于神话，盖历史为人类活动之记录，神话则其活动动机之口供，由历史可以知其‘然’，由神话更可以知其‘所以然’也。”④ 上述所论，均为明通之见，而今人忽焉。

以诗性乃至诗体记事的情形，史学史家向来没有给予充分的关注和

---

① 夏曾佑：《最新中学教科书中国历史》，杨琥编：《夏曾佑集》，上海古籍出版社 2011 年版，第 912 页。

② 傅斯年：《中西史学观点之变迁》，欧阳哲生编：《傅斯年文集》第三卷，中华书局 2017 年版，第 159 页。

③ 杨向奎：《宗周社会与礼乐文明》，人民出版社 1992 年版，第 321 页。

④ 见于《陈梦家学术论文集》，中华书局 2016 年版，第 164 页。

揭示。实则，《史记》中就不乏其例。例如《周本纪》介绍公刘事迹之后，写道："周道之兴自此始，故诗人歌乐思其德。"司马贞《索隐》注释为"即《诗·大雅》篇《笃公刘》是也"。在介绍古公亶父事迹后，又写道："民皆歌乐之，颂其德。"《索隐》注释："即《诗·颂》云'后稷之孙，实维太王，居岐之阳，实始翦商'是也。"所谓"思其德""颂其德"，正是为了"说明"而非"证明"，与古希腊的情形一致。杨向奎先生说"《周本纪》多本史诗"，① 良有以也。

梁启超说："最初之史用何种体裁以记述耶？据吾侪所臆推，盖以诗歌。"还说："试观老聃之谈道，孔子之赞《易》，乃至秦、汉间人所造之小学书，皆最喜用韵"；"《四吠陀》中之一部分，印度最古之社会史、宗教史也，皆用梵歌"。并以《诗经》为例指出："《玄鸟》《生民》等，述商周开国之迹，半杂神话。《殷武》《六月》等铺叙武功，人地粲然。观其诗之内容，而时代之先后，亦略可推也。此等史诗，所述之事既饶兴趣，文章复极优美。一般人民咸爱而诵之，则相关与讴思其先烈而笃念其邦家，而所谓'民族心'者，遂于兹播殖焉。"② 这段话的最后部分，同样是对"说明"而非"证明"的指证。

章太炎说："西方希腊以韵文记事，后人谓之史诗，在中国则有《诗经》。"③"《诗》多纪事，合称诗史。"④"《诗》之歌咏，何一非当时史料？《大小雅》是史诗，后人称杜工部为诗史者，亦以其善陈时事耳。"⑤ 他还说，孔子删《诗》之前，古诗数量甚多，"有韵者皆为诗，其容至博"⑥。特别是章太炎所讲的下面一段话，意思极为显明：

---

① 杨向奎：《宗周社会与礼乐文明》，人民出版社 1992 年版，第 137 页。

② 梁启超：《中国历史研究法》，汤志钧、汤仁泽编：《梁启超全集》第十一集，中国人民大学出版社 2018 年版，第 264—265 页。

③ 章太炎：《历史之重要》，《章太炎全集》第十五册，上海人民出版社 2018 年版，第 491 页。

④ 章太炎：《自述治学之功夫及志向》，《章太炎全集》第十五册，上海人民出版社 2018 年版，第 505 页。

⑤ 章太炎：《论经史儒之分合》，《章太炎全集》第十五册，上海人民出版社 2018 年版，第 591 页。

⑥ 章太炎：《国故论衡》校定本《辩诗》，《章太炎全集》第五册，上海人民出版社 2018 年版，第 262 页。

> 《诗·大序》:“风,风也”;“雅,正也”;“颂者,美盛德之形容,以其成功告于神明者也。”风有讽喻谕之义。雅之训正,读若“尔雅”之“雅”。然风、雅、颂之雅,恐本不训正。《说文》:“疋,古文以为《诗·大雅》字。”一曰“疋”,记也。“疋”即今“疏”字,然则诗之称疋,纪事之谓,亦犹后世称杜工部诗曰诗史。故《大雅》《小雅》无非纪事之诗。……余意《说文》训疋为记,乃雅之正义,以其形质言也。①

明确指明与音乐相结合且有韵的《诗》(特别是篇幅舒长的《颂》)之记事功能。因为《颂》的核心功能是记事,所以不存在美刺、正变问题。从歌唱角度看,《诗》无非就是歌词;从意义角度看,声律只能是歌词的附属。如果声律留下歌词却丢失了,即为“笙诗”。目前所读到的《诗经》是歌词,声律丢失了。②《史记·孔子世家》说:“三百五篇孔子皆弦歌之,以求和《韶》《武》《雅》《颂》之音。”应该不是重新谱曲,而是音配词。

上述观点,同样有司马迁的支持。《史记·自序》说:“《诗》记山川谿谷、禽兽草木、牝牡雌雄,故长于风。”所言虽非“事”,但用的是“记”。在讲述周文王的事迹之后,司马迁也引用“诗人”的评价来表明见解。《五帝本纪》还提到“讴歌者”,大有专业人士之意。又提到“典乐”“诗”“歌”“声”“律”“八音”“百兽率舞”,均属于艺术范畴。钱大昕《十驾斋养新录》开篇即说:“《易》象传六十四卦皆有韵”,其后又说“《洪范》一篇多韵语。”③ 章学诚《文史通义·诗教下》说:“演畴皇极,训、诰之韵者也,所以便讽诵,志不忘也;六象赞言,《爻》《系》之韵者也,所以通卜筮,阐幽玄也。六艺非可皆通于《诗》

---

① 章太炎:《经学略说(下)》,《章太炎全集》第十五册,上海人民出版社 2018 年版,第 907 页。

② 参见皮锡瑞《论〈诗〉无不入乐,〈史〉〈汉〉与〈左氏传〉可证》,《经学通论》,吴仰湘点校,中华书局 2018 年版,第 223—225 页。

③ 陈文和主编:《嘉定钱大昕全集》(增订本)第七册,凤凰出版社 2016 年版,第 39、50 页。

也，而韵言不废，则谐音协律不得专为《诗》教也。”[1] 表明“谐音协律”实则超出《诗》教的范围。

刘师培认为，文字发明之后，为便于记忆，文体“必杂以偶语韵文”，“故《易》《书》二经之文，咸奇偶相生，声韵相叶；或章节之中，互相为偶。而‘经’字又为‘组织成文’之义”。“足征韵语之文，起于古昔”；谣谚、诗歌、韵语、韵文构成上古社会文体的基本内容。[2] 鲁迅也持类似的看法。他说：

> 巫史非诗人，其职虽止于传事，然厥初亦凭口耳，虑有愆误，则练句协音，以便记诵。文字既作，固无愆误之虞矣，而简册繁重，书削为劳，故复当俭约其文，以省物力，或因旧习，仍作韵言。今所传有黄帝《道言》《金人铭》，颛顼《丹书》，帝喾《政语》，虽并出秦汉人书，不足凭信，而大抵协其音，偶其词，使读者易于上口，则殆犹古之道也。[3]

这里所谓“巫史非诗人”，是从后世专业诗人的标准而言，并非否认其有诗人之用。巫史的诗人之用，即体现于“韵言”的使用。不过，鲁迅认为《尚书》“其文质朴，亦佶屈难读，距以藻韵为饰，俾便颂习，便行远之时，盖已远矣”。但不否认《皋陶谟》“偶字履韵”。[4] 此论与刘师培不合，值得商榷。总之，无论《诗经》也好，抑或《诗经》之外的“文”也罢，其本质统统为“诗”。

当然，从“杂以偶语韵文”到“有组织的韵文”，还须经历一个过程。王国维说，西周彝器文字中不乏韵文。[5] 陈梦家在讨论高本汉重拟上古音的成果时，则提出：“我们从卜辞、西周金文和《尚书》中属于周公时代诸篇来看，还没有见到用韵的迹象。直到西周后半期的晚叶

① 仓修良编注：《文史通义新编新注》，商务印书馆 2017 年版，第 60 页。

② 刘师培：《中国历史教科书》，万仕国点校，广陵书局 2017 年版，第 58—59 页。

③ 鲁迅：《汉文学史纲要》，《鲁迅全集》第九卷，人民文学出版社 2005 年版，第 355 页。

④ 鲁迅：《汉文学史纲要》，《鲁迅全集》第九卷，人民文学出版社 2005 年版，第 360、363 页。

⑤ 王国维：《牖轩随录·十九》，谢维扬、房鑫亮主编：《王国维全集》第三卷，浙江教育出版社 2010 年版，第 453 页。

（前九世纪晚叶至前八世纪）铜器铭文才有有组织的韵文”，“金文和典籍在这件事上表示同一的现象，即古代写出来的有组织的文字的用韵，到前八世纪才存在。我们不过说韵文是晚出的，并非说在前八世纪的‘韵语’也不存在，因为韵语的出现恐怕很早。自东周后，金文用韵渐渐流行”；“韵语的普遍存在于民间，当然不必多所致疑，但我们所可推测的是南土系诸国的文化不及中原，然而却比中原更早用口传的韵语行之于写出来的有组织的文字中，或为韵文。这正如战国时各国都有歌而现存的先秦的歌辞以处于边陲的楚为多。韵文与韵语相生相成的关系，亦即韵语在文化落后的国族中更为流行等，在此因系支节不加深论①。”陈氏此文是讨论上古中国韵文韵语的重要篇章，强调“从前八世纪到前三世纪，无论在散文、韵文和金文刻辞中都普遍的用韵”，这就突显了诗言诗语在上古时期的统领作用。

总之，以韵文记事写史，是上古人类的通则。记录历史的古希腊铭文即采用韵文形式。“韵律规范是早期铭文的普遍特征。它们不仅是简单的文字，而且还是要人高声朗诵出来的文字；换言之，也就是属于某种表演语境的文字。”② 以韵文记事写史，无论是有意还是无意，均属于“以诗记事”。

值得注意的是，当“诗”所记之“事”乃是当下发生，或者为作者所亲见，或者为具体可验之事，非涉价值判断者，“诗”之所“记”也会直录其“事”，并不掺杂非事实成分。王国维就曾指出：“古人作诗，直纪当时制度风尚，无凌躐，无加减，非苟而已也。”他以《小雅·瓠叶》为例，诗中咏燕饮食，首章云“酌言尝之”，乃是泛言；次章则云“酌言献之”，三章云“酌言酢之”，四章云“酌言酬之”，这样的描写与《礼经》所载的次序是相同的。《诗经》中尚有此类作品。③ 可见，以“诗”记“事”并不完全排除“直书其事”，关键在于对“事”之时空坐标与价值坐标作出确切界定。不同之“事”在“诗”中显然会得到不

---

① 陈梦家：《关于上古音系的讨论》，《陈梦家学术论文集》，中华书局2016年版，第287页。

② ［加］丹尼尔·沃尔夫总主编：《牛津历史著作史》第一卷，陈恒等译，上海三联书店2017年版，第129页。

③ 王国维：《东山杂记》，谢维扬、房鑫亮主编：《王国维全集》第三卷，浙江教育出版社2010年版，第326页。

同的处置。它与“说明”而非“证明”的记事总原则并不矛盾。

以“诗”记“事”绝非故意造假。董仲舒说：“《诗》道志，故长于质。”①《诗》乃出于真挚的情感与志向，所以非常质朴与真挚。就诗歌所表达的真挚情感而言，诚可谓人同此心，世同此理。《文心雕龙·才略》：“仲舒专儒，子长纯史，而丽缛成文，亦诗人之告哀焉。”专儒的董仲舒、纯史的司马迁，在情感表达上，均属于诗人。

柏拉图《法篇》中的雅典人说：“诗人们吟诵的时候也要有神灵的激励才有灵感，凭着神灵的恩典和缪斯们的帮助，他们往往会道出真实的历史事实。”② 堪称典型的轴心时代历史真实观。亚里士多德说：“如果诗人所摹仿的东西被指责为不真实，他可以这样来反驳：这些东西或许应当如此。正如索福克勒斯所说，他是根据人们应当是什么样子来描述的，欧里庇德斯则是根据人们原本是什么样子来描述的。如果这两种说法都行不通，他还可以这样回答：据说这些东西是这样的，如关于神的传说。或许像克塞诺芬所言，对于神明是无法来述说的，它们是不真实的，然而毕竟有这样的传说存在着。诗中的有些描述并不比真实情况更好，但却是当时的实情，例如关于武器的描写：‘他们的长矛直立着，尾部朝向地面’。因为这是昔日的旧习，在伊吕利斯迄今还是如此。”③ 这段话不仅认为“想当然”是合理的，而且还是必须的。

正如维柯所说：“诗所特有的材料是可信的不可能（credible impossibility）。说躯体就是心灵，这就是不可能，可是人们毕竟相信过打雷的天空就是天帝。”④ 这样的史学对象，用夏曾佑的话说，不是“人身所作之史”，而是“人心所构历史”。⑤ 这种人类精神所营构的历史，不是造假，而是阐释历史的一种方式，是观念意义上的真实。在这里，虚假的（fiktiv）与虚构的（fiktional），需要作出区分。

---

① 董仲舒：《春秋繁露·玉杯》。

② 《柏拉图全集》第三卷，王晓朝译，人民出版社 2003 年版，第 434 页。

③ ［古希腊］亚里士多德：《论诗》，崔延强译，苗力田主编：《亚里士多德》第九卷，中国人民大学出版社 2016 年版，第 683 页。

④ ［意］维柯：《新科学》，朱光潜译，人民文学出版社 1986 年版，第 167 页。

⑤ 夏曾佑：《本馆附印说部缘起》，杨琥编：《夏曾佑集》，上海古籍出版社 2011 年版，第 24 页。

所以，“以诗记事”并非虚构性创作。它同样有根有据。“根”就是“事”，“据”就是“记”。“根”是客观本源，“据”是对客观本源的传说或记录。正如休斯所说，史学家“在他开始提出依据之前，只能先接受他人的言论”[①]。“他人的言论”就是“据”。巴尔特说：“历史学家与其说是在搜集事实，不如说是在搜集‘能指’（signifiants）。”[②]“能指”同样是“据”。《春秋公羊传》所谓“所见异辞，所闻异辞，所传闻异辞”，释典所谓“如是我闻”，均属于“据”，但言明“据”的层次性、辗转性与复杂性。历史书写实则是不断地制造“据”。历史阐释学的一个基本规定，就在于去揭示何以这样“据”而非那样“据”。史家搜集、汇聚“据”，是为研究过程。将“据”组织、表述出来，是为叙述过程。马克思说，叙述方法与研究方法不同，“材料的生命一旦在观念上反映出来，呈现在我们面前的就好像是一个先验的结构了”[③]。历史阐释学同样要求揭示这个先验结构的结构。

《史通·六家》说：“古往今来，质文递变，诸史之作，不恒厥体。”从以诗记事、文胜质则史，到《诗》亡然后《春秋》作，表面上，是“质”战胜了“文”。然而，孔子还提醒我们，“质胜文则野”。从文明演进的视角看，由以诗记事到以史记事，是一个去巫术化的过程，也是一个走向人文化的过程，还是趋向科学化的过程。总之，是驱离“野”的过程。因此，对于“质文递变”的具体内涵，必须结合不同的时代背景来具体界定。如此说来，从以诗记事到以史记事，乃是历史学的巨大进步，是质漓文胜。

---

① ［美］斯图尔特·休斯：《历史学是什么？——科学与艺术之争》，刘晗译，北京师范大学出版社2018年版，第5页。

② ［法］罗兰·巴尔特：《历史的话语》，张文杰编：《历史的话语：现代西方历史哲学译文集》，中国人民大学出版社2012年版，第119页。

③ ［德］马克思：《〈资本论〉1872年第二版跋》，《马克思恩格斯选集》第二卷，人民出版社2012年版，第93页。

后　记

2022 年 9 月至 12 月，我在中国社会科学院大学阐释学高等研究院为博士生开设“史学与诗学阐释学”课程，每周三学时。由于没有现成的讲义，便自己编写。本书便是课程讲义的一部分，约占全部讲义的三分之一。

我讲课的主要目的，是希望打开同学们的视野，不希望固化他们的眼界。所以，上课第一天便对同学们交代，这门课的特点是“东拉西扯”“古今打通”“界限不清”，也就是希望采用跨界方法，追求古今中西的融通，给同学们提供尽量多的信息。

太炎先生在《訄书·学变》中说：“著书莫易以杂说援比诸家。故汉季以降，其流不绝。”由于本书主要依靠平时的读书笔记写成，所以走的是“以杂说援比诸家”的路子。所引各家，宗旨未必相同，但只取其论句之合，不论宗旨之异。钱锺书先生说：“许多严密周全的思想和哲学系统经不起时间的推排销蚀，在整体上都垮塌了，但是它们的一些个别见解还为后世所采取而未失去时效。好比庞大的建筑物已遭破坏，住不得人、也唬不得人了，而构成它的一些木石砖瓦仍然不失为可资利用的好材料。往往整个理论系统剩下来的有价值东西只是一些片段思想。脱离了系统而遗留的片断思想和萌芽而未构成的片断思想，两者同样是零碎的。”（《读拉奥孔》）本书之援比诸家，即立足于其“个别见解”或“片段思想”。洛夫焦伊（A. O. Lovejoy）说：许多体系表面上的新颖性只是对旧元素作了新的排列。观念史家甚至认为，所谓“理论系统”也不过是变相的“鸡零狗碎”而已。所以，本书虽援比诸家，不等于赞同其理论系统。当然，也未必一定不赞同。

书中有些词汇、概念的写法并不一致，但并非不讲条例。例如在引文中，“阐释学”“解释学”“诠释学”“释义学”依原文照录，正式行文则一律使用“阐释学”。“修词”与“修辞”、“纪年”与“记年”、“纪事”与“记事”等，均依此例处理。所有外国人名、地名，无论引文或行文，凡歧异者一律依通行译法厘正。

我要特别感谢张江先生。近十年来，张江先生先是提出“强制阐释论”，从“破”的角度切入，揭示当代西方以文艺阐释为代表的阐释行为的强制性特征。其后，从“立”的视角切入，提出“公共阐释论”，为建构当代中国阐释学立法。二者之间，则提出“阐诠辨”“解释辨”“通达辨”“衍生辨”“理性辨”，以融通中西为路径，嫁接西方阐释学与中国古文字学，进而形成“训诂阐释学”之构想；提出“阐释逻辑论”，揭示阐释行为的逻辑机制与结构；提出“阐释心理论”，揭秘心理学视域下的阐释本质；提出“正态分布论”，以大数概率理论建立阐释行为的效果模型；提出“作者不死论”，破解文本中心论的谜团；提出“意图在场论”，辨析“意图迷误”说之迷误；提出“阐释边界论”，辨析有限与无限、开放与封闭的辩证关系；提出“理论中心论”，揭示没有文学之“文学理论”的本质；提出“前见立场论”，为前置结论与前置立场定性；提出“批评伦理论”，为批评理论设定道德规则；提出“场外征用论”，为跨学科研究厘定边界。最近，又提出“阐释论”，试图在“本体论”“认识论”“知识论”“价值论”之外，另立一“论”。如此高密度的原创性思想建构，实在令人感佩！目前，“强制阐释”“公共阐释”已经进入公共话语，成为广泛流行的学术名词。

正是在张江先生感召、带领、组织乃至督促下，我才能够在阐释学领域做一点工作。中国社会科学院大学的张政文校长以及张跣教授、李俊教授给我许多帮助和启发。特别是政文校长，博学多才，思路开阔，见识深刻，让我受益良多！

中国社会科学出版社社长赵剑英先生一直关心、鼓励我的科研工作，令我感铭五内。责任编辑安芳女士做了许多细致的编辑工作，并致谢忱！

李红岩

二〇二三年六月于北京